军队心理咨询师

JUNDUI XINLI ZIXUNSHI

殷 瑛 石 华 ◎ 主编

科学技术文献出版社

·北京·

图书在版编目（CIP）数据

军队心理咨询师 / 殷瑛，石华主编. -- 北京：科学技术文献出版社，2025.4. -- ISBN 978-7-5235-2403-9

Ⅰ. E0-051

中国国家版本馆 CIP 数据核字第 2025X6W680 号

军队心理咨询师

策划编辑：丁坤善　崔　静　责任编辑：张瑶瑶　梅　玲　责任校对：张永霞　责任出版：张志平

出　版　者	科学技术文献出版社
地　　　址	北京市复兴路15号　邮编 100038
出　版　部	(010) 58882943, 58882087（传真）
发　行　部	(010) 58882868, 58882870（传真）
官 方 网 址	www.stdp.com.cn
发　行　者	科学技术文献出版社发行　全国各地新华书店经销
印　刷　者	北京时尚印佳彩色印刷有限公司
版　　　次	2025年4月第1版　2025年4月第1次印刷
开　　　本	787×1092　1/16
字　　　数	404千
印　　　张	19.5
书　　　号	ISBN 978-7-5235-2403-9
定　　　价	76.00元（含光盘）

版权所有　违法必究

购买本社图书，凡字迹不清、缺页、倒页、脱页者，本社发行部负责调换

编写组

主　编　殷　瑛　石　华

副主编　杨　蕾

主　审　张秀山

编　者（按姓氏笔画排序）

王　琳　史志伟　白庆姝　司马予轩
师秀芳　刘春琳　孙家乐　阳　逸
李旭姣　李红政　李秀珍　杨　超
杨国愉　杨婉君　余　苒　邹　雪
张　迪　张　猜　武国城　周　娜
郝垚坤　宫　政　贺　英　崔飞娟
彭　波　蒙倩娜　衡　惠

前言

在军队心理工作领域的长期实践中，我们深刻认识到，军人作为特殊职业群体肩负的使命担当与面临的心理挑战具有独特性。军事任务的复杂特性、高强度工作负荷，以及封闭式管理、机动作战、野外驻训等特殊环境，对军人心理素质形成多维度考验。如何帮助军人在高压情境中强化心理韧性、科学识别干预潜在心理危机、将心理服务转化为战斗力生成的重要支撑，这些既是军队心理咨询工作的核心命题，也是国防现代化建设中不可忽视的重要课题。

《军队心理咨询师》一书，立足新时代军队心理工作的现实需求，紧密结合新时代军队人员心理特征与军事任务场景进行体系化构建。作为军队心理咨询领域的专业培训书籍，本书致力于打造兼具理论深度与实践价值的知识体系，为提升军队心理服务专业化水平提供系统性解决方案。

当前军队心理咨询专业建设面临多重挑战：系统化书籍储备不足、评估工具适配性有待优化、危机干预流程标准化程度需进一步提升等。这些问题对心理服务效能的充分释放形成制约。

本书由军队院校心理学研究者、一线心理服务骨干与临床心理学专业力量共同组成编写团队，始终坚守三大核心理念。一是坚持实战导向：聚焦军事任务中的典型心理场景，如实战化训练、重大任务转换、特殊情境应对等，构建有针对性的评估、训练与干预方案，推动理论成果向实践应用的高效转化。二是坚持系统思维：以心理学实证研究为基础，从整体视角出发，全面考量军人群体在不同军事场景下的心理特点和需求，筛选适用于军人群体的人格、情绪、应激等评估工具（详见附录量表）。同时，将危机干预流程纳入军队心理服务的整体框架中进行系统规划，建立标准化的危机干预操作流程。三是坚持统筹兼顾：深度融合军队建设实际状况与深厚文化传统，深入挖掘军队独有的价值观念、行为准则等文化要素，探索出契合军队特色的心理健康教育模式。同时，依据军队性质、任务及人员构成特点，构建科学合理的心理咨询伦理框架。在此过程中，充分借鉴地方心理服务的成功经验，通过创新性的转化应用，使其在军队环境中落地生根，焕发出新的活力。

全书以"预防—评估—训练—干预"的闭环逻辑体系为架构，系统呈现军队心理服务的核心知识模块。第一章军人心理健康教育：强化心理服务的预防性职能，从心理健康知识普及、压力认知重构到教育实施路径，构建多层面心理防护体系。第二章军人心理评估：详解心理评估标准化流程，重点推介适用于军事场景的评估工具（如 SCL-90、MMPI 等常模应用），规范心理档案管理的原则与方法。第三章军人心理训练：围绕团体心理训练方案设计与实战心理韧性提升，提供抗压能力训练、情绪调控等核心模块的标准化操作指南。第四章军人心理咨询与第五章军人心理危机干预：直面一线工作中的重点难点问题，针对适应障碍、应激反应、心理危机等典型情况，分场景提供分步骤的干预策略。书中附录收录 17 项权威心理测评工具及使用说明，覆盖人格、情绪、应激、智力等多维度测评需求，形成便捷实用的"心理服务工具库"。

本书适用于军队心理咨询师资格专业技能培训、基层心理骨干专业轮训，亦可供军事管理者了解心理工作机制。建议读者结合岗位需求分层精读：新从业者可重点研习心理评估流程（第二章）与危机干预基础步骤（第五章第四节）；资深从业者可深入探究团体心理训练设计（第三章第二节）及特殊应激反应干预技术（第五章第二节）。

本书的编写得到军队卫生机构及院校的大力支持，特别感谢参与案例研讨与实践验证的一线官兵。他们的宝贵经验为理论研究注入实践养分，使技术方案更贴合部队心理服务实际需求。

军队心理服务体系建设是一项长期的系统性工程，本书是现阶段的探索成果。期待与行业同仁携手，在实践中持续完善理论框架与技术方法，共同构建具有中国特色的军队心理服务模式，为国防和军队建设提供坚实的心理保障。

编者

2025 年 1 月

目 录

第一章 军人心理健康教育 ... 1
- 第一节 军人心理健康概述 ... 1
- 第二节 军人心理健康的影响因素 ... 8
- 第三节 军人心理健康教育内容 ... 13
- 第四节 军人心理健康教育的组织实施 ... 19

第二章 军人心理评估 ... 29
- 第一节 军人心理评估的意义和方法 ... 29
- 第二节 常用的军人心理评估量表 ... 32
- 第三节 军人心理评估的组织实施 ... 53
- 第四节 军人心理档案的建立与管理 ... 56

第三章 军人心理训练 ... 60
- 第一节 军人心理训练概述 ... 60
- 第二节 军人团体心理训练的方案设计 ... 67
- 第三节 军人心理训练的组织实施 ... 78

第四章 军人心理咨询 ... 102
- 第一节 军队心理咨询概述 ... 102
- 第二节 军人常见心理问题的咨询与疏导 ... 113

第五章 军人心理危机干预 ... 145
- 第一节 军人心理危机的概念及表现 ... 145
- 第二节 军人应激障碍的类型及表现 ... 147
- 第三节 军人心理危机干预的方法 ... 150
- 第四节 军人心理危机干预的步骤 ... 202
- 第五节 军人心理危机干预的组织实施 ... 208

附录 1	心理健康档案	223
附录 2	明尼苏达多相人格测验	225
附录 3	卡特尔 16 种个性因素	240
附录 4	艾森克个性测验（成人）	254
附录 5	简易应对方式问卷	258
附录 6	思维风格量表（TSI）	259
附录 7	康奈尔医学指数（CMI）	266
附录 8	症状自评量表（SCL-90）	273
附录 9	贝克抑郁量表（BDI）	277
附录 10	汉密尔顿抑郁量表（HAMD；HRSD）	280
附录 11	抑郁自评量表（SDS）	285
附录 12	9 项患者健康问卷（PHQ-9）	286
附录 13	贝克焦虑量表（BAI）	287
附录 14	汉密尔顿焦虑量表（HAMA）	288
附录 15	焦虑自评量表（SAS）	289
附录 16	比奈智力量表	290
附录 17	军人心理应激自评问卷（PSET）	300
附录 18	军人职业倦怠问卷	302

第一章
军人心理健康教育

第一节 军人心理健康概述

一、心理健康的概念

关于心理健康的概念，迄今为止，国内外有许多学者给心理健康下过定义或制定过标准，内容大同小异，目前还没有一个统一的概念。比较经典的观点为，心理健康是指一种持续的积极发展的心理状况，在这种状况下主体能做出良好的适应，能充分发挥身心潜能，而不仅是没有心理疾病。这个概念包含两层含义：一是没有心理疾病，这是心理健康最起码的含义，如同身体没有疾病是身体健康的最基本条件一样；二是具有一种积极发展的心理状态，这是心理健康最本质的含义，它意味着要消除一切不健康的心理倾向，使个体的心理处于最佳状态。心理健康包括正常的智力、情商，良好的意志品质，积极的处世态度，良好的交际能力，健全的人格品质等。心理健康表现为人的心理活动与社会、自然环境协调一致，人的认知、情绪和行为高度统一，人的性格、气质相对稳定，人的工作、生活和社交能力保持完好。

心理健康有广义和狭义之分。从广义上讲，心理健康是一种持续高效而满意的心理状态。在这种状态下，人能够对客观环境做出良好的适应，并且能充分发挥其身心潜能。从狭义上讲，心理健康指人的基本心理活动的过程内容完整、协调一致，是知、情、意、行的统一，是人格完善协调、社会适应良好，是以预防心理障碍和行为问题为主要目的的。综合以上观点，我们认为心理健康是指个体在适应环境的过程中，生理、心理和社会性方面达到协调一致，保持一种良好的功能状态。

二、军人心理健康的概念

我国对于军人心理健康的研究，最早可以追溯到20世纪60年代，主要集中于参战军人精神心理疾病诊断与治疗方面。从20世纪80年代开始，学者们对军人心理健康问题的发生率、诱发因素等进行研究。20世纪90年代中期以来，军人心理健康的测评、心理素质教育训练成了焦点。

军人心理健康的概念与内涵一直是在不断发展的，有鲜明的时代性和特殊性。大致经历了3个阶段。

（一）心理适应观

有学者认为"军人心理健康是指在军事环境中，军人对军事环境及相互关系积极、高效、快乐的适应状态，具体表现为良好的认知、积极稳定的情绪、高尚的情感、坚强的意志、良好的性格及和谐的人际关系等"。该观点强调军人个体与军事环境在相互作用的动态过程中达到一种良好的适应状态，体现军人心理健康的功能价值。

（二）心理品质观

另有学者将军人心理健康定义为"军人个体不断调整身心，维持与环境的良好关系，同时追求成熟、丰富、健全的心理品质和生活的稳定心理状态"。据此，编制出包括适应性和发展性心理品质量表的军人心理健康量表。

（三）适应、平衡、发展观

2014年7月29日，我军多名军事心理学领域的权威专家在"中国军人心理健康标准指标研讨会"上提出了军人心理健康的最新概念。他们认为，军人心理健康是军事作业情境中"人-机-环"关系的和谐和军事效能最大化，其实质是不断适应、平衡和发展的心理状态、心理能力和心理素质的整合和优化。这个概念体现军人心理健康的核心是军事效能最大化，即战斗力的提升；其内容是心理状态、心理能力和心理素质；适应、平衡与发展表达了皮亚杰的"认知发展理论"和维果茨基的"最近发展区"理解心理健康的3种不同水平。该观点标志着中国军事心理学领域的研究者们既关注军人心理健康的横向维度，也关注军人心理健康与军事社会环境的适应、平衡与发展的动态和纵向维度，因此，该观点被称为适应、平衡、发展观。

美军对军人心理健康的认识伴随着战争的历史而发展，包括在军队组织、特殊岗位人员选拔、军人心理障碍的预防与诊疗等方面均渗透着美军对于这一概念的价值取向。从以精神病理学为指标的单维消极心理状态，到以幸福感为指标的单维积极心理状态，最终发展为两相统一的双维结构心理状态，是个体对自身及其生活的一种积极向上的态度与满意感，包括管理自我情绪和维系幸福感的能力及相关的行为，是能够正确评估和看待自身不足、自我发展与积极应对各种压力的能力。美军现阶段认为，军人心理健康是个体在心理、情绪、行为方面的综合最佳状态，心理健康的军人应具备提高军事绩效、增强心理弹性的能力。其中，心理弹性是指在应激情境下具有耐挫、恢复、成长、适应的能力，是美军心理维护的重要内容。美军认为，能够应对未来战争的军人不仅没有疾病，还应该具备足够的心理能量、心理技能及出色完成任务所需要的心理资源。这都要求军人的心理弹性达到最佳状态。

可见，中美对军人心理健康的认识虽然在起步上有早晚，但经历了相似的历程：从最初单维疾病观、对零心理症状的追求，发展到现阶段多维健康观、对全方位心理健康的建设与维护。另外，从最新中美对军人心理健康的定义上还可以发现，提高部队战斗力这一终极目标始终渗透于整个概念之中，内在的心理弹性（美）和心理素质（中）是主要训练靶点，外显的军事绩效是最终评价指标，三位一体、构架清晰。

三、军人心理健康的标准

（一）心理健康的标准

关于心理健康，目前还没有统一的认定标准，以下是几种当前影响较大、接受度较高的标准。

1. 1946年第三届国际心理卫生大会提出的心理健康的标准

①身体、智力及情感十分调和。
②适应环境。
③有幸福感。
④在工作中能发挥自己的能力，过着有效率的生活。

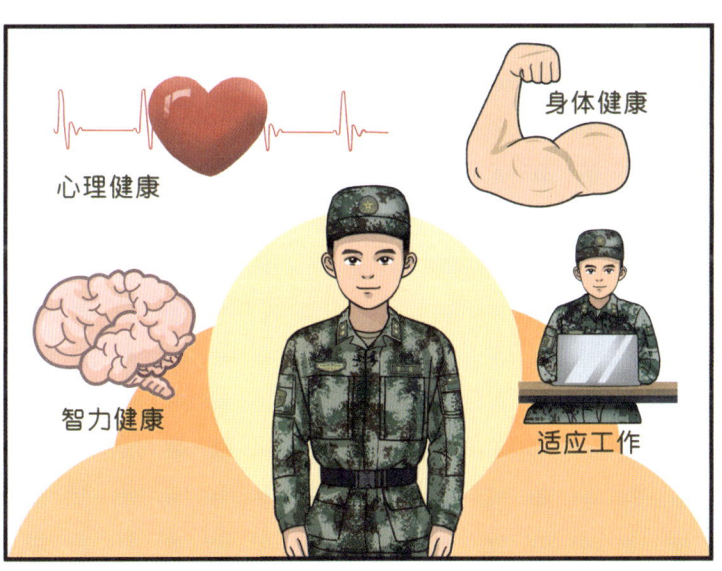

2. 美国心理学家马斯洛和米特尔曼提出的心理健康的10条标准

①有充分的自我安全感。
②能充分了解自己，并对自己的能力做出恰当的评价。
③生活理想和目标切合实际。

④能与现实环境保持良好的接触。
⑤能保持自身人格的完整与和谐。
⑥具有从经验中学习的能力。
⑦能保持适当和良好的人际关系。
⑧能适度地表达和控制自己的情绪。
⑨在不违背社会规范的前提下,恰当地满足个人的基本需求。
⑩在不违背团体要求的前提下,能有限地发挥个性。

3. 国内学者提出的心理健康的标准

①具有正常的智力。智力正常指具有正常的感知、记忆和思维能力,是心理健康的首要标准。智力是我们学习、生活、工作的基本心理条件,也是适应环境变化必备的心理保证。人的智力高低不是完全由先天决定的,而是可以在工作、学习和生活中逐渐积累提高的,是人的观察力、注意力、记忆力、想象力、思维力、创造力和实践活动能力等要素的综合体现。

②能够较好地控制情绪。按情绪带来的体验来分,我们一般把情绪分为积极的情绪和消极的情绪。积极的情绪带来愉悦的体验,而消极的情绪带来痛苦的体验。人在生活中难免会遇到这样那样的挫折,这就要求一个人能够协调和控制情绪,保持稳定和积极向上的心态,既能克制又能合理宣泄自己的情绪,情绪的表达既符合社会的要求又符合自身的需要。在不同的时间和场合有恰如其分的情绪表达,能有效地控制、调节、转移消极情绪,避免消极情绪对自己的伤害,善于从生活中寻找乐趣,对生活和未来充满希望。

③具有对事物和他人的爱心。每个人都生活在一定的空间范围内,并且经常要与他人交往,周围的事物和他人也就构成了每个人生活中必不可少的部分。为此,要保持心理健康,首先,要有"我爱人人,人人爱我"的胸怀,敢于与人交往,乐于与人交往,既有广泛的人际关系,又有知心朋友,能够同别人和睦相处;其次,要热爱生活,能客观地评价周围的事物和他人,这样才能保持一个良好且积极的心态。

④具有适应和改造周围环境的处世心态。社会适应正常的个体能正确认识客观现实环境,能适应环境中的各种困难,能根据环境的特点和自我意识的情绪进行协调。人在一生中会不知不觉地产生各种各样的欲望,有现实的,也有不现实的,我们必须面对现实,克制不现实的欲望。俗话说的"知足者常乐"就是此道理。在现实中个人不能处理好与周围环境的关系,在困难和挫折面前不能积极调整心态,是构成心理障碍乃至心理疾病的重要原因。因此,在现实生活中要注重提高个人的适应能力。

⑤具有坚韧的意志。意志是指人在完成一种有目的的活动时进行的选择、决定与执行的心理过程,是人意识能动性的集中体现。行动的自觉性、果断性和顽强性是意志健全的重要标志。健康的意志应是善于分析情况,决策果断,自制力好,具有毅力和心理承受能力。如果没有坚韧的意志品质,颓废、焦虑、抑郁等一旦占了上风,往往会诱发

心理障碍乃至心理疾病。因此，每个人都应锻炼自己，磨炼个人的意志品质，在困难和挫折面前采取合理的反应方式，在行动中控制自己的情绪和言行，迎接挑战，顽强拼搏，永不言弃，把握各种机遇，使生活更加充实。

⑥具有完整的人格。人格是个体的整体精神面貌，是个人具有一定倾向性的比较稳定的心理特征的总和。人格的各种特征是有机体合成的一个整体，对人的行为进行调节和控制。要做到心理健康，首先必须培养健全的人格，其主要标志是：人格结构各要素完整统一，不存在明显的缺陷与偏差；具有清醒正确的自我意识，不产生自我同一性混乱；以积极进取的人生观作为人格的核心，并以此为中心把自己的需要、目标和行动统一起来，有效地支配自己的心理行为；有相对完整统一的心理特征。

⑦心理行为符合年龄特征。人的心理行为随着年龄的增长而不断变化。在人生的不同年龄阶段，都有相应的心理行为变化。心理健康的人，其认知、情感、意志、行为都是符合其所处年龄的基本特征的。

心理健康标准是一种理想尺度，是我们追求的心理成长目标。在追求心理成长的过程中，心理健康水平处于一个动态变化发展的过程。从健康到不健康，两者之间没有绝对的界限。随着时间的推移、环境的变化及自身的成长，每个人的心理健康状态都会发生变化。在人生的不同阶段，一个心理健康的人可能因为外部或内部环境的变化向心理不健康的方向发展，而一个心理不健康的人也可能通过自身努力及外界影响成为一个心理健康的人。大多数人的心理都不断地在健康与不健康之间波动。心理健康标准只是一种衡量尺度，它反映了我们在适应社会生活方面应具备的心理条件，而不是心理健康的最高境界。心理健康的基本要求是心理各方面的均衡发展，是个体与环境的协调，以形成完善的个人品质为最终目的。

（二）军人心理健康的特点

①面对现实，接受现实；
②自信自爱，悦纳自我；
③容纳他人，人际和谐；
④调控情绪，心境乐观；
⑤乐于工作，热爱生活；
⑥行为合理，人格完善。

（三）军人心理健康的标准

军事职业充满各种挑战和考验，这对军人心理健康提出了更高标准和要求，决定了军人心理健康既与一般人的心理健康有共同的标准，也有特殊的要求。参照心理健康的一般性指标，根据军队特定社会角色要求和军人具有的心理特征，军人心理健康的标准具体包括以下几个方面。

①智力在中等或中等以上，能保持高效的工作状态。心理学认为，一般人的智商在85～115分，高于130分的人就是天才，低于70分就属于智力障碍。为适应以打赢信息化战争为核心的多样化军事任务需要，军人需具备中等以上（智商90分以上）智力水平，具备敏锐的观察力、良好的记忆力、丰富的想象力、优秀的思维力等，这样才能掌握必备的军事技能，用好手中武器，保持高效状态，有效完成任务。

②适应军事生活，对军事事件有良好的应变能力。对环境的适应能力是人赖以生存的基本条件。军人经常面对角色变换和任务转换，面对陌生地域和复杂环境考验，必须具有良好的适应能力。这里面既包括对军营环境和军事作业环境的适应，也包括对军队内部人际关系的适应。心理健康的军人，能够在外部环境变化时，积极调整心态，主动适应环境，保持良好应变能力，努力开展军事作业。

③人格健全，积极向上，精力充沛，心胸开阔，热爱军事集体。每个人都有比较完整的关于自己和他人行为品质的鉴别能力，无论是否意识到其存在，这实际上是一种潜在的人格理论。具体讲，人格就是在不同时代背景下，影响人的内在和外在行为模式的心理特征。健全的人格是心理健康的基础，也是心理健康的集中体现。人格健全的军人，其性格、气质、能力、理想、信念、人生观等方面均能获得协调发展，对人生抱有积极的态度，对社会有着很高的认同，对集体活动有强烈的参与感，时时处处展现出良好的军人形象和精神风貌。

④有正确的人生观和价值观，乐于奉献。心理健康的军人，应有正确的人生观和价值观，有积极的奉献精神，即在危险的情况下，能为了集体、国家、人民和党的利益而乐于奉献、敢于牺牲。

⑤意志坚定，毅力持久，行为果敢，有较好的自制自控能力。心理健康的军人，应有坚定的意志和持久的耐力，在学习、训练、执勤、战备和生活中不畏困难和挫折，敢于迎难而上，持之以恒，需要做出决定时，能毫不犹豫、当机立断，并且为了完成任务能够控制一时的感情冲动，约束自己的言行。

⑥情绪稳定，乐观开朗，具有一定的抗应激能力。人生的喜怒哀乐是正常的，但是应该愤怒的时候不愤怒，应该悲伤的时候不悲伤，这属于情感淡漠。反之，一点点小事就夜不能寐、动不动就火冒三丈，这是情绪反应过度，都是心理不健康的表现。心理健康的军人，在工作生活中，应该始终保持相对稳定的情绪状况，保持愉快、乐观、开朗的阳光心态，不大惊小怪或一惊一乍，不大喜大悲。虽然有时也会有悲伤、忧愁、愤怒等消极情绪体验，但一般持续时间不长，并能进行自我调节，迅速恢复到轻松愉快的状态中。

⑦充分了解自己，有自尊心，奋斗目标切合部队实际。心理健康的军人，应有正确的自我意识、积极理性的认知，既能充分了解自己，又能愉悦接纳自己，对自己的能力、

性格和优缺点能做出恰当客观的评价，对自己不会提出过高的期望与要求，对自己的生活目标和理想追求也有比较清晰的定位。有上进心，奋斗目标明确并且切合实际。

⑧乐于交往，善于合作，能够保持和发展融洽的战友情谊。心理健康的军人乐于交往，能够信任战友、团结战友，能够尊重领导、听从指挥，能够密切协调、合作共事。特别是在部队这个大家庭中，只有以纯洁纯正、真情真诚、互帮互助的交往方式，保持亲如兄弟的融洽关系，才能形成无坚不摧的钢铁集体。

⑨善于学习，军事技能形成得快，改造得也容易。心理健康的军人应善于学习、勤于思考，只有努力锤炼军事技能与本领，才能较快完成从地方青年到合格军人的转变。

（四）心理健康的判断标准

心理健康的判断不是一个简单的问题，因为人的心理活动非常复杂，同时还受到环境、社会文化、人际关系、心身素质等诸多因素的影响，而且这些影响因素是交织在一起的，在复杂的背景下很难用简单的标准评价。另外，心理的正常与异常也是相对的，并且在一定条件下双方可以相互转化，没有一条明确的界限把它们分开。因此，很难制定一个完全合理的标准来判断心理健康与否。按一般常识，采纳任何一个因素作为评价另一事物的维度，必须满足一个充分和必要条件，即被采纳的因素与被评估的事物之间必须密切相关。例如，抵御心理压力的能力越强，就越不容易产生心理障碍，表明心理健康水平越高。这说明，抵御心理压力的能力与心理健康水平有显著的正相关，所以，抵御心理压力的能力作为心理健康水平的衡量指标是合理的。因此，只有与心理健康密切相关的因素才可以作为评估心理健康水平的指标。许又新（1988）提出判断心理健康的3类标准，即体验标准、操作标准、发展标准。

①体验标准。体验标准是指个体以自身的主观体验和感受去判断，个体在进行自我认识时，是否感觉到自己的心理有不健康的表现。主要包括是否有良好的心情和恰当的自我评价等。生活中，人们常把自己对正常心理的体验和经验作为出发点或参照物，来判断各种心理活动健康与否，这就是以个人体验为标准的方法。个人经验是最简便也是最直接的心理健康判断标准。但这种判断标准是以经验为依据，判断者的参照标准与经验有差异，评价常常受判断者本身的经验、知识水平、心理状态、态度的倾向性等多因素的影响，因此标准带有极大的主观性和随意性，缺少客观的科学性。

②操作标准。操作标准是指通过观察、实验和测验等方法考察心理活动的过程和效应，其核心是效率，主要包括个人心理活动的效率和个人的社会效率或社会功能，如工作学习效率高低、人际关系和谐与否等。各种心理测量工具或实验仪器能够提供比较客观的数据及信息。它的标准化、数量化和规范化特性使操作者有章可循，从而减少了判断上的误差，结果比较真实可靠。智力测验、人格测验、记忆测验和神经心理测验等方法目前已被临床工作者广泛使用。但心理测量作为判断心理正常与否的标准，仍存在着局限性。

③发展标准。发展标准是指着重对人的个体心理发展状况进行纵向考察，与其一贯

的心理状态、人格背景和行为方式相比较，分析其心理的稳定状态。

以上几种标准只是从某个侧面对心理健康进行判断，都不够全面，因此，许又新同时指出，不能孤立地只考虑某一类标准，判断心理健康应把3类标准联系起来综合地加以考察和衡量。

第二节 军人心理健康的影响因素

军人是执行特殊任务的武装集团，担负着保家卫国的使命任务，不仅要完成平时高强度的工作和训练，还要承担演习、灾难救援、特殊保障、现代化作战等军事和非军事任务，需要有健康的生理和心理状态去应对各种困难和挫折。从生物、心理和社会文化的角度看，军人因其职业要求和工作环境的特殊性，较普通人群会产生更多的生理、心理负荷，易出现紧张、焦虑、抑郁、受挫和丧失信心等不良心理反应。这些不良心理反应，不仅影响个人的身心健康，还会直接影响部队的战斗力。研究表明，军人心理健康受到多种因素的影响，如职业因素、个人发展、人际关系、受教育程度、自身能力素质、工作任务强度、特殊作业环境等。这些影响因素给军人的心理健康带来严峻挑战，军人只有在工作和生活中以积极的心态去应对，不断提高自身的心理防护能力，才能完成好赋予的各项职责。

一、职业因素

研究表明，不同职业群体之间的心理健康状况存在显著差异。分析其原因，职业差异背后蕴含着收入水平的差异、社会地位的差异及社交网络支持的差异。不同的职业会面临不同的心理社会因素，对个人的心理健康状况会产生不同的影响。军人是一个特殊的职业群体，是国家和平发展与长治久安的坚实保障。良好的心理健康状况是保证军人作战效能的重要前提之一。可以说，军人心理健康状况不仅关乎军人的身心健康，更影响着部队战斗力的生成和维持。

军人因其职业的特殊性，往往会遇到各种各样的生活事件和特殊环境，如频繁的迁移、夫妻两地分居、任务的繁重、危险艰苦的环境、高强度的军事训练、严格的规章制度等，这些生活事件和特殊环境常常是个体产生应激反应的应激源。军人的职业应激因素可能会对其身心健康产生潜在影响。有学者报道，军人处于高度应激状态下，由于情况不明，缺乏安全感时，严格的军事训练使体力、精力负荷过重时，部队驻地自然条件恶劣时，军地生活条件反差较大时，均易产生不良心理反应。而且我军崇高的特殊使命，使军人肩负的责任重大，承受着较大的职责压力和心理压力，当工作任务未能圆满完成时，会深感内疚和不安，甚至出现心理问题。

第一章　军人心理健康教育

近年来，随着军人福利待遇和社会地位的不断提高，军人的职业化道路逐渐清晰，职业荣誉感不断增强，在一定程度上可以减轻军人的职业应激，提升军人的整体心理健康水平。

二、受教育程度

受教育程度不同的人对事物的认知和理解不同，学历和解决问题的能力有差异，心理健康水平也有明显区别。研究表明，文化程度可预测个体的心理健康水平，并能降低个体发生焦虑和抑郁的风险。

随着我军现代化、正规化建设的稳步发展，越来越多高学历人才进入部队，对部队军人的整体心理健康状况产生一定影响。受教育程度不同的军人，在学习能力、文化素养、职业发展、个人诉求等方面都有差异，遇到的心理问题、产生的心理诉求也各不相同。有研究显示，我国军人抑郁水平随学历升高而降低，即学历越高抑郁水平越低，学历越低抑郁水平越高。这可能是因为文化程度高的军人心理素质较好，在认识问题、分析问题、解决问题上能力强，心理调控方法多。大部分研究者通过对不同军兵种、特殊工作任务下军人群体进行心理健康水平调查，认为大专及以上文化程度的军人心理健康水平优于初中和高中（职高、中专）文化程度的军人，由此得出结论，军人心理健康与受教育程度呈正相关，即受教育程度高的军人具备更多的心理健康知识和自我保健意识，在解决问题时多采用积极的应对方式，较少产生焦虑、抑郁等心理问题；受教育程度低的军人心理调节能力较差，多采用自责、幻想等消极的应对方式。

然而，一项对中国军人心理健康状况的横断历史研究显示，中国高中学历军人的心理健康水平低于初中和大学学历军人。分析其原因，可能与不同学历的军人人生经历和人生经验不同有关。高中学历的军人大都已经完成高考，并且绝大多数是高考的"失败者"，这种挫折经历可能成为这些人严重的思想包袱，成为日后心理问题的潜在诱因，而且高中学历的军人在入伍后短时间内找不到明确的人生方向，不知道自己是否适合在部队长期发展，容易产生自我怀疑、职业焦虑、家庭矛盾等。初中学历的军人早早中断学业进入社会，认识到通过升学来实现自我价值的路径并不适合自己，从而开始尝试不同的方式来实现自我价值，他们面对现实挫折时，往往比完成高中学业却不能如愿进入大学的军人更能保持健康的心态。而受过高等教育的军人多是军校毕业的军官，或者是怀揣考学、提干目标入伍的新兵，他们多把从军作为实现自我价值的最佳选择，具有较好的政治思想和文化素质，在军队内有较好的发展前景，因此心理健康水平也相对较高。另有研究发现，研究生以上学历军人心理健康水平低于高中、大专、本科学历军人。近年来，研究生以上高学历人才为部队注入新的力量，在入伍时可能让他们也抱有高期待，愿景与现实的碰撞可能让他们产生心理冲突或困惑。同时也有研究认为，在有的部队内部，文化程度高的军人，其成就动机较高，竞争意识较强，比较注重个人利益，但缺乏合作精神，因此也容易产生心理问题。

三、战时状态

战争会对军人的心理健康产生直接的影响，战争心理创伤是战时卫生减员的重要原因之一。有文献显示，第二次世界大战太平洋战争期间，神经精神障碍导致的减员占全部伤员的1/2；黎巴嫩战争中，以色列普通伤员与战斗应激反应伤员之比为1∶1.2；海湾战争中，美军仅伤亡896人，而战斗精神疾病患者却高达547人。战争心理创伤主要通过两个心理过程起作用：战场环境刺激引起的过度心理应激反应过程和合理化与接纳失败的认知失调过程。过度心理应激反应过程包括躯体、心理反应两个方面。一是军人在残酷的战争环境中，出现恐惧、过度紧张等情绪，表现为眩晕、颤抖、抽搐、四肢发冷等一系列躯体症状，从而失去战斗能力，出现战争心理创伤；二是虽然恐惧、过度紧张，但军人生的本能、对权威的服从、组织行为等促使其继续投入战斗。战斗中保护自己、挽救战友的满足感，消灭敌人、完成任务的成就感，攻击行为的原始快感等，使军人处于强烈的兴奋中。然而兴奋过后，看到横尸遍野、硝烟废墟，他们转而进入懊悔或恶心的心理应激反应阶段（恐惧、过度紧张→兴奋→懊悔、恶心），这种心理反应有可能一直持续到战争结束甚至持续终身。合理化与接纳失败的认知失调过程，是心理创伤的关键环节。战场中军人出现过度心理应激后，开始调动自己的认知、社会等资源，对自己的行为进行解释，努力寻找"正当理由"（合理化与接纳）。

军人在残酷的战争环境中，最常见的心理创伤就是产生战斗应激反应。适度的战斗应激反应可以提高军人对战场环境的适应能力，使机体的反应迅速、体力充沛、耐力增强，提升作战效能。但当战斗应激反应过度时，参战军人可能出现恐惧、眩晕、颤抖、抽搐、四肢发冷、无目的动作、注意力不集中、理解能力下降等一系列躯体和认知功能症状，影响作战效能，甚至失去战斗能力。军人在执行军事任务期间，作业强度高于平时，还具有一定的危险性，加上生活条件差、压力大、气氛紧张等因素，会出现一定的应激反应。在这种环境下，军人需要高度专注，保持警觉性，才能提升和保持战斗力，但随之而来的可能是高度专注和警觉带来的负面影响。生理上可能出现头痛、心慌、腰酸背痛、食欲下降、尿频等不适，心理上可能出现抑郁、焦虑情绪，伴有恐惧、失眠、敌对等表现。而战争的幸存者往往都遭遇了强烈的创伤性事件，如经历惨烈的战斗、目睹面目全非的尸体、被俘虏、被敌人虐待等，更容易产生创伤后应激障碍，严重影响其战后的生活质量，给军人自己、家庭和社会带来沉重的负担。虽然和平时期我国军人很少直接参与战争，但保家卫国的使命意味着军人需要随时投入各种非战争军事行动任务中，如执行阅兵、演习、战备、维和、野外驻训、维稳处突、灾害应急救援、特殊任务等。军人心理健康状况将直接影响这些任务的执行效率，同时良好的心理健康水平也是任务顺利完成的前提条件。

无论是战争还是非战争军事行动，军人的心理健康水平都会低于平时。为改善这一情况，需要加强平时心理卫生预防服务工作，同步开展心理训练、体能训练、思想教育和专业知识学习，促进军人的心理素质、生理素质和军事技能在整体协调的基础上全面发展，提高军人的生理和心理健康水平。

四、特殊作业环境

军人担负保家卫国的神圣职责，往往需要在一些特殊作业环境下开展军事活动，如寒冷的高原、潮湿的热带雨林、燥热的沙漠、高山、高空、深海等。此外，军人还需要经常在特殊的军事装备中作业，如狭小的装甲车、高空中的战斗机、幽闭的潜艇、水面舰艇等。这些特殊的自然环境和武器装备环境对军人的生理和心理会产生极大压力，影响军人的生理和心理健康。对处于特殊作业环境中的军人而言，心理咨询师要从情绪、睡眠、认知水平等多方面进行健康评估，掌握军人心理健康动态，普及心理健康维护方法，进行心理适应性训练，有针对性地进行心理疏导及心理干预，降低军人焦虑、抑郁、失眠的发生率，提高特殊作业环境军人的心理健康水平，确保部队作战效能及战斗力。

（一）高原缺氧环境

高海拔环境有低压、低氧、寒冷、气候干燥、紫外线强等特点，这些环境特点会给军人的生理状况带来严峻挑战，其中缺氧是高原环境中对机体影响最明显和最严重的因素。人体脑组织需氧量很大，对缺氧也极为敏感。轻度的缺氧，机体可以通过代偿功能逐渐适应，不出现明显的症状。随着海拔的不断升高，缺氧程度逐渐加重，机体的代偿功能无法补偿缺氧对机体造成的影响，会产生多种机能障碍，体力和脑力活动均会受到严重的影响，长时间缺氧甚至会出现低氧血症。同时，高原缺氧会显著而持久地影响军人的认知功能，导致记忆力下降、反应速度变慢、注意力分散、动作协调性下降。长期缺氧还会发生不同程度的情绪紊乱，产生焦虑和抑郁情绪，甚至对个性产生不利影响，出现偏执、强迫行为、意志消沉、无端敌意等症状。有研究显示，随着海拔的上升，军人的抑郁水平明显升高，甚至在军人回到低海拔地区后，仍会在一段时间内保持较高的抑郁水平。

我国高原地域辽阔，有着十分重要的战略地位，许多军人需要长时间在高原环境中作业，因此长期处于高原缺氧的环境。改善缺氧最直接有效的方法就是供氧，对进入高原的军人配备简易的便携供氧装置，可有效降低缺氧对机体的不良影响。另外，军人在进入高原的过程中要对缺氧的环境进行习服训练，使机体逐步适应缺氧环境，减轻或消退缺氧相关症状。同时，还要特别关注高原军人的心理健康，经常性开展心理咨询和心理治疗工作，提高军人的心理防护能力。

（二）冷热环境

人有一套复杂的冷热生物调节系统，以维持人体温度的稳定，过高或过低的环境温度都会对人的体温产生不利影响。军人在开展军事活动时会遇到冷应激和热应激的刺激，这种极寒和极热的环境会影响人的生理和心理功能，导致军事作业能力下降。低温环境会使人的动作灵活性和协调性下降，触觉灵敏度降低，反应速度变慢、动作迟缓、惰性增加。环境温度过高会使肌肉收缩能力下降、动作准确性和协调性下降，还会引起视觉反应时间延长、反应速度和注意力下降，伴有认知功能减退、情绪低落、兴趣减退、心烦气躁，严重时甚至出现嗜睡和幻觉。

通过配备防寒和保暖物资与设施设备，可有效减轻极寒、极热环境对机体造成的不良影响。我军战备物资和军事设施设备的不断优化更新，可以在一定程度上帮助军人抵御极端环境温度的影响。同时，军人要经常在冷热环境中开展军事体能训练和军事操作训练，增强对极端气候的生理适应性和心理耐受能力。

（三）噪声环境

军人执行特殊任务时往往身处嘈杂的环境，如武器装备的机械性噪声、空气动力性噪声、电磁性噪声、爆炸性武器噪声等。我军有严格的军事作业噪声安全标准，规定了不同噪声分贝下的作业时间，超出相应的暴露时间，会对作业人员的生理、心理造成不同程度的损害。噪声造成的最直接的损害就是听力损伤，还会通过神经系统对视觉产生损伤，长期暴露在噪声环境中会引起认知、情绪和社会行为的改变，出现听觉疲劳、反应迟钝、情绪不稳定、动作刻板等。在战场环境，严重的噪声还会对通信联络产生影响，不利于作战人员的战场表现，使军事作业效率下降。

强烈的噪声可能会造成暴露性耳聋，对机体产生不可逆的影响，因此在日常训练时要加强对环境噪声的控制，环境噪声不可避免时要采取适当的听觉防护措施，常用的有耳罩和耳塞等，以减轻噪声对军人心理和作业绩效的影响。

（四）密闭环境

随着武器装备的飞速发展，军用密闭舱室成为未来主要的作业环境，如坦克舱室、潜艇舱室、战斗机舱室等。密闭舱室环境空间狭小，人员活动受限，缺少与外界的交流，加上武器装备的操作强度高、难度大，会使军人的心理压力明显增加，极易引起急躁、压抑等情绪反应，出现注意力降低、体能下降、身体疲惫、反应迟钝等症状。长期处于密闭舱室环境还会出现不同程度的睡眠障碍，使机体长时间处于应激状态，导致健康水平下降、工作效能降低。

密闭舱室环境给军人的生理和心理功能带来严峻挑战，需要从物理防护、医学防护、卫勤保障等多个角度帮助军人积极应对，减轻密闭舱室环境带来的不良影响。

第三节　军人心理健康教育内容

一、军人心理健康教育的目标

心理健康教育是教育者运用心理学、教育学等学科的理论和技术，通过多种途径与方法，培养受教育者良好的心理素质，提高其心理机能，充分发挥其心理潜能，进而促进整体素质提高和个性发展的教育。其目标是培育良好的心理品质、开发潜能、增强心理适应能力、激发内在动力和养成良好的行为习惯。

军人心理健康教育是采用心理学、教育学、社会学和精神病学等多学科相结合的理论与方法，依据军人心理活动发生、发展规律，结合军事训练、军事任务、军事教育等实践活动对心理的影响，降低军人心理问题发生的概率，提升军人综合心理素质和心理健康水平的综合性教育活动。其目标是促进军人心理素质的提高和心理潜能的开发，是以军人的健康发展为目的。

我国军人的心理健康教育始于20世纪80年代中期，至今经历了3个阶段：①医学心理模式阶段，从20世纪80年代中期到20世纪90年代初，主要以消除心理疾患为目标，采用一些心理咨询和治疗技术来治疗有心理疾患的军人；②健康心理模式阶段，从20世纪90年代初到21世纪初，由被动的矫治转为积极预防的健康心理模式，主要通过向军人普及一些心理卫生常识，改善部队心理障碍者的社会适应性，指导军人进行自我保健和预防心理障碍；③教育心理模式阶段，从21世纪初到现在，由心理问题的积极预防转为心理素质的系统培育的教育心理模式，主要以军人的自我发展为目标，采用心理辅导、心理行为训练等方法。

心理健康教育是军人素质培育的重要部分。因此，构建的军人心理健康教育目标体系必须与军人素质培育目标一致。心理健康教育的基本目标可概括为"适应－发展－创造"等3个层次。在教育中要充分体现3个层次的关系和作用。

①适应是发展和创造的基础。一个军人只有正确认识现实与自我，在环境与自身条件许可范围内，调节自己的心理和行为，从而适应周围环境，才能使自身潜能充分发挥和进行创造性活动，实现自身价值，培养和形成健康的品质。

②发展处于适应和创造的中间层次，它体现了发展要依赖于个体与环境的和谐作用，个体自身能力的发展是创造的条件和基础。同时，也说明发展既影响着适应的成效，也影响着创造能否产生，为人的素质发展提供了广阔的心理背景和心理基础。

③创造是心理健康教育的高级目标，适应和发展是其必备的心理条件。一方面，适应和发展为创造提供必需的心理资源，如自信心、独立性和怀疑精神，提供兴趣、抱负水平和责任感等驱动力；另一方面，创造也有利于提高个体的认知能力水平和个体的适应能力，巩固和增强良好的个性。

在部队基层军人中开展的心理健康教育，根据其目标和功能可划分为两个方面，即矫正性心理健康教育和发展性心理健康教育。矫正性心理健康教育表现为保持心理健康、解决心理问题和防治心理疾病；发展性心理健康教育是培养军人良好的心理素质、提高其心理机能、充分发挥其心理潜能。综上所述，基层部队开展心理健康教育，主要有两个目的：一是早期发现军人的心理缺陷，及时进行疏导和治疗，减少与心理因素有关的事故、案件的发生；二是运用心理科学的原理和方法，传授相关的心理知识、方法和技能，培养人、教育人，增强军人的心理免疫力，引导广大军人树立正确的人生观、价值观、自我意识和伦理道德观，帮助军人挖掘潜能，最大限度地发挥军人的优势和特长，促使军人认识自我、丰富情感、完善人格、改善人际关系，从而激发部队士气，增强部队凝聚力，提高部队教育训练水平。

二、军人心理健康教育具体内容

军人心理健康的内容是军人心理健康评估、训练和教育的基础。有专家团队从内隐（心理素质、心理能力）到外显（心理症状）、从静态（心理素质）到动态（心理状态、心理能力）、从特质（心理素质）到发展（心理能力、心理症状）全方位地对军人的心理健康进行衡量，认为军人心理健康内容主要包含心理状态、心理能力和心理素质这3个维度。

①心理状态是军人心理健康的外显症状。心理状态指人的认知、情绪和意志等心理活动在一段时间里出现的相对稳定的持续状态。心理状态不同于内在心理特征（如人格），它并不持久，但人的各种具体的心理过程与个性心理特征甚至高级神经活动等总是通过一定的心理状态被表现出来，因此，心理状态取决于个体的心理素质和心理能力水平，是了解人们心理活动的重要外显指标。研究发现，军人在"强迫、恐惧、焦虑、抑郁"方面所表现出的问题一直很突出；睡眠问题与军人心理健康和应激水平紧密相关；创伤后应激是军人心理健康和心理疾病发生的预警指标。所以，军人心理健康的心理状态维度包括6个成分：强迫、恐惧、焦虑、抑郁、睡眠、创伤后应激。

②心理能力是军人心理健康的调控能力。心理能力指从事某种心理活动所需要具备的能力，军人心理健康所需要的心理能力主要有3种：适应能力、情绪调节能力和创伤后成长能力。适应能力是人的体力、智力、应对方式及性格气质等多种因素的综合反映，是军人综合素质中的重要内容，是构成军队战斗力的重要因素。情绪调节能力通过有效改变个体情绪的发生、发展，改善主观体验和生理反应，对身心健康有重要影响。创伤后成长能力是个体在经历创伤性事件后积极变化的能力，这些积极变化表现在自我觉知、人际关系体验及对生命的基本观念的改变等多个方面。对于创伤性事件高风险人群——军人群体来说，创伤后成长能力是维持心理健康水平、实现心理成长的重要能力。

③心理素质是军人心理健康的内隐品质。心理素质是一个充分体现战斗力标准的概念，从积极的角度整合了所有军人心理发展所必需的要素，它在军人个体素质中居于核心层次，在军事作业环境和军人心理健康之间起着重要的中介作用，体现了我国军人心理健康工作要达到的最终目标——促进军人积极适应、持续发展和主动创造，代表了一种积极的心理健康状态，是军人心理健康可以不断趋近的最佳水平。军人心理素质包括聪慧、忠诚、勇敢、自信和耐挫5个成分。

军人心理健康教育的内容直接影响军人心理健康的发展。在构建和选择军人心理健

康教育内容时，应围绕"适应、发展、创造"等目标层次进行。要根据不同军龄层次军人心理发展的阶段性和连续性，从总体和局部综合建立心理健康教育的内容联系。根据各单位实际情况，有针对性地提出军人心理健康教育的内容。主要包括要适应军营，如军营环境的适应、军训方法的熟练、军训技能的掌握、战斗心态的调整等。要适应生活，如部队生活环境的熟悉、生活内容的调整、生活方式的改变、生活习惯的养成等。要适应人际交往，学会处理与各种交往对象的关系，如官兵关系、战友关系等，掌握与不同对象交往的规范，发展交往技能，消除人际交往的矛盾和障碍，缓解交往压力等。要学会做人，培养军人正确处理个人与集体关系、他人要求与社会公德的关系、自己的各种社会角色之间的关系等。培养军事技能，要以军事能力的培养为核心，掌握军事技术、思维方法、军事策略、作战能力等。要发展军人的个性，培养军人的自我认识和评价能力，以及自信心、自尊心、自控力和独立性等。要发展社会性，培养军人的责任感、义务感、荣誉感、集体归属感、幸福感等。要发展创造性，培养军人创造的动机、创造的兴趣、创造的愿望，发展创造性想象，进而培养创造能力等。

军人心理健康教育是部队心理健康服务的重要形式。有学者在对部队心理健康服务的需求调查中发现，部队军人最希望开展的心理健康教育内容排在前3位的依次是心理常识的教育、人际调适、心理矛盾与冲突。对于长期驻外执行任务的军人来说，重大事件应激心理调适也是心理健康教育的重要内容。另外，心理健康、环境适应、合理认知、情绪调控、压力管理、悦纳自我、行为矫正、人际沟通、婚恋家庭和职业发展等10个方面也被纳入军人心理健康教育的方案。

军人心理健康教育的内容应该注重实现显性知识与隐性知识的统一，隐性知识具有潜隐性、暗示性、感染性、渗透性等特点，注重受教育者的思想、意识、情感、态度和价值观等主观方面的变化，是心理健康教育的重要内容，对受教育者的个体发展起着重要作用。军人心理健康教育的隐性知识内容主要包括丰富的物质文化环境、优良的战斗集体、教育者的人格魅力等方面。创造充满美感的物质文化环境，使军人在日常工作、生活、训练、学习、娱乐中不知不觉地接受教育、受到熏陶，从而产生美好的情感，增强学习的兴趣和动机，提高献身国防和报效国家的自觉性和主动性。优良的战斗集体能够引导军人形成正确的人生观和价值观，促进军人个性的和谐发展。教育者的人格魅力能够感染战士，引起其思想和心理变化。只有通过不断挖掘教育过程中的隐性知识内容，建立起和谐、融洽、信任和理解的情感关系，教育对象才能逐渐消除逆反心理，进而保证心理健康教育工作的实施效果。

另外，军人心理健康教育应以积极心理学的理论为指导，将积极心理学理论融入部队的心理健康教育中，将关注点放在他们的积极品质和自我成长潜力的发现和挖掘上，从而激发其内在的力量和优秀品质，有效地预防各类心理问题。他认为，军人心理健康教育的内容应该包括：①培养积极的人格特质；②培养积极的认知体系，增强正向情绪体验；③增强心理弹性，提高抵御不良情绪与做出正确决策的能力；④区分目标层次，增强成功体验；⑤开展意志品质教育，增强自信体验。美军开展的士兵健康综合训练项目（comprehensive soldier fitness，CSF），以积极心理学为基础，把战士心理弹性训练和积极心理学教育作为其核心内容。CSF项目包括4个部分：①广泛而全面的心理评估；②在线的积极心理学课程与测验；③常规心理弹性训练；④心理弹性训练师传授积极的思维方式和心理弹性训练方法。他们关注的重点是心理优点而不是心理弱点，旨在加强4个方面的健康情绪：情绪正常程度、社交正常程度、家庭和睦程度及精神健康程度。这4个方面有助于缓解抑郁和焦虑，有针对性地解决士兵心理弱点，增强士兵心理承受能力。

由此可见，军人心理健康教育内容的研究基本一致，并随着时代的发展不断更新。我国军人心理健康教育内容主要包括心理健康基本知识、价值观教育、人际适应、环境适应、压力管理、情绪调节、自我意识、婚恋家庭和职业发展等。虽然涉及面很广，但仍存在不足，还应根据工作实际，继续探索和拓展军人心理健康教育内容的范围。

①心理健康基本知识：主要内容包括军人心理健康的概念与标准、军营心理适应、学习训练心理、人际关系处理、生理卫生、情绪和性格与心理健康、心理调适、正常心理与异常心理的识别等基本知识，以及如何正确认识和对待挫折，如何建立紧张情绪的积极应对方式、心理放松方法，如何寻求社会支持等。

②价值观教育：《关于重视做好基层部队心理教育和疏导工作的意见》中提到，做好心理教育工作，"必须始终把帮助官兵树立正确的世界观、人生观和价值观作为工作核心"。军人价值观是军人在社会实践（特别是军事实践）中形成的对认识对象的评价标准、评价原则和评价方法的观点体系。它是一种群体价值意识，是军人群体价值心理的升华，同时又是军人群体价值实践的指导。当代军人核心价值观是对军人思想道德和行为方式起着主导作用的思想观念。依据社会主义核心价值体系的一般要求，以及我军使命任务的特殊要求，把当代军人核心价值观概括为"忠诚于党、热爱人民、报效国家、献身使命、崇尚荣誉"，集中体现了我军的性质宗旨、优良传统和时代特色，体现了当代革命军人理想信念、行为情操和价值追求。将军人价值观教育融入军人心理健康教育中，引导军人始终保持政治坚定和思想道德纯洁，抓好思想教育、舆论引导、实践养成、制度保障，使军人价值观被军人普遍理解认同、自觉培养践行。

③人际适应：人际交往是社会成员之间沟通信息、交流信息、表达情感、协调行为的互动过程。进行正常人际交往，加强沟通交流，获得尊重信任，增强团队凝聚力，对军人心理健康成长、促进部队团结和谐稳定具有重要意义。军人是一个特殊的社会群体，军人对良好的人际关系有着强烈的需求，人际关系的好坏是军人心理健康的主要影响因素之一。有研究表明，多数基层军人的人际关系良好，但少数军人存在认知偏差，或缺乏与人有效交往的能力，或在交往中信心不足，影响人际关系水平。影响人际适应的重要因素包括：人际交往中的不良情绪，包括自卑、孤独、猜疑、嫉妒等；缺乏人际沟通技巧；在人际冲突中不善于控制自己的情绪、不注意自己的谈吐方式及未能适时给予战友力所能及的帮助等。因此，在对军人的心理健康教育中，应注重军人正确应对方式的培养和辅导，使军人以积极的应对方式面对人际交往，获得和谐的人际关系，提高部队凝聚力和战斗力。

④环境适应：是指个体为排除障碍、克服困难、满足自身需求、与环境保持和谐而改变自己的内在观念和外在行为的过程。军事环境具有复杂多样、危险多变、恶劣严酷等特点，部队管理严格且相对封闭，与入伍前的中学或大学管理模式完全不同。在开展心理健康教育时，需结合部队作业环境及人际环境（家庭、部队）特点，提高部队军人的环境适应能力和整体综合素质。

⑤压力管理：压力存在于社会生活的各个方面，军人作为一个特殊的群体，在承受常人所具有的一般压力的同时，还承受着军事职业高强度、高风险的特殊压力。教育引导军人正确认识压力、积极应对压力、有效缓解压力，是促进军人心理健康的重要内容。当军人面对压力时，良好的应对方式可以缓解身心症状，有效减轻压力，提高心理健康水平。积极的认知态度可以缓解情绪的疲惫感和工作的冷漠感，增强个人成就感，有利于提高心理适应能力，而消极的应对方式会加重躯体化症状。研究发现，社会支持、信念、价值、自尊、控制能力和良好的状态，是应对压力的有效资源。因此，在部队军人中开展减压管理时，要加强部队军人面对压力时积极认知态度的培养和教育，减少消极认知态度。一是要加强军人信念、价值观、世界观教育，这是军人应对压力的政治资源；二是要通过体育锻炼、典型学习和集体活动，培养军人自尊、控制感、自我效能、人际关系、良好的状态等，改善认知态度；三是要加强人格特质培养，发展合理的环境性人格和社会性人格，如进行民族文化、部队文化、领导艺术、服从意识、道德观、价值取向等教育；四是要加强基层军人压力和生活事件管理，调整或改变压力应对方式。

⑥情绪调节：是指个体管理和改善自身或者他人情绪的过程，通过一定的方式使情绪在主观体验、生理反应和行为表现等方面发生一定的变化。情绪调节能有效地改变个体情绪发生与发展、主观体验、生理反应，在个人人际交往、身心健康等多个方面均有重要影响。军人情绪调节方式主要包括认知重视、情感求助、行为抑制、自我安慰4个维度。认知重视就是在调节情绪的过程中，在认知上反复思考，通过转换思考问题的角度获得对引发情绪的事件新的认识与理解，试图获得对情绪事件的确认，从而影响情绪体验。

情感求助是指个体通过向他人倾诉、求助等方式宣泄自己的情绪，寻求情绪上的支持，以影响情绪体验的获得。行为抑制就是个体在一定情绪状态下，采取刻意压制的方式，让自己的情绪不暴露在外界环境，从而不影响工作、人际关系等外界关系的调节方式。自我安慰是指当个体处于一定情绪状态时，通过对情绪事件重要性和自身影响的忽视，降低对外界和自身的要求，从而达到对情绪事件和自身的接受，进而影响情绪体验。其中，认知重视和行为抑制是增强型，属于消极的情绪调节方式；情感求助、自我安慰是减弱型，属于积极的情绪调节方式。研究表明，军人情绪调节方式的使用频率由高到低依次为：情感求助、行为抑制、自我安慰、认知重视。积极的情绪调节方式能够帮助军人提高情绪管理能力和抗压能力。此外，年龄、职级、文化层次、作业环境、应对方式等因素也会影响军人选择的情绪调节方式。军人心理工作者在开展心理健康教育时，应多关注低年龄段、低职级及文化层次较低的军人的心理健康，将应对方式有关内容有效纳入情绪调控训练中，引导部队军人在应对情绪事件时，多采用积极的情绪调节方式，从而更好地帮助基层军人调节情绪，促进心理健康。

第四节　军人心理健康教育的组织实施

在军队对军人开展心理健康教育，不同于社会上对普通群众开展心理健康教育，需要结合军队和军人的特点，合理组织实施。军队的基本状态是战争和准备战争，军人的根本职责是确保战争的胜利，所以军人心理健康教育的根本目的，就是维护军人的心理健康，切实提升战斗力。

一、军人心理健康教育的时机

军人的心理健康教育是维护军人心理健康的重要途径，需要在军人群体中经常开展心理健康教育相关工作。不同军兵种、不同职责岗位的军人，其作业环境和工作要求有较大的区别，但都会面临平时、战时和非战争军事行动 3 种状态的相互转变，需要在不同的时机开展相适应的心理健康教育，保障各项工作任务的顺利完成。

（一）平时心理健康教育

平时心理健康教育的主要目的是帮助军人理解和运用心理健康知识，掌握一般心理问题的识别和预防方法，了解心理健康的求助途径，提高部队整体的心理健康水平，保障部队军事训练和日常工作。军人平时有较大的工作和训练压力，很难有专门的时间开展心理健康教育工作，平时的心理健康教育应当与日常训练相结合，将心理健康教育作为日常训练的一部分，同时丰富心理健康教育的方式和内容，使军人乐于在日常训练中接受心理健康服务。

平时的心理健康教育工作，可由心理骨干、心理咨询师和心理医生提供保障力量。心理骨干在日常工作和训练中要关注军人的思想动态和心理健康状态，对出现异常心理问题的人员要及时开展心理疏导，甄别是思想问题还是心理问题，明确相关问题的严重程度，将可能出现精神障碍的军人及时送专科医疗机构就诊。心理咨询师和心理医生要经常性开展心理健康评估、心理知识讲座、心理行为训练等心理服务，对工作中发现的重点人员及时进行个别谈话和心理疏导，提供有效的心理帮助，并跟踪随访其心理健康状况，减少军人心理问题的发生。军人中出现应急突发事件时，心理专业人员要及时采取心理危机干预措施，尽快与当事人建立联系，迅速确定事件的严重程度，制定明确的干预目标和干预措施，提供有效的心理援助，减少危机事件对军人的影响，帮助军人顺利地度过危机，恢复心理健康。

（二）战时心理健康教育

现代战争复杂多变，其战争规模和严重程度与传统战争有着明显区别，容易导致军人出现战斗应激反应。战时心理健康教育的重点，是开展心理健康筛查和评估、战斗应激反应控制、创伤后应激障碍防治、战争精神病防治、自杀预防等心理健康防护工作。根据对作战行动的周期特点进行的分析，不同阶段对心理健康防护的需求重点存在差异。我军心理健康防护系统中，较少考虑作战周期这一时间变量。战前强调心理评估及训练，以达到对作战的心理准备和防御效能。战中侧重对心理障碍的快速干预，以最大限度地减少非战斗性减员。战后关注军人心理障碍的累积效应，以达到提高适应水平的目的。因此，心理健康防护系统的建立应与作战周期的不同要求相一致。

战前准备阶段，心理咨询师要对准备参战的军人进行心理健康教育与心理行为训练，提高军人对战场环境的适应能力，预防不良的战斗应激反应。通过心理筛查和心理评估，确定易感人群，优化战斗人员作业效能，防止或减少战场和作业环境的不良应激对军人作战能力的影响。同时，开展战斗意志训练，激发和保持参战军人士气，提高军人对创伤性事件的应对能力，鼓励军人积极面对灾难和挑战，保持积极的心理状态。

战斗过程中，由精神科医生对心理创伤伤员进行评估与处置，对心理创伤较轻的伤病员，心理咨询师要配合精神科医生共同进行救治，采用心理咨询与治疗技术，尽快恢复其战斗力，使其再次投入战斗；对心理创伤较重的伤病员，由精神科医生进行专科治疗和后送。同时，心理咨询师还要持续评估参战人员面临的生理和心理应激源，监测军人的生理、精神、心理健康状态，制定和有效利用防护措施。

战后,心理咨询师要在不同时期对参战人员开展心理应激再评估和心理干预,预防参战人员出现创伤后应激障碍。发生创伤后应激障碍的患者需要接受精神专科治疗,包括必要的药物治疗和心理治疗。当病情控制稳定后,由心理咨询师开展相应的心理健康教育工作,可结合疾病的症状特点和发展趋势,采用认知行为治疗、眼动脱敏再加工及团体心理治疗等方法,为患者争取最大的社会支持和心理支持,帮助患者获得最大的心理空间。

(三)非战争军事行动心理健康教育

军人常常要应对各种各样的突发事件,参加多种非战争军事行动。在非战争军事行动过程中,军人的心理可能发生变化,需要成立专门的心理救援队进行心理健康教育和心理救援,及时、有效地开展各种心理卫生服务工作,保障任务行动的顺利实施,预防和减少心理疾病的发生。

军人在执行重大灾难救援任务时,因灾难事件的威胁性、紧迫性、震撼性和后果的不确定性,需要专业的心理卫生人员在短时间内准确把握保障对象的心理反应,及时干预,快速生效,预防和减少心理疾病的发生,提高救援军人的心理健康水平,保障灾难救援工作的顺利完成。

军人在处理突发公共卫生事件时,作为事件现场的目击者,在救援过程中容易产生恐惧、焦虑、无助、挫败等心理反应,甚至出现急性应激反应、严重抑郁发作等精神障碍。心理卫生专业人员要同时面对受灾人员和救援人员的心理需求,针对不同的人员要开展不同的心理服务保障工作,以降低救援后精神心理疾病的患病率。

维稳行动具有突发性,主要包括恐怖事件、严重暴力事件和聚众扰乱社会秩序事件。

在执行维稳行动前要进行心理评估，选择心理健康水平较高的人员执行任务。执行维稳行动时，要分阶段对任务军人开展心理健康状况再评估、维稳心理健康教育、心理咨询与治疗、反心理战等工作。同时，要准确把握军人的心理动态，及时发现影响军人心理健康的因素，并加以干预，最大限度地维护军人的心理健康。

二、军人心理健康教育的常用方法

军人的心理问题具有多样性和层次性，而且军队心理卫生资源相对匮乏。因此，在开展军人心理健康教育工作时，需要结合军人的心理需求和军队心理卫生工作现状，多角度、多层次、多途径组织实施。同时，军人的心理健康教育要注重与思想政治教育相结合，围绕心理健康常识普及、心理学专业知识应用、常见心理问题疏导等内容，结合单位工作实际，编写单位年度心理健康教育工作方案，纳入年度政治教育工作计划，在开展思想政治教育工作的同时，组织军人学习心理健康知识。

（一）心理健康知识讲座

随着部队现代化建设的推进，军人心理健康教育逐渐从关注异常人群向关注正常人群、从关注个体向关注群体、从关注问题向发展潜能、从被动处理向主动教育转变。在当前部队心理健康教育骨干缺乏的情况下，进行各种形式的军人心理健康知识讲座不失为一种容易接受、效率较高、可行性强的工作方式。因此，在军人心理健康教育方法中，心理健康知识讲座占有较为重要的地位。

对广大军人开展经常性心理健康知识讲座，是以课堂教育为主要形式，围绕普及心理科学知识、解答心理困惑问题、教授维护心理健康和增强心理素质的方法技能等组织开展的一系列教育活动，具有内容完整、重点突出、时间人员集中、组织规范有序等特点，是心理科学知识普及教育的基本途径和方法，是便捷、高效的心理服务方式。邀请专业心理人员到部队基层宣传心理健康知识，与军人面对面进行交流，聚焦军人面临的实际心理困扰展开讨论，可以帮助军人了解心理健康知识和心理问题产生的原因，掌握调节心理健康的常用方法。为此，要注重从部队教育训练的实际出发，坚持与各项教育活动统一部署、统筹安排、有机结合，做到科学设置、灵活组织。部队单位在制订心理健康知识讲座计划时，要结合单位任务情况及军人的实际心理需求，明确讲座的主题和形式，可在授课前进行心理服务需求提报，广泛收集基层军人意见，选择军人感兴趣的心理健康教育内容，邀请相关领域的专家授课，通过各类集中授课讲座活动，确保心理健康教育形成制度、坚持经常，使心理健康知识讲座起到实效。

一要明确教育目的，合理制订计划。教育者既要注重集中性授课和各类讲座内容的必要完整性和相对系统性，引导军人全面了解心理科学的基础知识，正确认识心理现象及其本质，把握军人心理活动变化的特点和规律，改善心理知识结构，提高维护心理健康、增强心理素质的认知水平,又要针对不同教育对象的特点和实际需要提出不同要求,区分层次,突出重点,做到因材施教、有的放矢,保证教育的针对性。例如,针对基层军官,主要是根据教育、训练和管理等方面的需要,重点掌握心理学的基本原理,学会分析心理现象、维护心理健康和解决常见心理问题的一般方法,提高他们做好心理服务工作的能力;针对普通军人,主要是结合日常工作和生活,重点了解心理科学常识,正确看待心理问题,学会自我心理调适的主要方法,增强自我心理调节、自我心理控制和自我心理健康维护的意识和能力。

二要注重联系实际,力求通俗适用。要善于从军人关注的心理现象和经常出现的心理问题入手,针对军人尤其是青年军人心理正走向成熟的实际,有选择地组织军人学习紧贴部队生活实际、能够解决现实问题的心理知识,如怎样应对压力、如何面对拒绝和挫折、如何克服骄傲自满、如何与人交往等。心理健康知识讲座绝不是单纯介绍理论知识,教学内容不能仅仅满足于课堂上的泛泛而谈,要多采用情境式教学模式,运用工作生活中的典型事例,把实际问题情境搬到课堂教学中去。寓理于事,就事论事,深入浅出,循循善诱,把抽象的原理讲具体、深刻的理论讲生动、原则的内容讲实在,生动直观地引导军人分析问题、弄清道理、掌握方法,切实把各种心理科学知识融入部队生活、贴近军人实际,增强教育的吸引力和说服力。

三要严密组织,保证授课质量。要依据心理健康教育所具有的思想性、科学性、专业性要求,严格坚持计划、备课、试讲等各项制度,有效落实授课、讨论、总结等各个环节,综合运用辅导、答疑、互动等各种方法,增强教育效果。要安排既熟悉心理科学又熟悉基层,并了解军人情况的人员任教,特别要充分发挥基层心理骨干的作用,确保教育的质量。同时,要积极借助社会力量,注重利用有效资源,坚持走出去、请进来,适时邀请军内外心理学专家、心理医生等专业人才举办讲座、授课辅导,合力把部队的心理健康教育做得生动活泼、深入扎实。

(二)网络心理健康知识普及

随着网络在部队的普及,网络教育已深受军人欢迎与喜爱。网络心理健康教育有着便捷性、趣味性等优势,是军人喜闻乐见的教育方式。心理健康教育必须借助网络这个现代教育平台和有效载体,充分运用全军军事训练网、全军政治工作网和部队局域网,拓宽教育渠道,完善教育方法,充分发挥信息网络的教育功能。一要丰富教育内容,增强吸引力。要利用网络信息丰富、传递速度快的优势,及时搜索和下载心理健康教育方面的有关资料和信息,借助虚拟技术,实现声、像、图、文并茂,努力使教育内容形象直观、易懂好记,从而激发军人的学习兴趣和求知欲望。二要开辟网上课堂,建议采用电视电话会议系统和网络授课相结合的形式,其优点是覆盖面广、受众多、时间灵活、方便简单、容易组织、双向互动性好。通过在网上设立教育专题讲座、网上论坛、网上咨询、热点评析、问题探讨等栏目,开通博客、微博,使心理健康教育更加紧贴部队和军人实际,最大限度地

满足军人自主学习的需求。三要加强监管,净化网络环境。网络是一把双刃剑,既能够提供丰富多彩的信息资源,同时也可能存在一些影响军人身心健康发展的有害信息。因此,必须加强对网络的管理和监控,按照相关规定完善规章制度,严格控制联网范围和网上信息,禁止有害信息上网流传,净化部队信息网络系统,堵塞不良信息传播渠道,防止给军人造成思想和心理污染,从而强化军人纪律观念和自律意识,引导军人增强是非辨别能力,养成良好的网络意识和行为,保证网络心理健康教育文明健康发展。同时,可下发一些简单适用、通俗易懂的教材,供基层军人学习,特别是供带兵干部和班长等骨干学习使用,提高他们做好心理健康教育工作的能力,使他们成为心理健康教育的"火种",并辐射带动更多心理骨干,提高整个部队心理服务工作水平。目前,军职教育网、微信公众号、抖音App等平台提供了丰富的心理健康网络课程,广大军人可以根据需要灵活选择课程学习。在开展网络课程学习的同时还要设置课后习题、课程考试、专业讨论等内容,由名师在线解答军人在网络学习中遇到的问题,使军人真正学懂课程内容,掌握专业知识,学有所获。但部分军人因为网络条件限制和工作任务要求,无法开展网络课程学习,而且部分网络课程专业性较强,在理解和掌握上存在一定的困难,在一定程度上限制了其推广运用。

(三)营造心理健康教育氛围

在部队内部营造积极、和谐、主动的心理健康教育氛围,在实际工作中紧紧抓住时间、内容、人员等环节,在保证心理健康教育工作经常性、广泛性开展的前提下,全面规范,增强典型示范效果。具体来说,针对军人出现的心理问题,一是进行专题调查研究,把军人经常出现的心理问题梳理编写成心理健康手册下发部队。二是强化军人心理卫生意识,采取各种形式宣传心理健康知识,如开办"心理健康咨询台"专栏,解决军人提出的各种问题,充分利用板报、墙报、橱窗、报刊、广播、宣传标语等渠道进行心理卫生知识的宣传,适时组织军人收听收看广播电视播放的有关心理健康教育的专题节目,指导军人阅读报纸、杂志开设的心理科学知识专栏,通过部队闭路电视、有线广播系统,直播或转播心理健康知识讲座、心理教育影像资料等。结合主题党日、"三会一课"等活动，开展心理健康专题教育工作，将心理健康教育融入活动当中，成为一种常态化的工作内容，使心理健康教育学习氛围不断浓厚。另外，可以结合世界睡眠日、世界精神卫生日等，开展形式多样的专题宣传教育活动，进一步激发军人关注心理、认识心理、掌握心理的积极性和主动性。三是引导军人自我学习，增强他们自我选择、自我理解、自我提高的能力。首先，要加强对军人自学的指导。帮助军人制订可行的学习计划，明确自学目的，指导军人正确选择所学书目，懂得应该学习哪些理论知识、怎样理解消化这些理论知识，引导他们通过掌握有效的自学方法，接受科学的理论、有益的知识、适用的方法。同时，要组织答疑解惑、知识竞赛和书评等活动，不断激发军人的学习兴趣。其次，要组织好助学交流，注意选择心理健康科普知识的重点内容，聚焦军人普遍关注的倾向性心理问题，围绕他们工作生活中出现的心理困惑，组织集体讨论交流，引导军人讲认识、谈体会、相互交流、相互启发，加深对心理科学知识的理解和掌握。结合军人自身和战友存在的不良心理反应，鼓励大家敢于敞开心扉、直抒己见，说真话、道真情，在互帮互助的氛围中正视问题、提升认知、激励自己。最后，要引导军人积极进行自主体验。自主体验，是军人自我学习过程中消化知识、领悟道理不可缺少的环节，对于军人自我把握心理活动规律、自我调适心态和自我调控心理活动方向至关重要。尤其是当军人主观体验和客观现实条件发生矛盾时，应及时加以提示、指导和总结，引导军人运用撰写日记、读书感想、心理作业等形式，在自我对照、比较和鉴别的过程中，消化所学知识，感悟其中道理，转变认知模式，优化心理态度和心理品质。

（四）经常性开展心理咨询

军人是一个特殊的群体，无论是平时还是战时，都比常人承受更多的心身压力，容易出现各类心理问题，严重时还会出现精神心理疾病，因此心理咨询对维护军人心理健康具有重要作用和意义。军队心理咨询工作可以从咨询的角度帮助一般心理问题的军人应对常见心理问题，为军人提供个体咨询和团体咨询服务，包括网上心理咨询、电话心理咨询、面对面心理咨询等，其目的主要是解决军人的心理困惑、维护和增进军人的身心健康、促进军人个性完善和潜能开发，其受众人群更广，更容易被军人接受。常用的心理咨询方法有以下几种。

①支持性心理治疗。运用支持性心理治疗，可以让军人更好地认识自身的实际情况，在治疗的过程中唤起希望和信心，以积极的心态去工作和生活。支持性心理治疗也广泛运用于住院患者的临床治疗，与精神类药物配合，提高临床治疗效果。

②行为疗法。军人在作业中可能身处各类特殊环境，经历创伤性事件，产生恐惧心理。行为疗法可以帮助军人克服可能存在的恐惧，如幽闭恐惧症、恐高症、飞行恐惧症、创伤后应激障碍、惊恐障碍等，提升军人对特殊环境和情景的控制感和自我效能感，克服不合理的恐惧。

③认知行为疗法。目前，认知行为疗法已经成为世界上被使用最多的心理治疗方法，在部队中同样广泛适用，特别是对抑郁症患者的心理治疗。部队是一个崇尚荣誉的集体，出现问题时强调从自身找原因。在这种环境的影响下，部队军人容易出现错误的思维模式和认知方式，习惯将失败归因于自己，对自我做出否定性评价，产生抑郁情绪，甚至发展成抑郁症。运用认知行为疗法，可以帮助军人改变错误的思维模式，纠正错误认知，缓解焦虑和抑郁情绪，进而产生积极的行为。

④求助者中心疗法。部队军人随着阅历和经验的不断丰富，往往有能力去应对和解决工作和生活中的困难与挫折。作为从事心理服务的工作人员，我们要做的往往不是告诉军人遇到困难"怎么做"，而是帮助他们认识到面对困难"我能行"，帮助他们通过自身能力解决问题。

目前，心理治疗有几百种不同的疗法，单一的理论在处理军人行为问题和痛苦体验方面都显示出局限性。在实际工作中，心理治疗师可以结合军人的实际情况，合理选择不同的心理治疗方式，或采取整合的心理治疗方式，从多方面帮助军人解决心理问题，缓解不良情绪，提高心理健康水平。

另外，军人心理健康教育作为基层经常性心理服务工作的重要组成部分，一要注重与思想政治教育紧密结合。要在关心解决军人的思想问题、提高思想政治觉悟的同时，同样关心解决军人的心理问题、增强心理素质，坚持把促进思想进步与保持心理健康结合起来，把心理健康教育有机结合到集中性思想教育中去，主动将其渗透于经常性思想工作的各个方面，引导军人既要注重思想修养，提高立身做人的思想政治素质，又要注重心理养成，打牢健康成长的心理基础。二要注重与军事训练有机融合。要充分发挥军事训练的思想教育、心理教育特殊功能，把心理健康教育作为军事训练的重要内容，主动将其纳入军事训练计划，特别要针对实战化训练中军人心理活动的特点和容易出现的心理问题，把心理教育疏导体现到训练的方方面面，贯穿于训练的全过程，激发积极的心理状态，促进军人战术水平与心理素质的同步提高。要善于抓住部队执行急难险重任务的关键时机，尤其是时间紧迫、任务艰巨、条件艰苦、军人疲惫、情绪激动的时候，要及时进行现场鼓动，开展心理激励，搞好心理教育疏导，舒缓军人的心理压力。三要注重与日常管理相互渗透。要根据军人服役各个阶段的不同情况，抓住形势发展、环境变化、任务转换、利益调整、婚恋受挫、家庭变故等容易产生心理问题的时机，通过日常管理、个别谈心、情况分析等方法，及时了解和准确把握军人的心理状况，具体情况具体分析，选准切入点，抓住关键点，不失时机地进行心理教育引导，有效预防和解决他们的各种心理问题。要结合军人日常工作和生活中随时产生的心理困惑，区别军人不同的个性心理和行为差异，积极运用心理健康一周一谈、一事一议、心理知识问答、心理健康园地等形式，及时向军人宣传心理卫生常识，解惑释疑，传授方法。

总的来说，心理健康教育工作要与思想政治工作、军事训练相结合并常态化开展，把心理知识宣讲、心理疏导、心理咨询等工作作为经常性心理服务工作的重要内容常抓不懈。同时，要确保教育的落实，建立考评机制，凸显教育的效果，不仅要看教育时的情况，还要看军人受教育后的行为。为此，必须把心理健康教育的效果延伸到军人的日常生活、工作、学习中去，实现"知与行"的统一。

（编者：黄华涛　韦志伟）

参考文献

[1] 陈刘生，王琪鸿，滕晓雪，等.某部开展心理健康服务工作的实践与体会[J].解放军预防医学杂志，2015，33（12）：705.

[2] 董薇.心理健康的标准是什么？[J].中老年保健，2012（4）：40.

[3] 冯正直.军事心理学[M].北京：人民教育出版社，2022：205-207.

[4] 冯正直，甘丽英，孙辉，等.中国军人抑郁流行病学特征的研究[J].第三军医大学学报，2013，35（20）：2138-2142.

[5] 冯正直，祖霞.军人心理健康评价：理论与模型[J].第三军医大学学报，2015，37（22）：2207-2212.

[6] 冯政琪，贾少华.军人心理健康的特征[J].解放军健康，2012（2）：19.

[7] 甘景梨，高存友，张伟红，等.综合干预对某部军事人员自杀的影响[J].中国健康心理学杂志，2006，14（1）：47-49.

[8] 郭壁砖，张腊喜，孔倩.积极心理学在部队心理健康教育中的运用[J].解放军预防医学杂志，2015，33（4）：470-471.

[9] 黄云光，李斌.浅谈基层部队（兼职）心理医生对军人心理健康教育的思考[J].西南国防

医药, 2003, 13 (4): 441-442.

[10] 李春芝, 李金平, 周瑾, 等. 信息化战争条件下心理损伤研究进展 [J]. 世界最新医学信息文摘, 2016, 16 (48): 40-41.

[11] 李红政, 雷美英, 曹玉萍. 心理和谐与健康促进 [M].2 版.南宁: 广西教育出版社, 2022: 2.

[12] 李权超, 王应立, 李健, 等. 基层军官人际关系状况及其影响因素分析 [J]. 中国行为医学科, 2006, 15 (1): 45-46.

[13] 罗显荣, 王真真. 军队基层官兵心理压力认知态度研究 [J]. 华南国防医学杂志, 2013, 27 (6): 426-429.

[14] 秦大明, 王慧. 军队核心价值观与医德医风建设 [J].解放军医院管理杂志, 2009, 16 (9): 886-887.

[15] 王菲菲, 杨国愉, 赵梦雪, 等. 中国军人心理健康教育研究进展 [J].人民军医, 2019, 62 (1): 1-5.

[16] 王惠贤, 施一敏. 军人心理健康影响因素与维护研究进展 [J].人民军医, 2015, 58 (7): 734-735.

[17] 王佳, 冯正直, 蒋娟, 等. 中外军队心理健康维护现状比较分析与启示 [J]. 解放军预防医学杂志, 2017, 35 (9): 1158.

[18] 王立菲, 郭成, 冯正直, 等. 不同作业环境下军人情绪调节方式特点 [J].第三军医大学学报, 2011, 33 (22): 2430-2432.

[19] 王益荣.增强基层部队心理健康教育实效性的对策思考 [J].海军工程大学学报（综合版）, 2009, 6 (3): 50-52.

[20] 吴高杰, 冯正直, 王立菲, 等. 军人情绪调节方式现状与应对方式 [J].中国健康心理学杂志, 2015, 23 (6): 861-865.

[21] 吴金花, 谢素芳. 军人适应障碍的成因分析与应对策略 [J].白求恩军医学员学报, 2007, 5 (1): 43.

[22] 夏蕾, 蒋娟, 王佳, 等. 中外军人心理健康比较研究进展 [J].中国健康心理学杂志, 2017, 25 (8): 1261-1266.

[23] 许志伟, 周师军. 关于加强部队心理健康教育的几点建议 [J]. 解放军预防医学杂志, 2016, 32 (4): 262-263.

[24] 姚莹莹.心理健康的标准 [J].解放军健康, 2012 (2): 19.

[25] 衣新发, 赵倩, 蔡曙山.中国军人心理健康状况的横断历史研究：1990—2007 [J].心理学报, 2012, 44 (2): 226-236.

[26] 章爱先.军校学员开展心理健康教育的思考 [J].华北煤炭医学院学报, 2004, 6 (5): 658-659.

[27] 郑培军, 罗瑜.基层经常性心理工作研究 [M].西安：陕西人民出版社, 2022: 8.

[28] 朱毅, 王邈.军人心理健康研究概述 [J].西安政治学院学报, 2008, 21 (2): 45-46.

第二章

军人心理评估

第一节 军人心理评估的意义和方法

一、军人心理评估的意义

心理评估对象是人,包括患者和健康的人,故评估的范围既涉及疾病,又涉及健康,而且更重视健康的评估。心理卫生强调生物、心理、社会医学模式,评估的内容必须涉及这3个方面。当然在某项具体临床工作或研究中,常常需有所侧重,但在分析结果时应全面考虑其他方面的影响。具体而言,心理评估任务包括以下几个方面。

①描述个体或人群有关疾病的特征,主要是从疾病的行为表现或精神病理学水平进行评估,协助临床诊断分类,作为科研患者入组标准,寻找各类疾病的特征性表现。

②评估疾病发展中的心理过程,包括认知、情感等诸多心理过程。

③评估医嘱依从性对疾病和健康的影响。

④评估心理社会因素在疾病自然愈合过程中的作用。

⑤评估疾病康复过程中的各种治疗方法的效果及其与心理社会影响因素的相互作用。

⑥评估生活方式对防治疾病和增进健康的影响。

⑦描述个体或人群的健康状况,全面地从生理、心理、社会等方面对构成健康的诸要素进行评估,为研究增进各种人群健康的机制和方法提供依据。

⑧评估日常健康行为习惯和日常功能有效水平。

⑨评估个体对不同应激刺激的反应,主要指在实验室控制条件下,观察个体对各种应激事件的心身反应性质和程度。

⑩评估个体或人群的社会经济状况对健康的影响。

⑪评估各种生态学有害因素对健康的影响,既包括噪声、环境污染、建筑风格等自然环境因素,也包括人际关系、群体气氛、家庭结构和关系、人口流动、城市化等社会环境因素。

⑫评估卫生保健的有效性,主要是指各种卫生保健设施和方法对促进人群健康的作用。

军人是一份特殊的职业,在社会和军事活动中承受着巨大的心理压力,出现心理问题和心理疾病的概率相应增大。如果没有强壮的体魄和健康的心理，就不可能有效适应现代社会发展和紧张的军营生活。因此，及时发现并调试军人不健康的心理，提高军人的心理健康水平，已经成为军队现代化建设的一项重要任务。

二、军人心理评估的主要方法

军人心理评估方法众多，有传统的医学检查方法，也有心理测量学方法，还有社会学及其他学科检测方法。将多种方法结合使用，才能让收集的资料更为全面，评估结果更具科学性，从而在心理卫生工作中更有价值。

（一）健康史的自我报告

通常将一些有关既往健康问题的定式报告清单，让被试者自己填写。报告内容主要涉及心身问题、早年心理发展情况及社会功能情况等。这种方式对在人群中大面积调查较为适用。

（二）收集档案记录

对某些特定人群，如某一类型疾病患者、某种职业人群，以及某一特殊个案的医疗、工作及生活记录进行收集、整理和分析，以便发现与疾病或健康有关联的资料。有些记录是官方的，如工作者档案和违法记录；也有些是民间团体的，如病历、传记等；还有些是个人的生活记录，如日记等。不管档案是何种来源，是公开的还是非公开的，资料收集者都应严格遵守其职业道德，注意保密，保护军人利益。

（三）观察法

包括自然观察和标准情境中观察两种，前者是指在日常生活环境中对被试者行为进行观察，后者则是在特殊的实验环境下观察被试者对特定刺激的反应。

自然观察可观察到的行为范围较广，但需要更多的时间与被试者接触，观察者要有深刻的洞察力；而标准情境中观察是预先精心设计的，按一定程序进行，每个被试者都接受同样的刺激材料，故称为标准观察，观察到的结果具有较高的可比性，从某种意义上讲，更具有科学性。虽然实验环境下可观察到的行为范围有限，但个体某些特征，如个性特点或适应方式，此时表现得更为明显，故而更为有效。实验环境只不过是自然环境的模拟，从这一点看，两者之间并无显著的差别。

（四）晤谈法

晤谈是一种有目的的会话，如果按照一定的固定程序进行，则称为定式晤谈。晤谈是心理评估的一种基本方法，其目的是让面谈者与被试者进行感情思想方面的沟通。沟通有言语方面的，如听和谈，也有非言语方面的，如表情、手势和姿势等。晤谈在不同学科有不同分类，如精神病学有入院晤谈、诊断晤谈和治疗晤谈等；这些分工一般都是相对的，并无绝对的区分。在心理评估中，晤谈主要有如下作用：

①建立相互合作和信任的关系。
②获得被试者的初步信息。
③收集个人的健康史，对被试者的生活及他的社会关系做出全面和尽可能详尽的评估，尤其对其心理应激情况做出评价。
④对被试者的心理症状和有关精神病理问题进行精确的描述。
⑤向被试者介绍有关心理卫生的知识。
⑥支持被试者追求改进的信心，并且提供解决心理卫生问题的具体办法。

（五）心理测验方法

包括心理测验和评定量表，是心理评估主要的标准化手段，这一方法将在后面章节做详尽介绍。

（六）生物医学检查

包括体格检查和各种实验室检测，详见有关医学专著。

（七）其他手段

随着现代科学技术的迅速发展，心理评估也开始注意到其他学科的一些新技术，如环境遥控技术、人口流动生态学技术等。

在心理评估中评定量表固然重要，但其他方法也不能忽视。只有对心理评估方法有全面了解，将多种方法结合使用，综合所有方法收集的信息，并结合评估人群或个体的具体情况，才能对评估对象各个方面做出全方位的分析研究，较好地完成心理评估任务。

第二节 常用的军人心理评估量表

一、人格测验

（一）自陈量表

1. 明尼苏达多相人格测验

明尼苏达多相人格测验（MMPI）是个性测查工具。1943年，美国明尼苏达大学教授哈撒未（S. R. Hawthaway）和麦金利（T. C. Mackinley）根据精神病临床需要设计并出版了明尼苏达多相个性调查表。多年来，此调查表被许多国家不同领域的学者广泛关注并使用，使用这个调查表的国家已经超过60个。在宋维真（1980）的主持下，我国对MMPI进行了研究、修订和使用，并正式（1984年）确定了MMPI的中国标准。此后，我国的心理工作者和临床工作者对MMPI进行了较广泛的使用和深入研究，认为MMPI在我国对于精神病的临床诊断具有较大的参考价值（该测验内容详见附录2）。

MMPI内容广泛，包括身体状态，精神状态，对家庭、婚姻、宗教、政治、社会、法律的态度等。目前，MMPI除效度量表和临床量表外，还有400多种特殊量表。该测验的主要功能是测查个体的人格特点，判别精神病患者和正常者。MMPI包括566个自我报告的题目，主体为13个量表，其中有10个临床量表和3个效度量表。临床量表以效标组命名，它们是：疑病（Hs）、抑郁（D）、癔症（Hy）、精神病态（Pd）、男子气－女子气（Mf）、妄想狂（Pa）、精神衰弱（Pt）、精神分裂（Sc）、轻躁狂（Ma）和社会内向（Si）量表。效度量表是MMPI的主要特色，L：说谎分数；F：效度分数，也称诈病分数；K：校正分数。在效度量表外还加Q量表，即"无法回答"的题目数。MMPI-2有567个题目，相对于第一版，临床量表变化不大，效度量表增加了后F量表（Fb）、反向答题矛盾量表（VRIN）、同向答题矛盾量表（TRIN）。此外，MMPI-2还增加了15个内容量表，可以与临床量表结合使用，可能会找到临床问题的病因。MMPI和MMPI-2适用于16岁以上人群，被试须具备小学以上文化程度。

MMPI 的常模分数为 T 分数，计算公式：$T=50+10(X-M)/S$。

其中，X 为量表的原始分数，M 与 S 为常模正常组团体在原始分数上的平均分和标准差。解释量表时，看临床量表之前需先看效度量表。问卷的解释通常有两种方法：①简单的分量表分析，如果 MMPI 某个分量表的 T 分数大于 70 分（中国常模 60 分）或 MMPI-2 大于 65 分（中国常模 60 分），则表明该被试存在某种心理问题；②编码系统，将 MMPI 剖析图上得分的两个高峰进行编码，对这些高峰的组合进行综合解释。

MMPI/MMPI-2 特点：既可用于异常个体，又可用于正常个体；量表编制过程严谨，从而确保临床诊断符合率高；率先引入效度量表、提高临床应用价值等优点使其应用十分广泛。但问卷题量大，临床量表内容较为敏感，易引起被试厌烦和误会，需做好解释。

MMPI 测查的形式主要有两种，即卡片式和手册式。除此之外，还有特殊被试用的录音带，即各种简略式（题目少于 399 个），除非特殊情况，一般都采用 399 个题或 566 个题的手册式。

【内容及施测方法】

测验应由受过专业训练的主试承担。在进行测验前，主试应当熟悉全部测验材料，包括问卷的内容、简介、指导语、信度和效度的资料及常模资料等，还要尽量了解被试的情况，如文化程度、理解力及身体状况。主试要详细记录施测的过程，要告诉被试个性无好坏之分，应诚实作答。测验情境应尽可能保证安静，没有无关人员在场。

MMPI 的测验无时间限制，正常成年人一般在 45 分钟左右可以完成。如果被试在测验过程中出现焦躁不安的情绪及表现出不耐烦，可以将问卷分几次做完。

MMPI 有两种计分方法：一种是计算机计分，另一种是模板计分。计算机计分即将答题卡放入光电阅读器自动算出结果，这种方法需要特定的铅笔和答题卡。而模板计分则是用预先准备好的 14 张套板（每个分量表一张，Mf 两张——男女各一张）进行计分，步骤如下：

第一，将答题纸按被试性别分开。

第二，将答题纸上同一题目选择两个答案的题号用彩色笔标注出来，与未作答的题数相加，作为疑问量表的原始分数，如超过 30 分则该卷无效。此外，重复题目答案不一致的超过 6 个，也应该考虑该答卷的可靠性。

第三，将每个分量表的模板覆盖在答题纸上对准，数好模板上有多少个圆洞里被涂黑或者作了记号，这个数目就是该分量表的原始分数。然后将此分数填入此量表的原始分数处。

第四，在 Hs、Pd、Pt、Sc、Ma 的原始分数上加上一定比例的 K 值进行校正，即 Hs+0.5K，Pd+0.4K，Pt+1.0K，Sc+1.0K，Ma+0.2K。

第五，将各分量表的原始分数及部分被校正过的分量表分数登记到剖析图上。需要注意剖析图分为男女两个版本，且图上有原始分数和标准分数的区别，因此在登记时要格外小心。

由于每个分量表的题目数不同，得分的基数也不一样，各分量表原始分数之间无法比较。一般在测验指导书上都有原始分数 X 和 T 分数的转换表，可以直接查表得到。将 T 分数登记到前边提到的剖析图上，然后将各点相连，就构成了体现被试人格特征的曲线图。

【结果评定】

对于 MMPI 结果的解释是一件专业性很强的工作，必须由经过专门训练和具有一定经验的心理学家和精神科医生来进行。一般来说，分数越高，精神心理异常的可能性越大，但也不尽然。正常人也可能在某个临床量表上表现出很高的分数。因此，在 MMPI 的手册及有关的出版物中，一再强调不能仅仅根据量表的名称而望文生义地对测验结果作出解释。

在对 MMPI 的分数进行解释时，首先需要看反映测验有效性的 4 个量表的分数，如果其中一些量表分数过高，那么这个测验结果就是不真实的。

"疑问量表"用"Q"表示，也称为"无回答"。对问题无反应及对"是"和"否"都进行反应的项目总数，就是"无回答"的得分。通常情况下，漏答和回答自相矛盾的题数很少超过 5 个。如果在前 400 个题中"无回答"原始分超过了 30 分，则临床量表的结果不可信。

"说谎量表"用"L"表示，由一组与社会称赞有密切关系的题目所组成。其用途是识破被试故意想让人把自己看得理想些。该量表由 15 个题目组成。这些题目涉及那些几乎所有的人都可能有的那种细小的缺点和弱点。可是，想故意让人把自己看得非常理想的那种人，连这样细小的短处也不承认。其结果是，这种人在 L 上表现出了很高的得分。当 L 的原始分超过 10 分时，就不能相信 MMPI 的结果。在选择实验的被试时，L 得分在 6 分以上者，最好避免选用。

"诈病"或"伪装坏"分数，用"F"表示。这是一组关于身体或心理异常的题目，只有 10% 以下的正常成人会作得分反应。F 量表的目的是发现"离题"的反应或"胡来"的做法。如果得分过高，就表明他不像一般正常人那样进行反应，或是在有意装病，或是有精神方面的问题。

"校正"或"防御"分数，用"K"表示。这一量表与"说谎"和"诈病"分数有关，但微妙的是正常人可能会故意装病，而真正有问题的人也可能故意掩饰自己的异常，表现出健康。K 分数可以克服这些倾向的影响，从而更真实地反映出被试的情况。K 分数高时，被试可能是一种自卫反应，努力掩饰自己的不健康状况；K 分数低时，则可能有诈病倾向。

通过上述效度量表的检查后，就要考虑各个临床量表的得分。如果某个临床量表得分过高（也包括某个临床量表得分过低），则可能反映出被试存在某种心理变态或心理障碍。

疑病（Hs）：高分提示被试有许多叙述不清的身体上的不适。T分数超过60分（中国标准），有疑病症的表现。高分者一般有不愉快、以自我为中心、敌意、需求、同情、诉苦及企图博得同情的表现。

抑郁（D）：高分者往往表现出抑郁倾向，尤其是那些T分数超过80分（中国标准为70分）的人，即为典型的抑郁症患者。高分者表现为易怒、胆小、依赖、悲观、苦恼、嗜睡、过分控制及自罪。

癔症（Hy）：得分特别高（T分数超过70分，中国标准）暗示具有经典的癔症特征的病理条件。高分者表现出依赖性神经症的防御，用否认和压抑来处理外界的压力。他们多表现为依赖、天真、外露、幼稚及自我陶醉。他们的人际关系经常被破坏，并缺乏自知力。在高度的精神压力下经常伴有身体症状，并把心理问题作为躯体问题来解释。

精神病态（Pd）：得高分者很难接受社会的价值观和社会规范，而往往热衷于各种非社会的或反社会的行为。T分数超过70分时，有典型的反社会人格、病态人格。他们表现为外露、善交际，却是虚伪、做作的；爱享受，好出风头，判断力差，不可信任，不成熟，敌意的，好攻击，爱寻衅；经常处理不好婚姻及家庭关系，并违反法律。

男子气－女子气（Mf）：两性越是T分数高，就表示越偏离自己原来的性度。高分的男人表现为敏感、爱美、被动、女性化。他们缺乏对异性的追逐。低分的男人好攻击、粗鲁、爱冒险、粗心大意、好实践及兴趣狭窄。高分的女性被看作男性化、粗鲁、好攻击、自信、缺乏情感、不敏感。低分的女性被看作被动、屈服、诉苦、吹毛求疵、理想主义（不现实）、敏感。

妄想狂（Pa）：T分数超过70分时（中国标准），被试表现出明显的精神病行为，会有多疑、敌意、被害妄想等偏执思维。投射是他们通常的防卫机制。极端高分者可被诊断为偏执狂分裂症和偏执狂状态。T分数在60～70分，则有偏执型的特征，如过度的敏感、疑心、敌意，也常有穷根究底的态度。他们往往将自己的问题合理化，并归因于他人，所以心理治疗预后不佳，并与治疗者的信赖关系不好。

精神衰弱（Pt）：高分者往往表现为紧张、焦虑、反复思考、强迫思维、强迫行为、神经过敏、恐怖、刻板。他们经常自责、自罪、感到不如别人和不安。

精神分裂（Sc）：高分者（T分数在70～80分）表现出异乎寻常或分裂的生活方式。他们是退缩的、胆小的、感觉不充分、紧张的、混乱的及心情易变的。可有不寻常或奇怪的思想，判断力差及有怪癖（不稳定）的情绪。极高分数者（$T>80$分）可能表现出接触现实差、古怪的感觉体验、妄想和幻觉。高分数者可能在治疗上有困难。

轻躁狂（Ma）：高分者（T分数在70～75分）被看作善交际、外露、冲动、精力过度充沛、乐观、有无拘无束的道德观、轻浮、纵酒、夸张、易怒、绝对乐观及有不现实的打算、过高地估计自己，有些造作、性急、易怒。极高分数者（$T>75$分）可能表现出情绪紊乱、反复无常、行为冲动，也可能出现妄想。

社会内向（Si）：高分者没有患病，但预示着内向性高。内向与精神、心理异常正相关。高分者表现为内向、胆小、退缩、不善交际、屈服、过分自我控制、过于慎重、速度慢、刻板、固执及自罪。低分者表现为外向、爱社交、富于表情、好攻击、健谈、冲动、不受拘束、任性、做作，在社会关系中不真诚。

除了对单个临床量表的得分进行解释外，将多个量表结合起来可给出更为丰富的内容，据此所作出的解释则更为有效和可靠。这种综合性的分析法主要有3种，即剖析图形态分析法、二元组合分析法和四元组合分析法。自MMPI问世以来，研究者们对综合分析方法进行了大量研究，已经使综合分析成为定式化的分析。

剖析图形态分析法就是将被试的剖析图的形状与已出版的《剖析图分析手册》中的各种剖析图形状相对照，将与之相似的剖析图的解释直接套用过来作为对被试的测验结果的解释。具体方法在测验手册中都会给出。

由于剖析图形态分析法的规则十分复杂，现在人们似乎对更为简洁的二元组合分析法更为关心。这种方法的明显长处是，能够将在一般情况下所遇到的大部分剖析图适当地分类为少数的两点组合。二元组合分析法就是将在剖析图上出现高峰的两个量表，即得分最高的两个临床的数字符号联结起来，分数稍高的写在前面。例如，对于21/12，前者为2量表分数高于1量表，后者为1量表分数高于2量表，但二者均为1、2量表两个高峰，其意义相同。所以这种方法也称为两高点分析。若两高点组合可以对换的话，那么10个临床量表可以构成40对两高点组合。现将经常遇到的两高点组合的意义简单介绍如下。

12/21：出现这两个高峰的被试，常有躯体的不适并伴有抑郁情绪，会长时间处于紧张状态，而且神经质。

13/31：强烈的精神因素引起夸张的各种疼痛或不适。这种人与人相处时关系肤浅。

18/81：这种类型的剖析图，如果同时伴有F量表的高分，可诊断为精神分裂症。

23/32：具有这种剖析图的人常常感到疲劳、抑郁、焦虑、不能照顾自己，表现出不成熟、表达自己的感觉困难、有不安全感、适应社会困难。

24/42：具有这种剖析图的人常有人格方面的问题。如反社会，他们可能因过去受过法律制裁而产生抑郁，因此2量表得分会提高。

26/62：具有这种剖析图的人有偏执倾向。

28/82：此类剖析图常见于精神病患者。多主诉有焦虑、神经过敏、紧张易激动、睡眠不稳定、精力不集中、思想混乱、健忘等症状。

34/43：这种人以经常性严重的易怒为特征。他们常惹麻烦，对自己的敌对情绪来源无清楚的认识。

38/83：具有这类剖析图的人有焦虑与抑郁感。大多数人可能有多种躯体主诉，有时表现为神经错乱。

46/64：这种人多为被动—依赖性人格。对人要求多，当别人对他提出要求时则感到不满，常有压抑的敌对情绪，易激惹。

47/74：这种人对别人的需求不敏感，但很注意自己行为的后果。常自己抱怨自己，经常犯错误而后又自责。表现出行为进行期与自罪懊恼期反复交替。心理治疗效果甚微。

48/84：这种人行为好像很怪，很特殊，行为飘忽不定，不可捉摸，亦可能做出一些反社会的行为。

49/94：这种人常有违反社会要求的行为。经常表现出躁狂、易怒、粗暴外向、能量很大。常有冲动行为，以自我为中心，对个人渴求不能等待。

68/86：具有这类剖析图的患者，常易被诊断为精神分裂症。这种人表现为多疑不信任，缺乏自信与自我评价过低。他们在日常生活中表现退缩、情感平淡、思想混乱并偏执妄想，不能与别人保持密切关系，常与现实脱节。

78/87：这种人常有高度激动与烦躁不安等症状。缺乏承受环境压力的能力，可能有防御系统衰竭的表现。

89/98：这类人常有高度激动与烦躁不安等症状。他们需要得到别人的注意，当他们的要求得不到满足时，会变得恼怒。对自己缺乏自知力。活动过度，精力充沛，情感不稳定，有不现实及夸大妄想的表现。

以上关于两高点分析的解释来源于国外资料（宋维真 等，1988），仅供我国使用者参考。

MMPI是世界范围内使用最广泛的心理测验，凡年满16岁、具有小学文化程度、没有影响测验结果的生理缺陷者均可以接受此测验。在精神科临床上对躁郁症、分裂症有较高的诊断符合率。因此，测验结果提示的量表分数即剖析图，反映患者的心理状态和特征，也为临床医生的诊断提供帮助，但不能代替医生对疾病进行诊断和分类，应结合临床特点综合分析。

该量表可以和其他量表一起使用。一是可以了解个体性格特征；二是因MMPI含有效度量表，即说谎量表（L）、诈病量表（F）、校正量表（K）和疑问量表（Q），可以将其作为对该个体此次测试态度及真实度的了解。

2. 卡特尔16种个性因素

卡特尔16种个性因素（16PF）是美国伊利诺伊州立大学卡特尔（R. B. Cattell）采用因素分析方法编制的，最早发表于1949年，共有5个版本，后经过多次修订。2000年出版的第5版16PF增加了评估被试反应倾向的印象操控量表（IM）。其中，1988年修订版在国内应用最为广泛（该量表内容详见附录3）。

我国的16PF共有3个修订版，戴忠恒和祝蓓里1988年修订版应用最广。问卷包括16个分量表：乐群性、聪慧性、稳定性、恃强性、兴奋性、有恒性、敢为性、敏感性、怀疑性、幻想性、世故性、忧虑性、实验性、独立性、自律性和紧张性。问卷除了能得出被试的16个人格特征，还能根据公式进一步推算人格类型的次元因素。这些次元因素分别是：适应与焦虑性、内向与外向性、感情用事与安详机警性、怯懦与果断性。16PF适用于16岁以上的被试，在人格诊断、教育辅导、人事选拔、人力资源合理配置等领域应用广泛。但容易受到社会赞许性的影响。

【内容及施测方法】

16PF为团体测验，被试在受过专业训练的主试指导下完成问卷，对实测情境的要求与MMPI相同。

每个题目有A、B、C 3个选项，除了聪慧性只有0、1计分，其他各因素都为0、1、2计分。计分可用计算机或模板，通常采用计算机计分。计算机计分所用材料及设备与MMPI无异，对施测条件有较高要求。

【结果评定和应用情况】

得到各量表的原始分数后，根据被试的文化程度或者职业种类等将原始分数转化为标准分数。16PF的常模采用的是标准10分制。将标准10分登记在剖面图左侧的标准分数栏内，并将它们在剖面图上对应的圆点连成曲线，就构成了一个人的人格轮廓图。

对于16PF的解释，既要考虑单一因素的解读，又要注意各因素之间的关联，乃至结合次元因素来进行综合分析，对单一因素的准确理解与把握是基础，对各因素的综合赋权并解释才是关键。在对各因素进行综合分析过程中，尤其要注意各因素之间按照标准解释所具有的一致性与看似矛盾的地方。这里说"看似矛盾"，是因为这种矛盾只是违背了标准文本解释，但是就被试当事人而言，肯定具有其生活的内在逻辑与一致性，这种逻辑与一致性是需要我们找寻的。也就是说，要在各因素的一致性中解读这种一致性，而在看似不一致中，要找到这种不一致的可能的内在机制。在一般的测评中，16PF自带的解释文本基本可以满足需求；但在某些特殊而且比较严格的目标的测评过程中，仅仅依靠其自带文本是不够的，譬如在职业规划测评、中高层人才选拔、心理咨询过程中，就必须要深入挖掘隐含在剖面图背后的内容，做深入分析，探讨各因素之间的可能的、具有自治性的动力结构，对其当前的结果予以合理的、充分的解释。

3. 艾森克个性测验

艾森克个性测验（EPQ）是英国伦敦大学心理学系和精神病研究所的艾森克（H. J. Eysenck）教授于1952年编制的。艾森克认为，人格特质可用两个独立的基本维度，即情绪性（稳定－不稳定）和内外倾性（内向－外向）描述，这两个维度是连续的。EPQ有4个分量表：内外倾性（E）、情绪性（N）、精神质（P）和说谎量表（L）。EPQ有成人和儿童两个版本。后经多次修订，并在不同人群中测试，已获得可靠的信度和效度。现成为国际上公认的并广泛应用的个性测定标准方法之一。此问卷既可用于临床，也可用于正常人，反映被试在人格各主要维度上的倾向。我国的心理学家陈仲庚和龚耀先分别对问卷进行了修订和标准化，增删了题目，建立了常模。修订后的成人及幼年问卷均为88项。目前，EPQ广泛应用于临床研究、心理卫生调查、特殊群体保健等多个方面（该量表内容详见附录4）。

【内容及施测方法】

EPQ对施测情境的要求与MMPI及16PF相同。EPQ计分的根据是计分键，要注意区分正反向计分的项目。若为正向计分，则被试选择"是"计1分，选择"否"计0分；若为反向计分，则与之相反。按E、N、P、L 4个分量表分别计分，再算出各分量表的总分（原始分数）。

EPQ的常模采用T分数。根据被试的性别和年龄，对照常模表将被试各分量表的原始分数转化为T分数，然后在剖面图上找出各维度的T分数点，将各点相连就可以得到被试人格特征的曲线图。

【结果评定和应用情况】

根据标准差的面积分布，得知T分数在43.3～56.7分的人数约占50%，是"中间型"；T分数在38.5～61.5分的人数约占全体的75%，T分数在38.5～43.3分和56.7～61.5分这两个区域的人数各占全体的12.5%，共计25%，是"倾向型"，而T分数在38.5分以下或者61.5分以上的是"典型型"。一般认为，T分数在38.6分以下的为内向，T分数在61.5分以上的为外向。其他量表类推。在实际生活中存在上述各类型的人，但各类型的人数分别有多少，尚缺乏精确研究。

在 E 分量表上的高分反映外向人格，此类人好交际，渴望刺激和冒险，易冲动。而低分则表示内向人格，此类人情绪比较稳定，喜欢有秩序的生活，对疼痛敏感并且富于内省。

在 N 分量表上的高分者倾向于情绪易变，并经常抱怨，身体也常感不适。低分者则可能情绪反应缓慢、轻微，并且容易恢复平静，性情温和且善于自我控制。

在 P 分量表上的高分者倾向于好攻击、冷漠、以自我为中心及非社会化，但并非一定是精神病，艾森克认为这一维度上的高分与创造性有联系。P 分量表低分则没有现实解释意义。但是在实践应用中会发现，在 P 分量表得分偏低的被试，甚至极个别得 0 分的被试，往往个性极度压抑，内心苦闷，在心理咨询中尤其值得关注。

L 分量表测定被试的掩饰、自身隐蔽，或测定其社会性幼稚的水平。L 分量表与其他分量表的功能有联系，但它本身代表一种稳定的人格功能。从实践角度而言，L 分量表的得分适中才是比较健康的，分数过高有可能意味着过于掩饰自己，有说谎之嫌，或者是极度不愿意直面自己的不足，过于苛责自己或追求完美；而分数过低，则可能反映被试社会心态比较单纯质朴，也可能比较幼稚。

此外，艾森克还将 E 和 N 两个维度作了垂直交叉分析，又得到 4 种典型的人格特征，即外向稳定型、外向易变型、内向易变型、内向稳定型。这 4 种类型其实又可以顺次对应 4 种气质类型：多血质、胆汁质、抑郁质和黏液质。

被试比较急躁或者对测试不太配合的情况下，可以将其作为一个简单了解性格特征的工具，也可以和 MMPI 同时使用，相互佐证。

（二）其他人格测量方法

1. 情境压力测验

主要用于军事和领导人才的选拔。通常采用设计好的情境，使被试产生情绪的压力，然后观察被试如何应对情境，从而了解其人格特征。代表性的情境压力测验有军事情境测验和无领导团体讨论。情境压力测验的优点在于从实际情境中观察被试行为，更真实、更自然，不易作假；缺点在于费时、昂贵，且必须由受过训练的主试进行观察评价，很不方便。此外，被试在不同情境下会有不同的反应，因此仅在同一情境下观察得到的结论并不一定可靠。

2. 场独立性场依存性测验

场独立性场依存性测验又叫镶嵌图形测验（EFT），是威特金（H.Vitkin）编制的认知方式测验。所谓场独立性、场依存性认知能力是指从复杂整体中区分部分的能力。场独立性的认知方式意味着个体能不依靠外界线索和环境的作用，根据自身的内在标准和线索认知事物，而场依存性则相反。

测验要求被试从复杂的整体图形中找出并描出小部分隐蔽于其中的图形。测验分数反映了被试克服隐蔽的知觉能力及空间改组能力。那些能够相当准确并迅速发现隐蔽图形的被试，其认知方式属于场独立性强，而比较困难的被试则属于场依存性强。威特金发现场独立性和场依存性不仅反映了个体的认知方式，还反映了个体的人格特点。

二、能力倾向测验

（一）简易应对方式问卷

简易应对方式是 Joff 等指出的，应对是个体对现实环境变化有意识、有目的和灵活的调节行为。Martin 指出应对的主要功能是调节应激事件对人的反应，包括对应激事件的评估，调节与事件有关的躯体和情感反应。个体的应对方式与身心健康之间的关系已经成为临床心理研究的重要内容（该量表内容详见附录 5）。

【内容及施测方法】

简易应对方式问卷是一个自评量表，由积极应对和消极应对 2 个分量表组成，包括 20 个条目，采用四级评分法，即"不采取"计 0 分，"偶尔采取"计 1 分，"有时采取"计 2 分，"经常采取"计 4 分。

【结果分析】

积极应对分量表包括 1～12 题，重点反映了个体在遇到应激事件时积极应对方式的特点。消极应对分量表包括 13～20 题，重点反映了个体在遇到应激事件时消极应对方式的特点。个体在遭遇应激事件时常常会采取各种应对措施，既包括积极的应对方式，也包括消极的应对方式，因此戴晓阳提出一个判断个体应对方式的公式：应对倾向＝积极应对标准分（Z 分数）－消极应对标准分（Z 分数），标准分分别采用积极应对方式和消极应对方式平均值与标准差进行 Z 转换。应对倾向值大于 0，提示被试在应激状态时主要采取积极的应对方式，小于 0 则提示被试在应激状态时更习惯采用消极的应对方式。

【应用评价】

该量表自发表以来在精神卫生领域被广泛使用，大量的研究成果证明人们的应对方式与其心理健康有重要的关系，而且它在许多心身疾病的发生、发展与转归中也起着重要的作用。

（二）思维风格量表

思维风格量表（TSI）是斯腾伯格根据自己的理论编制的一套用于测量个体思维风格的问卷。2007 年，秦浩等对其进行翻译，形成中文版本。它是一个自评量表，包括思维的功能、形式、水平、范围和倾向 5 个维度，并将思维风格分为 13 种类型。每种类型含有 8 个条目，共有 104 个条目。计分方法采用利克特式（Likert-type）七点计分，即完全

不符合 =1 分，相当不符合 =2 分，比较不符合 =3 分，说不清 =4 分，比较符合 =5 分，相当符合 =6 分，完全符合 =7 分（该量表内容详见附录 6）。

结果评定。将每个分量表中 8 个项目的得分（答案数字）相加，然后除以 8，得到量表平均分。被试在某个分量表上的分数越高，说明他在处理问题和思考时这种风格的特征越突出。思维风格包含立法型风格、执法型风格、审判型风格、专制型风格、等级型风格、平等竞争型风格、无政府主义型风格、全局型风格、局部型风格、内倾型风格、外倾型风格、激进型风格、保守型风格等 13 种风格。

三、心理健康测验

心理健康量表是心理健康评估的主要标准化手段之一，是用来量化观察所得印象的一种测量工具。一般而言，量表的使用者首先应根据自己的目的来选择量表。

（一）心理健康综合评定量表

1. 康奈尔医学指数（CMI）

康奈尔医学指数是美国康奈尔大学华尔夫（H. G. Wollff）和布罗德门（R. Brodman）等 1949 年编制的自填式健康问卷。该问卷分成 18 个部分，共 195 个题目，涉及 4 个方面的内容：躯体症状、家族史和既往史、一般健康和习惯、精神症状。结果分析指标包括总分和 M-R 分。当男性总分 ≥ 35 分、M-R 分 ≥ 15 分，女性总分 ≥ 40 分、M-R 分 ≥ 20 分时，考虑筛查阳性。CMI 适用于 14 岁及以上成人，可用于正常人，也可用于普通医院或精神病院中轻度精神疾病患者（该量表内容详见附录 7）。

2. 症状自评量表（SCL-90）

由德若盖提斯（L. R. Derogatis）在 1975 年编制。共包括 90 个项目，涵盖了比较广泛的精神症状学内容，如思维、情感、行为、人际关系、生活习惯等，并采用 9 个因子命名：躯体化、强迫症状、人际关系敏感、抑郁、焦虑、敌对、恐怖、偏执和精神病性。评定时间范围为最近一周，每个项目按 1～5 级评分。结果分析指标包括总分、因子分、阳性项目数等。总分超过 160 分，或任一因子分超过 2 分，或阳性项目数超过 43 项，可考虑筛查阳性，需进一步检查。SCL-90 的适用范围颇广，主要用于成年的神经症、适应障碍及其他轻型精神障碍患者。不适合于躁狂症和精神分裂症（该量表内容详见附录 8）。

【内容及施测方法】

项目和评定标准

本量表共 90 个项目，包含较广泛的精神症状学内容，从感觉、情感、思维、意识、行为至生活习惯、人际关系、饮食睡眠等方面均有涉及。

它的每一个项目均采取 5 级评分制，具体说明如下。

无：自觉无该项症状（或问题），记 1 分。

轻度：自觉有该项症状，但对被试并无实际影响或影响轻微，记 2 分。

中度：自觉有该项症状，对被试有一定影响，记 3 分。

偏重：自觉常有该项症状，对被试有相当程度的影响，记 4 分。

严重：自觉该症状的频度和强度都十分严重，对被试的影响严重，记 5 分。

这里所指的"影响"，包括症状所致的痛苦和烦恼，也包括症状造成的心理社会功能损害。"轻""中""重"无具体定义，由被试自己去体验。

评定注意事项

在开始评定前，先由工作人员把总的评分方法和要求向被试交代清楚，然后让被试做出独立的、不受任何人影响的自我评定。对于文化程度低的被试，可由工作人员逐项念给被试听，并以中性的、不带任何暗示和偏向的方式把问题本身的意思告诉被试。一次评定一般约 20 分钟。

还应注意的是，评定的时间范围是"现在"或者"最近 1 周"。评定结束时，工作人员应仔细检查自评量表，凡有漏评或者重复评定时，均应提请被试再重新评定，以免影响分析的准确性。

【结果评定和应用情况】

各因子及其意义

①躯体化：包括 1、4、12、27、40、42、48、49、52、53、56 和 58，共 12 项。主要反映主观的身体不适感。

②强迫症状：包括 3、9、10、28、38、45、46、51、55 和 65，共 10 项。主要反映临床上的强迫症状群。

③人际关系敏感：包括 6、21、34、36、37、41、61、69 和 73，共 9 项。主要指某些个人不自在感和自卑感，尤其是在与他人相比较时更突出。

④抑郁：包括 5、14、15、20、22、26、29、30、31、32、54、71 和 79，共 13 项。主要反映与临床上抑郁症症状群相联系的广泛概念。

⑤焦虑：包括 2、17、23、33、39、57、72、78、80 和 86，共 10 项。主要指在临床上明显与焦虑症症状相联系的精神症状及体验。

⑥敌对：包括 11、24、63、67、74 和 81，共 6 项。主要从思维、情感及行为 3 个方面来反映患者的敌对表现。

⑦恐怖：包括 13、25、47、50、70、75 和 82，共 7 项。它与传统的恐怖状态或广场恐怖所反映的内容基本一致。

⑧偏执：包括8、18、43、68、76和83，共6项。主要指猜疑和关系妄想等。

⑨精神病性：包括7、16、35、62、77、84、85、87、88和90，共10项。其中幻听、思维播散、被洞悉感等反映精神分裂样症状项目。

⑩其他：包括19、44、59、60、64、66和89，共7项。未能归入上述因子，在有些资料分析中将之归为因子10"其他"，主要反映睡眠及饮食情况。

统计指标

SCL-90统计指标主要有以下各项，其中最常用的是总分与因子均分。

①单项分：90个项目的个别评分值。

②总分：90个单项分相加之和。

③总均分：总分除以90。

④阳性项目数：单项分≥2的项目数，表示患者有多少"有症状"的项目。

⑤阴性项目数：单项分=1的项目数，表示患者有多少"无症状"的项目。

⑥阳性症状均分：阳性项目总分除以阳性项目数；另一种计算方法为（总分—阴性项目数）除以阳性项目数。表示患者在所谓阳性项目，即"有症状"项目中的平均得分，反映该患者自我感觉不佳项目的严重程度究竟介于哪个范围。

⑦因子均分：计算各个因子的平均得分，将各因子得分除以该因子的项目数。

评定结果分析

①总分能反映病情的严重程度。总分的变化不仅能反映其病情演变，还能反映自我感觉不佳项目的范围及其程度，以及阳性项目数和阳性症状均分，也可在一定程度上代表其严重性。

②因子均分及剖面图可反映症状群特点，给人以直观印象。

应用评价

①由于该量表反映症状丰富，能较准确地评估患者自觉症状特点，多年来被广泛地用于各种研究和实践，结果证明该量表具有良好的实证效度。

②由于该量表操作简便，效果良好，故可广泛应用于精神科和心理咨询门诊，作为了解就诊者或咨询者心理卫生问题的一种评定工具。

③该量表是一个精神症状（心理问题）筛查表，而不是精神疾病诊断量表。

SCL-90除自评外，也可以作为医生评定患者症状的一种方法。

（二）抑郁评定量表

1. 贝克抑郁量表（BDI）

最早由美国心理学家A.T.Beck于1961年编制的自评量表（BDI-Ⅰ），由21个项目构成，1974年推出13项修订版本（该量表内容详见附录9）[①]，每个项目代表一个类

---

① 1996年，推出了BDI-Ⅱ。

别，包括抑郁、悲观、失败感、满意感缺如、自罪感、自我失望感、消极倾向、社交退缩、犹豫不决、自我形象改变、工作困难、疲乏感、食欲丧失。每个类别的描述按严重程度分为四级，采用 0～3 分四级评分法。评估时间范围为此时此刻。结果统计指标为总分。0～4 分为基本上无抑郁症状，5～7 分为轻度，8～15 分为中度，16 分以上为重度。

【内容及施测方法】

各项均按 0～3 分四级评分，其中无该项症状 =0 分；轻度 =1 分；中度 =2 分；严重 =3 分。具体每项均有 4 个短句，让被试选择最符合他当时心情 / 情况的一项。例如，项目 1 抑郁的描述性短句分别为："我不感到忧郁""我感到忧郁或沮丧""我整天忧郁，无法摆脱""我十分忧郁，已经忍受不住"。请被试从中选择 1 项。

使用时应注意以下几点。

①同其他自评量表一样，一定要让被试对评定方法了解清楚后，方可开始评定。

②一定要强调评定的时间范围。例如，本量表评定此时此刻：今天和现在的心情/情况。

③一般来说，本量表不适用于文盲和低教育程度人群。

④原 21 项版本还包括受惩罚感、自责、哭泣、易激惹、睡眠障碍、体重减轻、疑病和性欲减退等 8 项。

【结果评定和应用情况】

BDI 只有单项分和总分两项统计指标。A. T. Beck 提出，可以用总分来区分有无抑郁症状及其严重程度。其中，0～4 分（基本上）为无抑郁症状，5～7 分为轻度，8～15 分为中度，16 分及以上为严重。

2. 汉密尔顿抑郁量表（HAMD；HRSD）

是由 Hamilton 于 1960 年编制的他评量表，有 17 项、21 项、24 项等多种版本。多数项目采用 0～4 分五级评分法，少数项目采用 0～2 分三级评分法。评定员需要由经过培训的专业人员担任。评定时间范围为最近一周。结果分析指标包括总分和因子分。HAMD-17 总分超过 24 分，可能为重度抑郁；超过 17 分，肯定有抑郁（中度）；超过 7 分，可能有抑郁（轻度）；小于 7 分，无抑郁症状。HAMD 包括焦虑/躯体化、体重、认知障碍、日夜变化、阻滞、睡眠障碍、绝望感 7 类因子，反映患者精神病理学特点（该量表内容详见附录 10）。

【内容及施测方法】

评定方法

应由经过培训的两名评定员对被试进行 HRSD 联合检查。一般采用交谈与观察方式，待检查结束后，两名评定员分别独立评分。评定的时间范围一般为入组时或入组前一周的情况；治疗后 2～6 周，以同样的方式对入组患者再次评定，比较治疗前后症状和病情变化。

量表中有的项目依据对患者的观察进行评定；有的项目根据患者口头叙述评分；有的项目则需要向家属及同事或身边人收集资料。

评定标准

HRSD 大部分项目采用 0～4 分的五级评分法：（0）无，（1）轻度，（2）中度，（3）重度，（4）很重。少数项目评定则为 0～2 分三级：（0）无，（1）轻～中度，（2）重度。

【结果评定和应用情况】

①分界值：按照 Davis J. M. 的划界分，总分超过 35 分，可能为严重抑郁；超过 20 分，可能是轻度或中度的抑郁；小于 8 分，则没有抑郁症状。一般的划界分，17 项版本分别为 24 分、17 分和 7 分。

②总分：是一项很重要的资料，能较好地反映病情的严重程度指标，即病情越轻，总分越低；病情越重，总分越高。在具体研究中，应把量表总分作为一项入组标准。我国 14 家协作单位提供确诊为抑郁症患者 115 例的 HRSD 总分（17 项版本）为（28.45±7.16）分，表明研究对象为一组病情程度偏重的抑郁症患者，这样就便于研究结果的类比和重复。

③因子分：HRSD 可归纳为 7 类因子结构。焦虑/躯体化（anxiety/somatization），由精神性焦虑、躯体性焦虑、胃肠道症状、疑病和自知力等项组成；体重（weight），即体重减轻一项；认识障碍（cognitive disorder），由自罪感、自杀、激越、人格或现实解体、偏执症状和强迫症状等 6 项组成；日夜变化（diurnal variation），仅日夜变化一项；阻滞，由抑郁情绪、工作和兴趣、迟缓和性症状等 4 项组成；睡眠障碍（sleep disturbance），由入睡困难、睡眠不深和早醒 3 项组成；绝望感（hopelessness），由能力减退感、绝望感和自卑感等 3 项组成。这样可更简单明了地反映患者病情的实际特点，并且可以反映靶症状群的治疗效果。

3. 抑郁自评量表（SDS）

由 W. K. Zung 于 1965 年编制，由 20 个项目构成，按照症状出现的频率，采用 1～4 分四级评分法，评定时间范围为最近一周。结果分析指标为总分，需转化为标准分（总分 ×1.25），标准分 ≥53 分考虑存在抑郁症状。适用于评定存在抑郁症状的成年患者治疗前后的变化（该量表内容详见附录 11）。

【内容及施测方法】

量表的结构和项目：SDS 含有 20 个项目，每条文字及其所希望引出的症状如下（括号中为症状名称）。

①我觉得闷闷不乐，情绪低沉（忧郁）。
*②我觉得一天之中早晨最好（晨重晚轻）。
③我一阵阵哭出来或觉得想哭（易哭）。
④我晚上睡眠不好（睡眠障碍）。
⑤我吃得跟平常一样多（食欲减退）。
⑥我与异性密切接触时和以往一样感到愉快（性兴趣减退）。
⑦我发觉我的体重在下降（体重减轻）。
⑧我有便秘的苦恼（便秘）。
⑨我心跳比平常快（心悸）。
⑩我无缘无故地感到疲乏（易倦）。
⑪我的头脑跟平常一样清楚（思考困难）。
⑫我觉得经常做的事情并没有困难（能力减退）。
⑬我觉得不安而平静不下来（不安）。
⑭我对将来抱有希望（绝望）。
⑮我比平常容易生气激动（易激惹）。
⑯我觉得做决定是容易的（决断困难）。
*⑰我觉得自己是个有用的人，有人需要我（无用感）。
*⑱我的生活过得很有意思（生活空虚感）。
⑲我认为如果我死了，别人会生活得好些（无价值感）。
*⑳我平常感兴趣的事我仍然感兴趣（兴趣丧失）。
上述项目中标"*"的为反向计分题。

实施方法

SDS按症状出现频度评定，分为4个等级：没有或很少时间；小部分时间；相当多时间；绝大部分或全部时间。若为正向计分题，依次评为粗分1分、2分、3分、4分；若为反向计分题（前文中标"*"），则依次评为4分、3分、2分、1分。

评定注意事项

表格由被试自行填写，评定前必须让被试把整个量表的填写方法及每项内容都看明白，然后做出独立的、不受任何人影响的自我评定。

在开始评定之前先由工作人员指着SDS告诉被试："下面有20条文字，请仔细阅读每一条，把意思看明白，然后根据你最近一周的实际情况，在适当的方格里画'√'。每一条文字后有4个方格，分别代表没有或很少时间（发生）、小部分时间、相当多时间、绝大部分或全部时间。"

如果被试的文化程度太低，不能理解或看不懂SDS问题的内容，可由工作人员逐条念给他听，让被试独自做出评定，可在10分钟内填完。

具体注意事项

①强调评定的时间范围为最近一周。

②评定结束时，工作人员应仔细检查自评结果，并提醒被试不要漏评任何项目，也不要在同一个项目里打两个"√"（重复评定）。

③如用于评估疗效，应在开始治疗或研究前让被试评定一次，然后至少应在治疗后或研究结束时再复评一次。

④要让被试理解各反向计分的题目，SDS中有10项反向题目，如不能理解会直接影响统计结果。为避免出现理解与填写错误，可将这些问题逐项改为正向评分。具体改动如："②我觉得一天中早晨最差""⑤我吃得比平常少"等。

【结果评定和应用情况】

SDS的主要统计指标是总分，把20个项目中的各项分数相加，即得到总粗分，然后再通过公式转换：$Y=\text{in}+（1.25X）$。即将总粗分乘以1.25后，取其整数部分，就得到标准总分（index score，Y）。也可以通过表格进行转换，但在实际应用中，很多使用者仅使用原始粗分。

临床使用时可以采用抑郁严重指数（范围为0.25～1.0）来反映被试的抑郁程度：

抑郁严重指数=粗分（各条目总分）/80（最高总分）。

抑郁程度判断方法：无抑郁（抑郁严重指数＜0.5）；轻度抑郁（抑郁严重指数＜0.59）；中度抑郁（抑郁严重指数0.6～0.69）；重度抑郁（抑郁严重指数0.7以上）。

4. 9项患者健康问卷（PHQ-9）

Spitzer等1999年编制的患者健康问卷中的抑郁模块为自评量表，评定时间范围为最近两周，包括9项症状量表和1项功能总评。症状量表采用0～3分四级评分法。结果统计指标为总分，可以评估抑郁症状的严重程度：0～4分为无抑郁症状，5～9分为轻度，10～14分为中度，15分以上为重度；辅助抑郁症诊断的划界分为10分。此外，还有更为简短的PHQ-8和PHQ-2，PHQ-8统计指标同PHQ-9，PHQ-2划界分为≥3分（该量表内容详见附录12）。

【内容及施测方法】

评定时间范围为最近两周。包括9项症状量表和1项功能总评。症状量表采用0～3分四级评分法：（0）完全不会；（1）好几天；（2）一半以上；（3）几乎每天。

【结果评定和应用情况】

结果统计指标为总分，可以评估抑郁症状的严重程度：0～4分为无抑郁症状，5～9分为轻度，10～14分为中度，15～19分为中重度，20分以上为重度抑郁。

国外有研究显示PHQ-9在诊断抑郁症方面显著优于其他筛查工具。目前PHQ-9在我国已被广泛应用于各类躯体疾病患者抑郁症状的诊断评估，以及社区老人、青少年群体及其他健康人群的抑郁症状评估。

（三）焦虑评定量表

1. 贝克焦虑量表（BAI）

是由A. T. Beck于1985年编制的含21个项目的自评量表，采用1～4分四级评分法，评定时间范围为现在或最近一周。结果分析指标为总分。主要适用于具有焦虑症状的成年人，能比较准确地反映主观感受到的焦虑程度（该量表内容详见附录13）。

【内容及施测方法】

BAI有21个自评项目，把被试被多种焦虑症状烦扰的项目作为评定指标，采用四级评分法。其标准为①无；②轻度（无多大烦扰）；③中度（感到不适但尚能忍受）；④重度（只能勉强忍受）。BAI适用于具有焦虑症状的成年人。在心理门诊、精神科门诊或住院患者中均可应用。

量表应由被试自行填写。在填表之前应向被试交代清楚填写方法及每题的涵义，要求独立完成自我评定。

需要注意的方面有：
①评定时间范围应是"现在"或"最近一周"内的自我体验。
②应仔细检查评定结果，不要漏项或重复评定。
③可随临床诊治或研究需要反复评定，一般间隔时间至少一周。

【结果评定和应用情况】

BAI分析方法简单。自评完成后将量表中21个项目分数相加，得到粗分，再通过公式$Y=\text{int}(1.19X)$，取整数后转换成标准分。

BAI是一种分析被试主观焦虑症状的相当简便的临床工具。它的特点是项目内容简明、容易理解、操作方便。

以BAI≥45为判断界限，用Kappa一致性公式对量表判断和临床诊断进行分析，结果表明其具有高度一致性（$K=0.82$）。

BAI是焦虑感受的自评量表，其总分能充分反映焦虑状态的严重程度。能帮助了解近期心境体验及治疗期间焦虑症状变化动态。因此，可用作我国临床心理工作中了解焦虑症状的常用检测工具。

2. 汉密尔顿焦虑量表（HAMA）

由Hamilton于1959年编制，主要用于评定焦虑严重程度的他评焦虑量表。评定员需由经过培训的专业人员担任，HAMA共有14个项目，采用0～4分五级评分法，评定时间范围为最近一周。结果分析指标包括总分和因子分。总分超过29分可能为严重焦虑；超过21分，有明显焦虑；超过14分，肯定有焦虑；超过7分，可能有焦虑；一般以14分为分界值。HAMA包括躯体性焦虑和精神性焦虑两个因子，反映患者精神病理学特点（该量表内容详见附录14）。

【内容及施测方法】

应由经过培训的两名评定员对被试进行HAMA联合检查。一般采用交谈与观察方式，按量表内容对被试进行检查后评分，做一次评定需10～15分钟。

评定的时间范围一般为最近一周。也可根据需要设定间隔，如治疗后2～6周再评定，用以比较治疗前后症状和病情的变化。

除第14项需结合观察外，所有项目都根据患者的口头叙述进行评分，同时特别强调被试的主观体验，这也是HAMA编制者的医疗观点。因被试仅仅在有疾病的主观感觉时，方来就诊并接受治疗，故此可作为病情严重程度与是否改善的标准。

【结果评定和应用情况】

HAMA大部分项目采用0～4分的五级评分法：（0）无症状，（1）轻，（2）中等，（3）重，（4）极重。

①躯体性焦虑：由肌肉系统症状、感觉系统症状、心血管系统症状、呼吸系统症状、胃肠道症状、生殖泌尿系统症状、自主神经系统症状等7项组成。

②精神性焦虑：由其余7项，即第1、第2、第3、第4、第5、第6和第14项组成。通过因子分析，不仅可以具体反映患者的精神病理学特点，也可以反映靶症状群的治疗结果。

3. 焦虑自评量表（SAS）

由Zung于1971年编制，由20个项目构成，按照症状出现的频率，采用1～4分四级评分法，评定时间范围为最近一周。结果分析指标为总分，需转化为标准分（总分×1.25），若标准分≥53分则考虑存在抑郁症状。适用于评定存在焦虑症状的成年患者（该量表内容详见附录15）。

【内容及施测方法】

SAS共包含20个项目，其条文及所希望引出的症状如下。

①我觉得比平常容易紧张和着急（焦虑）。

②我无缘无故地感到害怕（害怕）。

③我容易心里烦乱或觉得惊恐（惊恐）。

④我觉得我可能将要发疯（发疯感）。
*⑤我觉得一切都好，也不会发生什么不幸（不幸预感）。
⑥我手脚发抖打颤（手足颤抖）。
⑦我因为头痛、颈痛和背痛而苦恼（躯体疼痛）。
⑧我感觉容易衰弱和疲乏（乏力）。
*⑨我觉得心平气和，并且容易安静坐着（静坐不能）。
⑩我觉得心跳得很快（心悸）。
⑪我因为一阵阵头晕而苦恼（头昏）。
⑫我有晕倒发作，或觉得要晕倒似的（晕厥感）。
*⑬我吸气呼气都感到很容易（呼吸困难）。
⑭我的手脚麻木和刺痛（手足刺痛）。
⑮我因为胃痛和消化不良而苦恼（胃痛，消化不良）。
⑯我常常要小便（尿意频数）。
*⑰我的手脚常常是干燥温暖的（多汗）。
⑱我脸红发热（面部潮红）。
*⑲我容易入睡并且一夜睡得很好（睡眠障碍）。
⑳我做噩梦（噩梦）。

上述项目中标有"*"者为反向计分题。

SAS 的主要评定依据为项目所定义的症状出现的频度，共分4级：没有或很少时间；小部分时间；相当多时间；绝大部分或全部时间。正向计分题，依次评为1分、2分、3分、4分；反向计分题（上文中有"*"者），则依次评为4分、3分、2分、1分。

评定注意事项参见 SDS 关于评定注意事项的说明。

【结果评定和应用情况】

SAS 的主要统计指标为总分。在自评者评定结束后，将20个项目的得分相加，即得总粗分。然后通过公式转换：$Y=\text{int}+(1.25X)$，即用总粗分乘以1.25后，取其整数部分，就得到标准总分（index score, Y）。

量表协作组对1158名中国正常人群对照组的研究结果表明，正向计分题各项目均分为（1.29±0.98）分；反向计分题各项目均分为（2.08±1.71）分。总粗分均值为（29.78±10.07）分。总粗分的正常上限为40分，标准总分为50分。均略高于国外的30分和38分。

国外研究认为，SAS 能较准确地反映有焦虑倾向的精神病患者的主观感受。而焦虑又是心理咨询门诊中较常见的一种心理障碍，因此，SAS 可作为心理咨询门诊中了解焦虑症状的一种自评工具。

抑郁和焦虑的量表数目均不算多，工作者可以在日常熟记常用量表各项内容，在收集被试资料、与之建立关系时，穿插到谈话内容中，对被试有初步和大致的评估。

四、其他测验

（一）比奈智力量表

比奈智力量表（BIS）被认为是现代心理测验中第一个智力量表。该量表最早版本由法国心理学家比奈和助手西蒙在1905年编制而成，称为"比奈-西蒙智力量表"。其包含30个由易到难的项目，以被试通过的题数多少作为鉴别智力水平高低的标准，主要测查判断、理解和推理能力。

我国心理学家陆志韦于1924年发表了他修订的1916年版的斯坦福比奈量表，建立了江浙区常模，1936年他与吴天敏对该量表进行修改，使之可以用于京津地区。1982年吴天敏出版了第3次修订的《中国比奈测验》，将测试对象的年龄范围扩大到2～18岁，每岁3个题目，共51个题目。《中国比奈测验》是一个标准化的智力测验，对主试须知、施测必备、施测方法、具体的计分方法（各年龄开始测验的项目、结束项目、IQ查表法、年龄计算方法）都做了具体的规定，主试在使用时必须严格遵循。在测验结果的解释上，采用将个人成绩与同年龄组平均成绩相比较的离差智商。施测时应当首先计算被试的实足年龄，然后根据实足年龄查询开始测验的题目（例如，实足年龄为10岁，就应直接从第18题开始），并严格遵循指导书的计分标准进行计分，答对得1分，答错得0分，连续5题未通过则测验停止。然后计算测验总分（包括补加分数，如对于10岁的儿童，就应当加上第18题以前的所有题目得分，即17分）。最后根据实足年龄和总分，从智商表中查出相应的智商分数。1992年，范存仁教授对该测验进行了第四次修订，将其适用范围扩展至成人，并增加题目至120个，采用比率智商反映被试的智力水平。我国对比奈智力量表的多次修订是在早期量表的基础上进行的，故与国外后期修订的版本不同（该量表内容详见附录16）。

（二）韦氏智力量表

韦氏智力量表是由美国心理学家韦克斯勒（David Wechsler）编制的一组成套智力量表。从1939年发表成人智力量表开始至1981年，他先后发表并修订了韦氏成人智力量表（WAIS）、韦氏儿童智力量表（WISC），以及韦氏学龄前和学龄初期儿童智力量表（WPPSI）。韦氏智力量表首次采用离差智商（均数为100，标准差为15）表示智力发展水平。在这里主要介绍韦氏成人智力量表。

韦氏成人智力量表初版发表于1955年，1981年其修订本WAIS-R问世，包含14个独立的分量表，其中11个分量表用于计算全量表智商分数、言语智商分数和操作智商分数。1997年发表了第3版（WAIS-Ⅲ），其创新点在于引入了指数的概念，并提出四大指数：言语理解、知觉推理、工作记忆和加工速度。2008年发表的第4版（WAIS-Ⅳ）为当前最新版本，包括10个核心分测验（积木、类同、背数、算术、矩阵推理、词汇、符号检索、拼图、译码、常识），取消了言语智商和操作智商，增加了言语理解、知觉推理、工作记忆、加工速度4个维度及一般能力和认知效率两个智力指数，并为低能力端和高能力端设计了新条目，常模样本中加入了精神发育迟滞和超常智力等特殊被试。

我国的心理学家龚耀先于1979—1980年主持引进并修订了韦氏成人智力量表（1955年版），称为韦氏成人智力量表修订版中文版（WAIS-RC），适用于16岁及以上的成人，分城市版和农村版两式。两式项目数和计分标准均相同，包括11个分测验，分属言语量表和操作量表两部分。言语量表包括常识、数字广度、词汇、算术、理解和类同6个分测验；操作量表包括填图、图片排列、积木图案、物体拼凑和数字符号5个分测验。计算分数时，需将分测验的原始分数转换为平均数为10、标准差为3的标准分，累加各分测验的标准分，得出言语量表、操作量表和全量表的原始分数。然后分别查相应年龄的IQ常模表，得到被试的言语智商、操作智商和全量表智商。2007—2013年，邹义壮教授等引进修订的WAIS-Ⅳ，并采用计算机技术将测验进行计算机软件程序化。

韦氏智力量表是目前应用范围较广的智力评定量表，通常作为疾病诊断及伤残鉴定的参照。在使用过程中应避免短时间内重复用此工具测查，避免出现假阴性结果。

第三节 军人心理评估的组织实施

一、军人心理评估的实施原则

（一）赢得军人认同

心理评估若得不到被试者的充分认同，其结果便会大打折扣，设想若某军人对心理医生的访谈不愿敞开心扉或答非所问，对心理医生提供的量表敷衍了事或草率应付，对其评估必然受挫。

心理医生应尽其所能让军人了解军队的相关要求及规定，以及心理评估对自身的积极意义，避免军人对评估产生误解或将其视作给心理医生帮忙，这样方可确保评估结果的真实性与可靠性。

在心理评估之前，需要告知军人心理评估的目的，以及需要注意的事项。如：答题前认真读清楚指导语，每个量表测查的时限是不一样的。例如，SDS的时限是最近一周，MMPI是无具体时限要求的。

（二）保护军人隐私

《中国心理学会临床与咨询心理学工作伦理守则（第二版）》中隐私权和保密性中规定：心理师有责任保护寻求专业服务者的隐私权，同时明确认识到隐私权在内容和范围上受到国家法律和专业伦理规范的保护和约束。

心理医生在心理咨询与治疗工作中，有责任向寻求专业服务者说明工作的保密原则，以及这一原则应用的限度。在专业服务开始时，应告知保密原则及保密的例外情况并签署知情同意书。

心理医生应清楚地了解保密原则的应用有其限度，下列情况为保密原则的例外：①心理医生发现寻求专业服务者有伤害自身或伤害他人的严重危险；②未成年人等不具备完全民事行为能力的人受到性侵犯或虐待；③法律规定需要披露的其他情况。

在遇到①和②的情况时，心理医生有责任向寻求专业服务者的合法监护人、可确认的潜在受害者或相关部门预警；在遇到③的情况时，心理医生有义务遵守法律法规，并按照最低限度原则披露有关信息，但须要求法庭及相关人员出示合法的正式文书，并要求法庭及相关人员注意对专业服务相关信息的披露范围。

综上所述，实施评估时可能涉及军人的个人隐私，如某军人发生心理危机，与其个人情感问题密切相关，除心理医生再无合适倾吐对象，不吐如鱼鲠在喉，倾吐后又担惊受怕，坐卧不宁，此时心理医生应承诺替患者保密，并必须严格遵守心理评估的职业操守，妥善保管军人的个人资料，遇有保密例外的情况及时向军人主管部门上报告知。

需要强调的是：军人不同于普通公民，军人职业的特殊性质要求其具有更高的心理素质，不同时期的心理评估是必不可少的。告知相关的守则和规定后，再将所有的心理评估设置知晓权限和范围。要求心理工作者拥有良好的职业素养和爱军情怀。

（三）尊重军人权益

2025年新修订版《中国人民解放军内务条令》中第205条规定，军队单位应当严格执行军人健康管理有关规定，积极开展健康教育、健康检查、疾病防护和心理健康服务等活动，增强官兵的身体素质和心理素质。第213条规定，军队单位应当重视心理健康服务，组织经常性心理健康教育，做好心理评估、心理咨询和心理训练等工作；发现精神心理障碍或者疑似人员，应当及时送诊就医。军人定期进行心理评估如同党员定期进行思想汇报一样重要，因此军人要认识到心理评估是军人向党上交的一份心理健康体检报告。

军人心理评估时心理医生要热情、积极，告知注意事项及评估流程，决不可自居职业角色优势，凌驾于军人意愿之上，在观察军人的表情动作分析其情绪状态时，发现异常应及时予以干预，心理医生的善解人意、密切关注不仅可使军人深感自身权益得到维护，还可激发军人与心理医生主动合作的意识。

二、军人心理评估的组织形式

军人心理评估多采用集体和个人两种形式,有以下几种方法。

1. 调查法(investigation method)

调查法是通过各种途径,间接了解军人心理活动的一种研究方法。调查法总体上易于进行,但在调查的过程中往往会因为被调查者记忆不够准确等原因使调查结果的可靠性受到影响。调查的方法与途径是多种多样的,可借助于各种问卷、调查表和晤谈等方式了解被调查者的心理特征。

也可以通过查阅之前的档案及其他一些资料来了解其过去的经历,这种方法我们可以叫作历史调查;也可以向其身边的人,如同事、同学、父母、老师等进行询问了解。

范围大一些的调查,常采用问卷的方式进行。问卷是以书面提问的方式收集资料的一种方法。问卷调查通过收集资料,然后作定量和定性的研究分析,归纳出调查结论。采用问卷调查法时,最主要的当然是根据需要确定调查的主题,然后围绕它,设立各种明确的问题,做全面摸底了解。常用的问卷调查法有4种形式:一是选择法;二是是否法;三是计分法;四是等级排列法。

2. 观察法(observation method)

观察法是通过直接观察被观察对象的行为、表现和环境等来收集数据和获得信息的方法。广泛应用于社会学、人类学、心理学、市场调研等领域,帮助研究者深入理解和分析现象,揭示规律。观察法是心理学研究中最基本的方法,也是心理评估的基本方法之一。

一方面,我们可以让被调查者处于自然情境中,如其工作单位、学校、家庭等,这种方式可使被调查者的行为不受干扰;另一方面,可以预先设置场景进行观察。

观察法的实施步骤如下。

①确定观察目的:在开始使用观察法之前,首先需要明确观察目的和观察问题。明确目的有助于指导观察的方向和内容。

②选择观察对象:观察法需要明确观察的对象,可以是个体、群体、行为、环境等。选择适当的观察对象是确保研究质量和可靠性的重要一步。

③确定观察场所和时间:观察法需要确定观察的具体场所和时间。不同的场所和时间可能会对研究对象的行为产生影响,因此需要充分考虑选择合适的观察场所和时间段。

④制订观察计划:在开始观察之前,制订详细的观察计划是非常必要的。观察计划可以包括观察的目标、观察的内容、观察的时段和频率等。

⑤进行观察:按照观察计划进行具体观察操作。观察者需要亲自到场,准确记录观察对象的行为和表现。观察可以采用直接观察或间接观察的方式,视研究对象的特点而定。

⑥记录数据：观察者需要准确记录所观察到的数据和信息。可以使用记录表格、观察日志、摄影摄像等方式进行数据记录。记录数据时要注重客观和准确，避免主观偏见的引入。

3. 访谈法（interview method）

访谈法的基本形式是评估者与被调查者面对面的谈话方式。

（1）访谈的形式

访谈可以是个别访谈、与被调查者逐个谈话，也可以是集体访谈，即以座谈会的形式展开访谈，还可以是非正式或正式访谈。非正式访谈不必详细设计访谈问题，而是自由交谈，根据实际情况展开，而正式访谈有预先的较完善的计划，按部就班地进行。

（2）访谈的过程

访谈过程有以下4个步骤：

①访谈开始，应向被调查者说明访谈的目的和基本要求。

②逐步提问，倾听回答。对于谈话要收集的内容可以用脑记，也可以用笔记，还可以用录音机记录，以备以后整理分析。

③访谈结束后，要专门对材料做整理，形成陈述性材料，并做一定的统计性整理。

④与问卷调查一样，最后要得出结论性的东西。例如，被调查问题的现状、性质、产生问题的原因等，并随之提出建议、意见。

4. 心理测验法（psychological test method）

心理测验法是指用一套预先经过标准化的问题（量表），来测量某种心理品质的方法。

在心理评估中，心理测验法占有十分重要的地位。心理测验法可以对心理现象的某些特定方面进行系统评定，并且测验一般采用标准化、数量化的原则，所得到的结果可以参照常模进行比较，避免了一些主观因素的影响。心理测验法的应用范围很广，种类也十分繁多。在医学领域内所涉及的心理测验内容主要包括器质和机能性疾病的诊断中与心理学有关的各方面问题，如智力、人格、特殊能力、症状评定等。

第四节　军人心理档案的建立与管理

一、心理档案的建立

心理档案，是指能从中揭示或了解到有关军人心理状况、心理特点等的材料。军人心理档案的内容，应尽可能全面反映军人的心理特点，从而为部队管理提供可靠准确的信息。

军人心理档案一般包括两大方面：一是影响军人心理发展的基本资料，亦即军人基本情况，主要包括个人基本情况、家庭生活情况、部队学习训练生活情况及对个人生活有影响的重大社会生活事件等；二是反映军人心理状况和心理特点的资料，主要包括智力水平、个性特征、心理健康状况、职业能力倾向类型等。具体说来，军人心理档案内容如下。

（一）军人基本情况

军人基本情况主要是提供一些背景资料，以帮助深入分析军人心理，正确诊断军人问题产生的原因。主要包括如下几个方面。

①个人简介。主要包括姓名、性别、出生日期等。

②家庭生活环境。主要包括家庭成员的职业、文化程度、家庭的居住环境、是否为独生子女、家中排行等。

③个体身心健康状况。如是否曾经做过心理咨询、是否服用过精神干预药物、是否有过自杀念头、是否曾尝试自杀、是否患有重大疾病或者影响生活的慢性疾病等。

（二）能力状况及其教育建议

主要是指军人的智力水平如何、智力特点怎样，如何进行有针对性的训练；军人的言语智能和数学智能水平如何，言语概括、言语推理、数学概括、数学推理、解决问题的能力分别处于哪个等级；能力倾向鉴定及创造力测量等。

（三）人格特征分析及培养建议

主要是指军人的性格类型及特征、气质类型及特征，个性心理有哪些特征，个性心理中有哪些良好或不良的品质，怎样进行教育，军人的兴趣、态度、人际关系及品德的特点等。

（四）心理健康状况及辅导策略

主要是指军人的心理健康水平鉴定，如有无心理问题或心理障碍、程度如何、怎样进行教育或矫治。

（五）学习心理分析及教育对策

主要是指军人的入伍态度、入伍动机、服役意志力的诊断，服役认知因素分析、入伍动力状况分析、社会因素分析，怎样优化军人的服役心理等。

（六）职业能力倾向类型分析及指导

主要是指对军人的职业兴趣、职业能力的诊断，分析其适合从事哪一类工作，从而为军人岗位遴选提供依据。

（七）测评方面

心理测评的资料主要包括智力、学习能力、人格、兴趣、心理卫生等有关个体心理素质方面的测量资料，另外还需要一些个体社会化方面的资料，如个体对社会的认识与态度，个体的交友、人际关系情形等一些相应的调查问卷。

以上是军人心理档案的一般内容，在建立心理档案过程中，可以根据实际情况选择其中的内容。

二、心理档案的管理

为规范军人心理档案的管理与使用，为军人提供科学专业的服务，进一步促进军人心理健康辅导站心理健康教育工作的规范化、科学化和制度化，要求：

①心理档案由专业心理咨询人员管理，并专柜保存。
②管理人员要恪尽职守，严格要求，保证及时归档、整理和正常使用。
③档案管理员严禁擅自捎带和向无关人员谈论军人心理档案内容。
④原则上只有本站心理咨询师可以调阅军人心理档案，不得外借出档案管理室，只能在管理室内借阅。
⑤本站心理咨询师以外的人员如确因工作需要查阅军人心理档案，必须经本单位领导签字后方能查阅。对所查阅的内容，必须严格保密，如有泄密或由此产生不良后果，

必须承担相应责任。

⑥除补充军人心理档案内容外,任何情况下均不得在军人心理档案上进行文字撰写。

⑦军人本人进行心理咨询时,心理咨询师有责任、有义务对档案内容及档案反映的情况给予科学、准确、如实的解释,不允许夸大其辞,或使用极端性语言。

⑧心理档案不借出、不复制,因特殊情况确需借出或复制的,必须经本站负责人签字。

⑨军人心理档案一般不作为诊断证明。来访者心理档案原则上保留至军人退出现役,军人退出现役后交由专职心理咨询人员封存。

三、心理档案的信息化建设

档案信息化建设是指利用现代信息技术手段,对档案进行数字化、网络化、智能化处理,实现档案的全生命周期管理和利用。

档案信息化主要包含以下几个方面。

①数字化处理。数字化处理是档案信息化建设的基础,是将纸质档案转化为数字档案的过程。数字化处理包括扫描、图像处理、文本识别等技术,可以将纸质档案转化为电子档案,实现档案的数字化存储、检索和利用。

②网络化管理。网络化管理是指利用互联网技术,实现档案的远程访问、共享和交流。网络化管理可以打破地域限制,实现档案的全球化管理和利用,提高档案的利用效率和服务水平。

③智能化应用。智能化应用是指利用人工智能、大数据等技术,实现档案的自动化处理、分析和挖掘。智能化应用可以提高档案的管理效率和质量,为政府决策和社会研究提供有力支持。

④安全保障。安全保障是档案信息化建设的重要保障,包括数据安全、网络安全、物理安全等方面。安全保障可以保护档案的完整性、可靠性和保密性,防止档案信息泄露和损毁。

⑤人才培养。人才培养是档案信息化建设的关键环节,需要培养一支具有信息化素养和档案专业知识的人才队伍。人才培养可以提高档案信息化建设的质量和效益,为档案事业的可持续发展提供有力支持。

档案信息化建设是档案事业现代化的必然趋势,是推进信息化建设的重要内容。只有不断加强档案信息化建设,才能更好地保护和利用档案资源,为部队和国家做出更大贡献。

(编者:师秀芳)

第三章

军人心理训练

军人心理训练是军队心理服务工作的重要领域，是一项运用心理学和军事训练学理论，针对军人个体和群体开展的特殊训练活动。心理训练对军人起到了提高心理健康水平、提升心理素质的重要作用。

第一节 军人心理训练概述

军人心理训练产生于第二次世界大战时期的英国，当时德国海军不断攻击英国的军舰和商船，造成了极大的人员伤亡，但同时也有一批幸存者在大海上坚持到救援人员的到来。在对他们进行一系列的研究后，人们发现这些幸存者都经验丰富且普遍具有求生欲望强烈、责任感强、意志力坚强及乐于合作的心理品质。受此启发，英国在1942年创立了"阿伯德威海上训练学校"，将船员们置于预先设置的海上危急情境中，以提高他们在海上的生存能力，并且培养他们触礁后必备的生存技巧，取得了很好的效果，这是现代心理训练的起点。

近年来，随着任务增多、训练强度加大、素质要求提高，加上环境、个性特点等影响，军人心理问题越发突出，我军逐步意识到军人心理训练的重要性。我国军人心理训练领域的研究基于系统的理论基础，提出了符合军人心理需求和部队实战需要的心理训练模式，很多学者探索和实践各种形式的心理干预措施，如心理教育、个体训练、团体心理训练及个体咨询等，大量的实证研究不仅证实了心理训练对军人的积极影响，还形成了自己独特的理论体系和训练模式，并逐渐在全军推广。

一、军人心理训练的概念

军人心理训练这一概念，是在心理训练概念的基础上发展而来的。心理训练被认为是通过对一些自我调适方法的掌握和练习，以调适某些不良负性身心状态，实现个体的认知、情绪、人际交往等诸多心理状态和心理品质改善与发展的过程。对于军人心理训练的概念和定义，在相关研究成果中有各种不同的表述。有学者认为，军人心理训练是指采用一定的方法，通过模拟战场环境和结合日常管理教育、作战训练等活动，有意识、有计划、有步骤地对军人个体和集体的心理实施某种特定的影响，以培养他们完成战斗任务所必需的心理品质，提高其心理活动能力的一种特殊训练活动。但应用更广泛的概念是：军人心理训练是指运用心理学的基本原理，使用一定的方法和程序对军人实施心理健康教育、团体心理训练和个体咨询等，通过观察、学习和体验，达到认识自我、提高能力和完善人格的目的，以提高军人心理素质的过程。以上概念定义表明了军人心理训练的3个关键要点：①针对军人这一特殊群体所进行的心理训练活动进程；②以提高军人心理健康水平、提升军人心理素质为重要目的；③采用心理训练的方法和手段。

综合以上说法，结合军队使命任务，我们认为军人心理训练是指综合运用心理学、组织行为学和运动科学等相关领域知识与技能，对军人个体或群体开展的心理训练。目的是提高军人认知的合理性、情绪的稳定性、意志的坚定性及行为的适宜性等，使军人能够适应部队生活，形成优良心理品质，发展适应高强度战场应激环境的能力，以提高军人作战能力。

二、军人心理训练的特点

军人心理训练最根本的目的是提高其心理健康水平、提升其心理素质。军人战时和非战时都需要具备稳定且较高的心理机能，通过训练，确保达到一定的心理健康水平，并且不断提高适应作战能力。军人心理训练具有以下特点。

（一）训练对象的普适性

在心理训练过程中，军人都会找到属于自己的成长点，解决面临的困惑。特别是人际关系不良的成员，可在训练中获得力量和鼓励、改善和提高个人能力、培养军人的集体观念、提高团队凝聚力和协作意识、形成协同互助的战友关系。

（二）训练条件的灵活性

军人心理训练对时间、地点、场合、时机等条件的要求相对简单，可根据当时当地的情况调整训练内容，并且还可以融入其他心理服务形式，在训练中能发挥事半功倍的功效。例如，可将军人团体心理训练穿插到军事训练，提高军人英勇顽强、临危不惧等心理素质，还可作为心理疾病诊断的辅助工具等。

（三）训练功能的实用性

军人心理训练创造了一个类似真实的社会生活情境或军事训练场景，训练效果更容易迁移到日常生活和训练中，帮助军人解决心理困惑或克服障碍，应对在军事行动中可能出现的焦虑、恐惧等消极情绪状态和心理问题，锻炼军人坚毅的品质，坚定奋勇取得战争军事行动胜利的信心和决心。

（四）训练方式的趣味性

基层常用的心理训练以活动为载体，丰富了心理服务的形式，极大程度上提高了军人的参与度及积极性，赋予军人战斗环境和抵御敌人心理攻击的实际体验，增强了军人心理、精神的耐受力和履行军人职责的能力。

（五）训练结果的高效性

心理训练的模式节省了训练的时间与人力，提高了训练的效率，适应了部队节奏快、任务重、时间少的客观情况，增强了军人适应艰难环境和应对突发事件的心理调控能力，使军人具备良好的认知观念和自控水平。

三、军人心理训练的基本原则

（一）为"战"而训

高新技术在军事领域的大量运用，引起了军事对抗的全球化、模块化、精准化。战争的突发性比以前更强，影响战争成败的因素比以往更多，一些无法控制的因素会对军人的心理产生更大的影响，从而加重了对军人心理素质的考验程度。良好的心理素质不是一蹴而就所能具备的，必须经过长期的心理训练。战争的实践表明，实战化心理训练是提高军人心理素质的重要途径,也是提高部队整体战斗力的重要保证。

(二)为"强"而训

心理训练可以发展和提高军人的感觉、知觉、表象、注意、思维等心理能力,培养军人果断、坚定、勇敢的个性品质。心理训练可以促进军人集体心理的形成,使其表现出顽强的战斗作风、协作精神及对集体和胜利信心的一致性和稳定性;心理训练可以使军人体验各种残酷的战场环境和心理应激,提高军人的耐受能力。

(三)为"专"而训

打赢未来信息化高科技战争是军人群体的主要目标。因此,军人的心理训练必须以高技术战争条件下的心理适应性为目标,遵守一般性心理训练与专项心理训练相结合的原则。由于身份的特殊性,军人必须接受战争所需的共同性心理训练。同时,由于军人内部分工不同,对各岗位军人心理素质的要求也有所不同。因此,军人心理训练应该在一般性心理训练的基础上结合军人的工作需要进行专项心理训练。

四、军人心理训练的理论基础

(一)团体动力学理论

库尔特·勒温的团体动力学理论是当代西方社会心理学发展史上的一个里程碑,它发端于20世纪40年代,成为整个社会科学界所关注的中心,虽然它作为一种自觉的运动至70年代已趋于低潮,但其内在活力及理论、方法和心理观,仍在很大程度上影响着当代西方社会心理学的研究和发展。

库尔特·勒温在1939年发表的《社会空间实验》一文中首次使用了"团体动力学"这个概念,借以表明其对团体中各种潜在动力的交互作用、团体对个体行为的影响、团体成员间的相互依存关系等的一种本质性的探索。1945年,库尔特·勒温在美国麻省理工学院创办了"团体动力学研究中心",团体动力学作为一种专业和学科得以建立。在其后的20年间,团体动力学得到了迅速发展,其影响几乎涉及社会生活的各个领域。团体动力学理论认为有组织关系的群体总是处于不断相互作用和相互适应的过程之中。在群体活动中,个体的心理与行为会受到他人的影响而发生改变,要改变一个个体最好从改变他生活的群体入手,因为任何一个人都有一种群体归属感,都不愿意被其所属的群体厌弃。群体也是一个动态过程,从一个阶段发展到另一个阶段,其发展走向直接与全体的素质密切相关。

一般的群体动力系统包含三大要素:凝聚力、驱动力、耗散力。其中,凝聚力是保证群体稳定的因素;驱动力是促使群体发展和演化的因素;耗散力则是破坏群体稳定和演化、降低群体绩效的因素。这3种动力构成的要素同生并存于群体中,它们相互作用、抗衡，彼此消化、转化，推动着群体的演化和发展。团体对个体的行为影响突出表现为"从众现象"，即个体在群体压力下放弃自己的意见、转变原有的态度，采取与大多数人一致行为的现象。

（二）社会学习理论

美国著名心理学家班杜拉的社会学习理论着眼于观察学习和自我调节在引发人的行为中的作用，重视人的行为和环境的相互作用，是对行为主义和认知学派相关理论的重大结合。他在1977年出版的《社会学习理论》一书中系统地论述了社会学习理论的基础和核心观点。在班杜拉之前，也有一些学者提出了社会学习理论。例如，Miller 和 Dollard 提出了"驱力—线索—反应—奖赏"的社会学习模式，Rotter 提出了社会学习人格理论，Mischel 提出了关于人格的认知社会学习理论。然而，这些理论要么在本质上是行为主义导向的，要么是针对人格的社会学习，与班杜拉基于认知和行为整合视角的总体性社会学习理论有较大不同。

通过对儿童进行"波波玩偶"实验，班杜拉认为环境决定论和个人决定论都有失偏颇，相比行为主义将人类行为及学习活动看作环境刺激对行为反应的单纯影响，班杜拉认为在社会学习过程中除了行为和环境，还有认知这一要素的存在，通过三者的交互作用而产生学习。因此，班杜拉的理论又被称为"认知—行为主义"，这是很有特色的。

班杜拉的社会学习理论认为观察学习是人类学习的重要来源之一，人的一切社会学行为都是在社会环境影响下，通过对他人示范行为及其结果的观察学习而得以形成的。观察学习，又称替代学习，是指通过对他人及其强化性结果的观察，一个人虽然没有外显的操作，但是能够获得新的反应或矫正原有的行为反应。

班杜拉的社会学习理论强调对其他人行为的观察和学习，强调在环境中潜移默化的影响，强调榜样的重要作用，无论是生活还是心理训练中都有广泛应用。

（三）人际沟通理论

人际沟通理论亦称人际交互作用分析理论，是由美国精神分析学家伯恩于1959年创立的一种心理治疗的理论和方法。伯恩认为，"社会交往的单位称为交互影响。当两三个人或更多的人相互碰在一起时，迟早某人要说话，或者向其他人的出现致意，这叫交互作用刺激。另外的人就会说一些或做一些与这种刺激有某种联系的事，那就是交互作用反应"。交互作用分析是以精神分析原理为基础创立的一种简便易行的治疗方法，它的目的是协助人们了解他们与别人互动的本质，促进来访者改变生活态度，对人际交往获得深刻的领悟力，建立自尊的、成熟的人际关系。

人际沟通理论实际上是由心理治疗工作中发展出来的一种了解并改变人际关系的技术，它的主要观点在于个体的发展是与他人互动时发生的，这种人际沟通对于维护我们的健康非常实用。由于它的理论是奠基于心理治疗的经验，临床心理治疗是其重点，因此交互分析的理论及观念可适用于个人、团体、婚姻、家庭的治疗，特别是应用在团体辅导和治疗上，更能显现出其独特的疗效。

五、国内外心理训练现状

（一）外军心理训练

外军特别是美军军事行动频繁，军人到战区、海外布防及执行各种军事任务成为常态。美军应用认知行为疗法的基本理论和应激免疫训练的方法对患有创伤后应激障碍（post traumatic disorder，PTSD）的老兵进行为期 8 周的训练，结果表明心理训练和教育可有效减少早期 PTSD 症状。另有研究者对美国海军 2 个步兵营的战士进行了基于正念技术的心理训练，结果表明正念训练对于提高神经调节效率、增强心理承受能力具有显著的效果。还有美国研究者将视觉和听觉生物反馈技术嵌入三维电子游戏中，以此来训练军人的压力管理能力，结果显示这种压力管理训练能够有效降低军人的应激水平。

在西方国家，参与海外部署及执行作战任务的军人回归家庭后与自己的配偶子女沟通困难，存在抑郁、焦虑、酒精滥用等现象。同时，军人在海外执行作战任务，其配偶和子女存在明显的焦虑抑郁情绪。有研究者对军人家庭进行研究发现，以家庭为中心的心理训练通过提供情绪管理、训练沟通技术、设定家庭目标、加强压力管理等技能，能够提升军人及其家庭的心理弹性，有效缓解战争期间驻防压力带来的负面影响。荷兰基于 VR 的情绪管理训练模型，对健康成人进行训练，发现该训练可有效减少人们对负性刺激的情绪反应。还有学者对执行作战任务归来的军人家庭进行心理训练，包括建立心理弹性模块，鼓励合作，觉察、应对情绪，问题解决，化解冲突，以及提升学业成绩等多方面内容，通过研究发现军人家庭心理训练具有很强的可行性和可接受性。

（二）我军心理训练

军人心理训练是维护和促进军人心理健康、预防和治疗军人心理障碍，提高军人心理素质和增强部队战斗力的重要途径。当前，众多的实证研究，不断证实了军人心理训练带来的影响及效果。对现有研究进行梳理，根据研究结果将其归纳为影响生理反应、促进心理健康、提高心理素质和增强技能水平 4 个方面。

1. 军人心理训练影响生理反应

生理反应是最为客观且不受主观控制的，反映刺激对个体所产生影响的评价指标。军人心理训练能够降低军人对军事应激的生理反应。对飞行员进行心理训练的研究发现，漂浮舱训练能有效地缓解飞行员的急性应激。有研究者对新兵进行综合性心理训练，结果显示应激后的血糖均显著降低，能有效地缓解新兵对军事应激的反应。在对军校学员情绪控制影响的实验研究中，检测了学员平均心率、平均呼吸频率、最高体表温度 3 个生理指标以探究情绪调节过程，训练时的自我暗示和鼓励及训练后的集体心理调适能起到稳定生理反应、缓解情绪变化的作用。有的研究还表明，心理训练能增加正性情绪、增加迷走神经和交感神经的动态平衡以达到心理弹性的提高；心理训练还能有效地降低高原应激条件下军人的血糖和血乳酸含量，缓解生理应激反应。

2. 军人心理训练促进心理健康

军人心理训练对稳定或提高军人心理健康水平、缓解一般心理问题的作用是较为突出的。杨国愉等以其研究团队编制的《军人心理素质训练》为训练教材，组织军人围绕积极适应、持续发展和主动创造训练目标，实施心理训练，通过量表测量发现，心理素质训练降低了军人的幻想性、忧虑性、紧张性和焦虑水平，提高了军人的心理健康水平，增强了军人的新环境适应能力。该团队另一项实验研究显示，在对军人进行心理训练后，军人的忧虑、焦虑水平明显降低，参训态度更为积极，心理素质对心理健康和个性都产生明显影响。其他研究者对新兵的研究同样得出以下结论：心理训练能够减少个体躯体化、抑郁、偏执和焦虑等心理症状。冯正直等还关注应对方式，采用心理素质训练可以有效地缓解自责和退避，以形成解决问题的应对方式，在一定程度上有利于军人形成正确的认知、合理的行为、情绪的调控等。

3. 军人心理训练提高心理素质

目前，国内军人心理训练领域的研究中，相对较为系统的当属"军人心理素质训练"研究，该研究提出以促进军人积极适应、持续发展和主动创造为基本目标，以指导适应军营、适应生活、适应人际交往、学会做人、发展军事技能、发展个性、发展社会性和创造性为基本内容，通过创设情境—激励参与—策略训练—反思内化等4个基本环节，最终达到培养军人良好心理素质的目的。研究人员将该研究成果编制成教材《军人心理素质训练》进行应用和推广。通过训练，军人的有恒性、敢为性、稳定性、乐群性和新环境成长能力得到明显提升，心理素质训练对培养军人心理素质和个性特质有较好的效果。另外，柳凯等采用巨人梯、高矮木桩、高空抓杠、风雨索桥、单人高墙和脏水潜渡等6个项目，开展军人心理行为训练研究，发现参与心理训练相较于普通体能训练，对军人的战斗信心有非常显著的促进作用。多项研究结果还表明，经过心理教育、心理咨询、心理素质训练、生物反馈训练等心理训练后，特殊作业军人如潜艇员、飞行员、电子对抗兵等的心理素质得到显著改善。

4. 军人心理训练增强技能水平

军人心理训练根据系统设定的训练项目，对于军人的技能水平也有促进作用。刘竞对军校学员采用"勇闯天堑"训练项目，通过真实的情境体验和现场干预，帮助学员缓解高空情境所引起的恐惧和紧张情绪，学习到情绪调节的方法，并且在训练中掌握高空作业的操作技能。王飞等采用"军人心理应激防御训练"，对演习情境下的军人进行干预训练，结果显示能适当降低过度应激反应，使军人具备了自主缓解不适反应、应对战场环境的能力，对提高部队战斗力具有积极作用。有些实证研究还关注军人心理耐受力、心理应激力、心理意志力和心理控制力的技能培育，运用自我认知、信念强化、情绪控制和团队合作方面的训练，提高军人的综合能力素质和技能水平。

第二节　军人团体心理训练的方案设计

军人团体心理训练的方案设计是进行训练的前提。一个好的设计方案能够帮助主训实现军人团体心理训练的目的，发挥训练的功能。

一、军人团体心理训练方案设计的目的与功能

军人团体心理训练的实质是通过有计划的练习使军人获得相对永久性的态度与行为方式的改变。这种改变包括知识的改变、技能的改变和态度的改变。不论哪种改变都需要成员在团体训练中对刺激的反应、学习与内化来完成。由于军人担负的任务的特殊性和艰巨性，团体心理训练的内容要真实体现他们的需求和群体的特殊性，注重解决军人群体中存在的一些现实问题，不能忽视现实情况而盲目地进行团体训练。因此，在开展团体训练前，应该先做好方案设计。设计一套有效的、具体的、可操作的军人团体心理训练方案，是团体领导者必须具备的能力，也是团体心理训练得以成功开展的有效保障。一套团体心理训练方案就像作战时的行军图一样，在方案的引领下才能达成团体目标。

军人团体心理训练方案设计通过运用团体动力学理论、社会学习理论、人际沟通理论、人本主义理论等心理学知识，系统地将一连串的团体活动加以设计、组织、规划，帮助领导者带领成员在团体内活动，促进团体成员的积极变化，达成团体心理训练的功能与目标。

一套恰当有效的团体心理训练方案对团体内成员，以及成员之间互动情况也有积极作用。有效的团体心理训练方案能增进成员的自我表露与自我认识，还能提供团体内的良性人际互动，使成员聚焦于能促进个人成长的问题上来，促使团体不断地向前深入发展。

二、军人团体心理训练方案设计的内容

在开展军人团体心理训练活动前，需要对团体心理训练活动的各个环节做准备。确定了具有专业技能、经验丰富、能胜任团体心理训练活动的领导者后，由团体领导者撰写团体训练的计划书，进行方案设计。团体方案设计必须符合下列要求：①方案设计的合理性；②方案目标的明确性；③方案实施的可操作性；④团体效果的可评估性。军人团体心理训练的内容，如表3-1所示。

表3-1 军人团体心理训练的内容

序号	内容	内容描述
1	团体性质与团体名称	结构化程度、宣传名称、学术名称
2	团体目标	总体目标、阶段目标、活动目标
3	团体领导者	学术背景、带团经验、领导者人数
4	团体对象与团体规模	参与者特征、团体人数
5	团体活动时间	总时间、次数、时间间隔
6	团体设计理论依据	理论名称、主要观点、理论在活动中的体现
7	团体活动场所	活动场所要求、环境布置
8	团体评估方案	评估工具、评估时间、评估内容
9	团体方案	团体过程规划、单元执行规划
10	其他	设备准备、财务预算等

（一）团体性质与团体名称

在团体心理训练之前，首先需要确定团体的性质和名称。团体的性质一般包括结构式团体与非结构式团体。此外，根据不同的分类方法，团体性质还分为发展性团体与治疗性团体、同质团体与异质团体、开放式团体与封闭式团体、自愿性团体与非自愿性团体等。

1. 结构式团体与非结构式团体

按照团体训练的计划程度可以分为结构式团体与非结构式团体。结构式团体是指事先有充分的计划和准备，安排固定程序的活动让成员来实施的团体。在这类团体训练中，团体领导者的角色明确，经常需要采用较多的引导技巧，以促进团体内互动。这类团体的优点在于在团体形成初期就能增加团体成员之间的合作，减少团体成员的焦虑，容易聚焦，一般比较适合学校及青少年群体。非结构式团体是指不安排固定程序的活动、领导者配合团体需要进行活动的团体，因此团体训练的活动灵活性高。领导者常潜入团体中，身份不易被觉察，一般适合年龄较长、心智成熟、表达能力较强的群体。

2. 发展性团体与治疗性团体

按照团体的不同功能可以分为发展性团体与治疗性团体。发展性团体重在教育性和预防性，而治疗性团体重在治疗矫正性。

3. 同质团体与异质团体

按照团体成员的背景相似程度可分为同质团体与异质团体。同质团体指团体成员条件或问题具有相似性，团体成员在年龄、文化程度、生活环境、社会地位、知识经验等方面相近或相似，但又抱有同样的发展困惑或相同的苦恼。异质团体指团体成员自身的条件或问题差异性大，情况比较复杂。例如，本身的背景、年龄、知识、经验、地位极不相同，同时成员所抱有的问题也不同。同质团体成员之间沟通较容易，能共同积极地、投入地探讨解决问题的办法；异质团体能给成员提供了解不同个体心理与行为的机会，让他们之间相互观摩学习，有更多的机会去学习和改变自己。

4. 开放式团体与封闭式团体

按照团体参加者的固定程度可以分为开放式团体与封闭式团体。开放式团体是指成员不固定，不断更换，新成员有兴趣可以随时加入。新成员的加入会使团体氛围产生很大变化。封闭式团体是指一个团体自始至终保持成员不变，一起进入团体，一起结束。这种团体有较高的和谐性和认同感。一般情况下，团体辅导与治疗常采用封闭式方式进行。

由于军人部队生活的特点，确定团体性质时可以使用结构式或半结构式团体，让团体领导者讲授相关理论或设计一个活动主题，团体成员进行讨论。与军人部队生活相适应，军人团体很适合封闭式团体，在选择团体成员时可以根据训练内容以班为单位进行团体心理训练。当然也有特殊情况需要注意，如我们在给高学历、高职务或者专业团体（如飞行员）等军人开展团体心理训练时，会倾向于将陌生人编成新团体。

在团体性质确定后，需要给团体取一个符合团体性质、团体目标及对象特征的名称。团体名称要有特色、有吸引力、容易理解。团体名称一般包括宣传名称与学术名称，宣传名称比较隐晦、轻松和活泼；学术名称则比较具体，直接体现训练的主题。因此，给团体取名称时一般将宣传名称与学术名称相结合，如"明天会更好——军人抗压能力训练"。

(二)团体对象与团体规模

军人团体心理训练以军人为对象。根据人数来分,35人以上属于大团体,20人以下属于小团体。团体规模不宜过大,也不宜过小。若团体规模过大,领导者会很难关注到每一个成员,成员之间的沟通也会不充分,对建立起充分的信任增加了难度,讨论分享的时候会因为时间不够,可能只能流于形式,无法深入探讨问题,导致成员不能得到充分成长。若团体规模过小,那么团体游戏的丰富性和成员之间的交互作用就会被限制,团体成员可能会感到不满意、有压力,容易出现紧张、乏味、不舒服的感觉,会影响团体训练目标的达成和效果的实现。所以本书实践部分通常将团体规模控制在10～30人。

(三)团体目标

团体心理训练是有目的性的、明确的、可操作的活动,活动目标是改变团体成员的心理内容特点,对应不同性质的团体,有不同的团体目标。

1. 发展性团体目标

发展性团体是以开发心理潜能、促进人格成长、增进心理健康为目标的团体训练。针对的对象是正常的、没有明显的心理疾病症状的人群。在这种团体心理训练中,通过团体成员的主动参与、互动交流,以及形式多样的有趣的活动,团体成员共同探讨成长发展中关心的问题,加深对自我的认识、对他人的认识,开发身心潜能,促进人格成熟。

2. 训练性团体目标

训练性团体是以敏感性训练为主要活动方式的团体训练,重视团体成员技能的训练,通过团体内成员的交往,使彼此相互影响,学习对自己、对他人、对团体的理解,掌握如何处理人际关系的技能、解决问题的能力,帮助团体成员学习新的行为,改变自身的不适应行为,并通过练习、强化使新行为得以巩固,增强社会适应能力。

3. 治疗性团体目标

治疗性团体重视潜意识方面的问题,参加者面对的是层次较深的心理冲突和困扰,表现出不同于一般行为的症状。缓解症状、消除症状、恢复心理平衡、达到心理健康是治疗性团体训练的目标。在军人治疗性团体中,可以将具有相同症状表现的人员组织到一个团体,进行有计划、有针对性的治疗。

团体心理训练是一个不断发展的过程,需要经历若干发展阶段,在每个阶段都有各自侧重的训练目标,这叫作团体的过程目标,主要包括以下4个阶段性目标:

①团体初期目标：协助团体成员之间尽快熟悉，增进彼此了解，营造安全的、信任的团体氛围，澄清团体目标，订立团体契约以保证团体活动顺利开展。

②团体过渡期目标：协助处理团体成员的焦虑与期待，鼓励成员更深刻地表达个人的情绪及心理反应，使团体进入更加成熟、更加安全的关系阶段。

③团体工作期目标：协助团体成员利用团体资源解决自身问题，深化对自我的认识，并将这种认识转化为行动力，鼓励团体成员尝试新的行为。

④团体结束期目标：协助团体成员回顾团体历程，对自己在团体中收获的经验做出总结，并向团体告别。

（四）团体训练内容

根据军人群体的心理特点和生活环境要求，设计可操作的、有针对性的、具体的训练内容是团体训练发生作用的条件之一。军人团体心理训练内容多数与军营环境适应、军事职业适应、人际关系、情绪和情感、压力应对、团体协作、自我探索等方面有关。团体训练内容只有和军人的现实生活、实际需求有关，才能对军人有吸引力，调动他们参与的积极性。

我们可将单次军人团体心理训练的活动内容大致分为热身活动、主要活动及结束活动。

①热身活动：其目的在于为团体活动的开始打破僵局，活跃团体气氛，促使成员自然地进入团体，为增进成员深入互动的主要活动做准备。可选择的活动有"大小风吹""成长三部曲""口香糖"等轻松、趣味性强的游戏。热身活动不宜占用过长的时间，一般单次团体训练选择一项热身活动即可，时间控制在10～15分钟。热身不足会导致后续的团体活动难以有效进行，而热身过度会本末倒置，影响团体活动的正常进行。

②主要活动：一般指单次团体心理训练的核心活动，是影响团体目标能否达成的关键因素。主要活动一般与单次团体训练的预期目标高度契合，如促进自我探索的活动、提升人际互动能力的活动等，可通过组内讨论、角色扮演、脑力激荡等方式进行。

③结束活动：指每次团体训练结束前的活动，其主旨在于引导团体成员分享本次活动获得的感受与体会，领导者给予恰当的回应使其得以巩固与强化。同时也可兼有预告下次团体训练主题的作用。

应当注意，团体心理训练选择的活动不是随意孤立的，而应配合每次的团体目标层层递进、巧妙衔接。活动只是团体训练使用的媒介与工具，避免为了活动而活动，只追求活动的趣味性，而忽视应该将重点放在每项活动结束后团队成员的交流与感受分享上。

(五)团体活动时间

团体活动时间包括总体时间安排、团体活动开始时间、活动次数、每次活动所需时间、团体活动阶段间隔时间、团体活动结束时间。团体活动分为初始、过渡、工作和结束4个阶段,团体活动的进程需要一个适当的发展过程,团体发挥作用也需要一个过程。因此,团体活动的时间安排要符合这整个过程的客观规律,时间要合理。如果时间持续太短,发展不充分,效果会受到影响,相反地,如果持续时间太长,成员容易产生疲劳和依赖,精力消耗太多,同样会使最终的效果受到影响。

军人团体心理训练的总次数在8次左右为宜,活动频率每周1次或每周2次都可以。每次时间1.5～2.0小时,2小时的活动足够团体内部讨论一些比较深入的问题,而又不会使成员心理疲劳。

团体心理训练的活动时间虽有规定,但不必墨守成规。团体领导者可以根据具体的情况灵活掌握。如果活动预设的时间到了,但当下团体内还有问题亟待解决,在征得成员同意后可适当延长活动时间。

(六)团体活动场所

一个合理的团体训练活动场所能使成员产生舒服的感觉,让他们有安全感,能集中注意力,在没有外界干扰的条件下全身心参与到活动中去。因此,场地的布置和安排要根据团体目标、活动内容和训练对象而定,要符合整个团体心理训练的实际特点和要求。当然,也要考虑现实情况,因时因地制宜。

（七）团体设计理论依据

理论依据是团体心理训练设计的基础，在理论的支持下，军人团体心理训练的活动和过程才能在一定的逻辑关系下达到最终的目标，取得良好的效果。根据团体目标、团体对象等选择合适的心理学理论，如团体动力学理论强调团体氛围与团体凝聚力对发挥团体效能的重要性。人际沟通理论着重阐述要信任他人必须要先学会表露真实的自己，学会分享自己的真实感受、情绪与想法，这样才能和他人建立亲密关系。人本主义中马斯洛的需求层次理论说明个体都有渴望被关注、被接纳的需求，团体能够提供满足个体归属与爱的需要、社交需要的场所。这些心理学理论都有一套成熟的操作模式，通过这些操作模式能够为团体活动的开展提供理论指导，有利于活动目标的实现。

（八）团体评估方法

团体评估主要是指通过不同的方法，搜集有关是否达到团体预期目标、团体领导者的工作方法和技巧使用是否恰当、成员对团体活动是否满意等信息，帮助团体领导者及团体成员了解团体训练的效果。

团体评估根据不同的标准可分为以下几种：①根据评估的时间可分为团体活动开始前、团体活动过程中、团体活动结束时和团体活动结束后的追踪评估；②根据评估对象的不同可分为对团体领导者的评估和对团体成员的评估。③根据评估的形式可分为口头评估和书面评估。④根据评估工具使用的不同，可分为行为表现测量法、标准化心理测验法及自编调查问卷测验法。⑤根据评估的侧重点不同可分为过程评估和效果评估。

除此之外，还可以通过团体成员的日记、自我报告、领导者的工作日志、观察记录等来评估团体的发展效果。团体的反馈、自己记录的日记及自我报告等资料都应加以保存，以供下一次参考。

军人团体心理训练方案设计框架如下所示。

一、团体名称

二、团体性质

三、团体规模

四、团体对象

五、成员招募方式和甄选标准

六、团体目标

    1. 总目标

    2. 阶段目标

    3. 单元目标

    4. 活动目标

七、团体活动时间、地点

八、领导者及其训练背景

九、理论基础

十、团体活动设计

十一、团体训练情况统计表

单元名称	次数	单元目标	活动内容

十二、评估方法

    1. 团体心理辅导反馈表

    2. 团体领导者个人评估表

十三、具体操作流程

    1. 第一单元

    2. 第二单元

    3. 第三单元

    4. 第四单元

三、军人团体心理训练方案设计的方法与步骤

针对军人团体心理训练，可以根据军人群体的心理发展特点、部队生活的特殊性等，设计适合军人心理的团体活动，从心理发展的各个方面对军人进行心理训练，增强军人的适应能力、抗压能力、人际交往能力、自我认识能力等。将军人团体心理训练分为3个阶段进行设计，具体步骤如下。

（一）军人团体心理训练前的准备阶段设计

1. 了解服务对象的潜在需求

要开展团体心理训练必须先了解服务对象的潜在心理需要。服务对象是部队的军人，所以我们应当先评估了解他们对团体有何种期待，他们面临的普遍性的问题有哪些？例如，针对新兵群体，他们更多渴望通过团体训练能够帮助自己迅速适应部队生活、锻炼自己坚韧的心理品质。而针对部队的军士群体，他们可能更多面临职业规划、自身发展的困惑性问题，因此更多渴望通过团体心理训练帮助自己更好地认识自己、发展适应性行为、重建合理性认知。

2. 确定团体目标

团体心理训练因团体目标的不同、发展阶段的不同、参加对象和规模的不同而采取不同的方法、活动形式。团体心理训练的首要步骤就是要确定团体的目标，确定了目标

后才能设计团体活动的计划，确定规模，组成团体。

3. 明确团体性质

团体的性质一般包括结构性团体和半结构性团体。此外，根据不同分类方法，团体性质还有发展性团体、训练性团体、治疗性团体，开放式团体与封闭式团体，同质性团体与异质性团体等。明确团体的需求和目标后，选择恰当类型的团体性质是需要考虑的问题，团体属于发展性、训练性还是治疗性的？同质团体还是异质团体更有利于团体目标的实现？

4. 确定团体规模

团体规模过小，团体活动的丰富性和成员之间的交互作用就会受到限制，成员会有不满足感，容易出现紧张、乏味的感觉，从而影响团体训练的效果；团体规模过大，人数太多，会给成员之间的交流沟通增加难度，不利于团体凝聚力和归属感的建立，会使领导者对每个成员的关注度降低，在讨论分享环节会因为时间的关系，使得讨论不够彻底，影响活动效果。

5. 合理安排时间

根据参与的团体成员的实际情况，对团体训练的时间进行合理安排，团体的活动次数根据团体性质不同、成员的困扰程度和介入策略不同而进行安排。切记，团体活动次数太少，每次活动间隔太长，或是活动时间安排不当，都会影响团体训练的效果。

6. 选定活动场所

团体训练对团体活动场所是有要求的，具体如下：要避免使团体成员分心，让团体成员有安全感，让成员有足够的空间可以活动开身体，环境要舒适、温馨，给人一种放松、愉快的感觉。

7. 设计训练计划

确定每次团体活动的分目标，活动的内容和形式，以及所需时间、活动道具和相关材料等。同时还应考虑细节问题，如带领团队的领导者是否需要助手、领导和助手如何分工、团体招募采取何种形式、团体心理训练效果采用何种评估方式、团体活动需要哪些开支等，在此基础上完成团体训练计划书。计划书不能过于学术化和书面化，要浅显易懂，轻松有趣，有针对性，能够引起军人群体的参与兴趣。

8. 筛选团体成员

参加军人团体心理训练的成员应该满足以下3个条件：①自愿参与团体训练，有改变和发展自我的愿望；②具备与他人交往的能力，并且愿意与人交流沟通；③有坚持参加完团体训练全过程的决心，并且能自觉遵守团体契约。

除了以上3个基本条件，团队领导者还可根据团体心理训练的目标、计划内容等对申请参加团体训练者进行筛选，使得团体参与者能对团体的发展具有积极促进作用。

（二）军人团体心理训练中间阶段的设计

1. 团体心理训练中间阶段的目标

团体心理训练中间阶段的目标是巩固团体的凝聚力，加强团体内的人际互动，增强团体成员彼此的信任感与归属感。在这一阶段，通过团体训练活动激发成员的自我思考，引导团队成员聚焦自身感受与认识，并且将这种认识转化为行动，使成员能够更好地自我肯定、自我接纳及自我完善。通过团体协作，在团体情境中寻求解决问题的策略，强化巩固团体成员习得的新认知与行为。在此过程中，还应评估成员对团体的感兴趣程度与活动投入度，对团体方案进行适时评估与修正，确保团体活动的效果最大化。

2. 团体心理训练中间阶段的性质

团体心理训练中间阶段是团体心理训练的关键阶段，不同的团体训练依据的理论不同、所要达到的目标不同、活动方式和具体实施方法都是不同的，但是成员间相互影响的过程是相同的。在团体心理训练的中间阶段，成员之间通过探讨彼此的心理感受和成长体验，来获得别人的接纳、理解和指导；通过与团体内成员的交流互动，发现自己的不足与缺点，并加以改正；把团体当作日常生活的实验场所，练习改善行为，促进个体正确的认知，让其能将在团体中获得的经验迁移到现实生活中去。

3. 实施不同目的下的各种活动

根据活动的目的不同，所采用的活动也不同。例如，促进团体凝聚力的活动有"心有千千结""夜行大迁徙"等；促进自我探索的活动有"我是谁""自画像"等；进行价值观探索的活动有"军旅价值大拍卖""生存选择"等；增强互动沟通的活动有"传递情报不走样""镜中人"等。

(三)军人团体心理训练结束阶段的设计

1. 团体心理训练结束阶段的目标

团体心理训练结束阶段的目标是:通过反馈、评估、整合等技巧,让团体成员对整个团体活动进行回顾与总结,让成员对他人的分享保持开放的态度并且给予他人正向的反馈。团队领导者在这一阶段要合理评估成员的成长与变化,肯定团队成员的积极变化,并鼓励协助成员对自身变化做好个人评估,帮助成员将团体心理训练中的转变应用到现实生活中去。在这一阶段要特别注意处理好团队活动即将结束给成员带来的心理上的失落及伤感情绪,鼓励成员表达对团体活动结束的感受,处理好分离焦虑,让团体活动在充满温馨与美好的氛围中结束,为团体心理训练活动画上圆满的句号。此外,还要注意规划团体训练结束后的追踪调查。

2. 领导者要解决的问题

①预告团体心理训练结束。在团体心理训练结束之前的最后两到三次活动时,告诉成员整个团体心理训练的结束时间。团体活动持续时间越长,团队的凝聚力就越深。提前告知成员们活动结束的时间,让他们做好离别的心理准备,这样有利于离别情绪的处理。

②回顾团体心理训练过程。领导者带领成员们复习所有的团体活动,回忆团体中的重要事件,让成员们回顾和总结自己的感受、体会与经验。

③做好迎接未来的准备。鼓励成员保持状态继续执行自己制定的目标,领导者指引成员们拟定未来的行动计划,制定具体目标,相互鼓励,使团体的效果能得到维持与发展。

④做好团体成效的评估。通过心理测验量表、问卷调查,以及成员们分享感受、展示自己的作品等方式,协助成员整理自己的收获和取得的成效。

⑤进行愉快的道别。协助成员处理团体结束时产生的情绪,让团体心理训练在愉快、充满祝福的氛围中结束,让成员们彼此祝福、相互鼓励。良好的结束氛围有利于成员们勇敢地回到现实生活中去。

四、军人团体心理训练方案设计的注意事项

在设计军人团体心理训练方案之前,必须考虑一些因素,以避免团体心理训练活动的盲目性。同时,要注意区分团体心理训练与思想政治教育的不同,不要将两者混淆,影响活动设计。在设计方案时,要多查阅资料与相关文献,使设计的训练内容具体且具有操作性,为军人团体心理训练的具体实施和操作奠定良好基础。具体注意事项如下。

①方案设计时要考虑成员的年龄、需求、成长背景、互动习惯等因素。方案设计要实际、具体可行,掌握团体目标与性质,避免活动的盲目性。例如,设计成员的座位应考虑团体活动的大小。若为小团体活动,成员座位安排可以是钻石形、圆形、八边形和枫叶形;

若为大团体活动，成员座位安排可以是扇形、小半圆形、圆形和大半圆形。

②方案内各项活动的设计应具有一致性，前后连贯。活动应让所有的成员都有参与的机会，避免为活动而活动，避免照葫芦画瓢。

③方案设计时领导者要了解自己的特质、能力、偏好和领导风格，设计的活动应在领导者的能力范围和已有的经验之内，还要考虑场地的适合性。

④方案设计要有弹性、安全性的考虑，准备一些备用活动，根据团体活动的进展有弹性地调整原先的设计，并且在方案形成后能虚心接受督导和同行的意见，对团体设计中暴露的问题进行调整。

开展军人心理训练之前，应该进行充分的方案设计，并对方案的可行性进行论证、试验或者模拟。一个好的心理训练必须是以完善的训练方案为依据的。

第三节 军人心理训练的组织实施

心理训练是一个环环相扣的完整系统，需要依据训练要求和规范在演练中精心组织，确保训练有序开展、成效明显。

一、军人心理训练准备

训练准备，是组织军人心理训练的首要环节，是保证训练效果的基础和前提条件。训练准备主要包括熟悉对象、拟制计划、情境创建、检查器材场地、培训保障人员等一系列工作。其中，在情境创建方面，必须根据部队条件和执行任务情况，灵活选择和创建训练场地，使军人能够在一种较为真实的环境中，用心体验自己的内心感受、情绪变化和集体的心理氛围。一般来说，可以选择在多媒体教室、网络学习室，运用背景音乐、投影、动画等形式呈现或渲染情境；也可以用训练场、空旷场地等适宜场所，进行空间位置的设置、战场环境的模拟等；还可以利用简易器材、组合训练器械，创建模拟战场环境或野战训练环境等。

二、军人心理训练实施

首先，在进行心理训练前要使参训军人明确训练内容、训练方法与训练要求等，心理训练一般包括训练目的、内容、规则、方法、时间、要求、任务分工等要素。训练目的是通过本次训练要实现的目标；内容是具体的训练项目；规则是训练项目的背景设置及注意事项；方法是以单位为组织实施，采取自主体验与研讨交流相结合的方式；时间是完成整体训练所用时间；要求是训练中的注意事项；任务分工需结合具体心理训练确定。

明确以上内容后，在军人心理训练进行过程中，主训的观察引导也非常重要。主训在训练过程中对参训军人的行为变化进行认真细致的感知，跟进了解军人心理活动发生、发展和变化的过程，训练中情感的投入度及表达、宣泄和调控的方式，认知问题的深度、广度、准确性等。对军人训练中出现的负性心理反应和消极行为，注意寻找原因，及时疏导，对积极的行为表现适时给予赞扬鼓励，更好地巩固和强化，以促进训练目标的实现。

心理训练的最后进入分享环节，这也是心理训练过程中最关键的一部分，是主训引导受训军人对训练时的动作、情感进行回顾和思考，促进认知转变，产生新的观点或体验，并固化为自身观念的心理变化过程。这一步骤是达成心理训练目标的重要部分，通过反思和引导，受训军人把内心感受充分表达出来，在集体讨论中寻找训练成功或失败的主客观原因、影响心理稳定的因素，激发军人心理共鸣。

三、军人心理训练总结

心理训练总结主要是对训练效果进行的评估和小结，是对军人认知和情感的引导与升华。针对训练组织实施情况、军人的精神面貌、训练目标的实现与否，以及训练过程中军人的心理感悟等进行总结；通过对军人训练前后的心理活动和行为表现的对比，结合生活、训练中的典型案例，对训练中个体行为的观察、测量和记录，全面分析收集到的资料，寻找个体行为变化的共同特征或特征间的相互关系，得出普遍性结论。帮助受训军人把个别体验上升为共同情感，把表面感知上升为理性认识，使军人有所思、有所悟、有所感、有所得，促进军人心理认知和情感的升华。

四、军人心理训练形式

开展心理训练之前，应该进行充分的方案设计，并对方案的可行性进行论证、试验或者模拟。一个好的心理训练必须是以完善的训练方案为依据，按照一定的程序、步骤和形式来实施，常见的军人心理训练形式包含以下两种。

（一）军人个体心理训练

军人个体心理训练的目标是通过个体训练，增强军人积极适应、持续发展和主动创造的心理机能，维护在高技术条件下正常的军事行动，有意识、有目的地培养军人优良的基础心理素质、专项心理素质和作战心理素质。

1. 正念训练

一直以来，目标和结果是军人唯一的、必须的追求。社会认知理论指出，在行为的各种机制中自我效能信念处于核心地位且具有普遍意义，怎样有效地提升自我效能感是不断探索的方向。正念训练是以注意聚焦为主，达到调节心身反应、促进健康的目的。

正念起源于东方禅修文化,是从坐禅、冥想、参悟等发展而来,是一种自我调节和消除痛苦的方法。近几十年来,形成了一系列以正念为基础的身心训练方法。目前被广泛接受的正念定义是有目的地关注或觉察当下的体验。

美国麻省理工学院的医学博士卡巴金(Kabat-Zinn)将正念带出了宗教,于1979年在麻省大学医学中心创立了正念减压疗法(mindfulness-based stress reduction, MBSR),帮助患者应对压力、缓解疼痛和疾病。这标志着正念疗法的正式产生。至此,正念疗法处于不断发展中并被广泛应用,主要表现为在此基础上产生了其他疗法。例如,将认知疗法及正念减压疗法相融合,形成正念认知疗法(mindfulness-based cognitive therapy, MBCT),还有专门针对边缘型人格障碍患者(borderline personality disorder, BPD)的辩证行为疗法、接纳与承诺疗法等。

在我军对于正念的研究中,有相关学者指出通过正念训练,可改变个体压力应对方式,提高应对能力,建议在陆战队压力性训练开展之前,进行正念减压训练。

2. 表象训练

"表象训练"一词是美国心理学家理查·休因教授在《想象——现在的理论和应用》一书中首先提出来的,是指利用所有的感觉对经验进行重现或再造的过程。即利用所有适宜的感觉,如视觉、听觉、触觉、嗅觉、动觉、味觉等,以及和经验有关的情绪或心境状态在脑中进行演练,如重现过去的经验,创造新的形象或情境。简言之,即有意识地、积极地利用自己头脑中已经形成的表象进行回顾、重复、修正、发展和创造自己新的经验。从认知心理学的角度看,表象和知觉联系紧密,两者在一定程度上存在机能等价,因此它可以看作当前未直接呈现的客体或事件的心理表征或类似知觉的信息表征。表象训练中的表象实际上是一种广义的表象,泛指以形象为表征的所有心理现象。因此,有人把表象训练也称为想象训练。

根据表象训练的含义不同,可将表象训练进行不同的分类。例如,按传导通道分类,表象可分为视觉表象、动觉表象和综合表象等;Lutz等按照内容分类,将表象分为了过程表象和结果表象;Hinshaw等按照视角分类,将表象训练分为第一人视角的内部表象和第三人视角的外部表象。

3. 放松训练

放松训练是在一定的暗示语的引导之下,集中注意力调整呼吸,使肌肉得到充分放松,从而调节中枢神经系统兴奋程度的方法。放松训练是心理训练中常用的方法之一,它能够调节训练者的情绪状况,保持情绪稳定,是心理训练的基本功。松弛反应是一种能够导致交感神经系统活动显著降低的综合性的下丘脑反应。Herbet Benson将松弛反应定义为:"受训者在安静环境中处于松弛状态时引起的一系列综合的生理变化",如在闭眼状态下进行重复的思想活动、忽略分心的想法等。这些行为会导致各种生理变化,包括心率、血压、呼吸频率、耗氧量的降低等。

放松训练的方法有多种，不同的心理治疗理论体系提出了不同的方法。总体来说，放松训练有自生训练、渐进性肌肉放松、自我催眠、正念和生物反馈式放松训练等。

我们人体中有一种神经系统叫植物神经系统，也叫自主神经系统。顾名思义，这一神经系统的动作不受我们意志的支配，也就是说它们是按照自身的规律自动运行的。植物神经广泛分布于内脏、血管和所有腺体，调控内脏、血管和腺体的活动，如控制心跳、呼吸，以及调节腺体分泌（出汗、流泪、流口水），从而维持体内一切生理变化的均衡。植物神经系统又分为交感神经系统和副交感神经系统，两者互相制约。交感神经系统通常在个体紧张并警觉时发生作用，副交感神经系统则常在个体松弛状态时发生作用。而放松训练产生的松弛反应恰好能够降低交感神经活动的兴奋性，从而对抗紧张的情绪反应。所以，放松训练不仅可以克服过度焦虑的心情，还可以使一些由紧张情绪诱发的心身疾病得到治疗和预防。

这种方法是通过局部一组一组的肌肉群的放松，循序渐进地扩及全身。这是一种既科学又适合个体掌握学习的方法，它不会产生任何不良反应，即使个别要领、动作不很准确也不影响放松的效果。它的放松顺序是：手臂→头→躯干→腿。

可以告诉训练者："我们即将进行一项系统的全身松弛训练，你将会发现它相当有趣，但是我将依你的要求调整速度。首先紧握右手。对了，就是这样紧握5秒钟，1、2、3、4、5，现在放松，注意放松与紧张之间有何不同。当你放松时，体会一下这种轻松的感觉，我们要求你对全身每一组肌肉进行相同方式的训练，交互施以紧张与松弛，现在开始。"按次序放松肌肉，对右手再做一次紧张放松练习，然后依下述顺序进行训练。每一次对每一组肌肉做到：收紧肌肉—坚持5秒—放松10秒—体会紧张与松弛的区别。在进程中可适当穿插深呼吸。即深呼吸3次，每次吸气后停住，再徐徐呼出。肌肉放松次序及紧缩指令为：

"下面我将让你逐个紧张和放松你身上的主要肌肉群，从放松双手开始，然后是双臂、脚、下肢，最后是头部和躯干。"

"深深地吸进一口气，保持一会儿，保持一会儿。"（大约10秒）"好，请慢慢地把气呼出来，慢慢地把气呼出来。"（停一会儿）"现在我们再做一次……请你深深地吸进一口气，保持一会儿，保持一会儿。"（大约10秒）"好，请慢慢地把气呼出来，慢慢地把气呼出来。"（停一会儿）

"现在，伸出你的前臂，握紧拳头，用力撑紧，注意你手上的紧张感受。"（大约10秒）"好，现在请放松，彻底地放松你的双手，体验放松后的感觉。你可能感到沉重、轻松，或者温暖，这些都是放松的标志，请你注意这些感受。"（停一会儿）"我们现在再做一次。"

……

接受了放松训练之后，需要经常练习。头几次放松训练并不能使肌肉很快进入深度放松，需要坚持下去，才会有效果。

（二）军人团体心理训练

1. 军人团体心理训练的概念

团体心理咨询是一种在团体情境下提供心理帮助与指导的咨询形式。团体咨询种类按功能可分为成长性团体咨询、训练性团体咨询和治疗性团体咨询。部队进行心理训练的一种重要形式就是军人团体心理训练，它利用团体的优势，与心理训练，军队高度组织化、纪律化的特点相结合，依据心理学的原理和方法，从整体上对军人的心理活动和状态施加有效的干预，促使军人在完成心理素质训练任务的过程中通过仔细观察、模仿学习、体验领悟，认识自我、探讨自我、悦纳自我，并调整和改善人际关系，学习与军事任务相适应的态度和行为，塑造和培养其职业心理素质和作战心理素质，提高心理能力，发展其良好的职业适应能力和作战适应能力。军人团体心理训练的特点和优势在于培养军人的信任感和归属感，由对所属军人团体的信任扩大到对周围人的信任，由对团体的归属感扩大到对军队、社会及国家的归属感。

2. 军人团体心理训练的相关研究

军人心理健康与国家利益密切相关，因此，世界各国都非常重视军人心理训练这个研究领域。在第二次世界大战期间，外军军事训练学的研究重点就是军人心理训练。目前的调查发现，在美、德、英等国家，各军种的部队都设置了专门的心理训练基地，依据军种和军事任务特点有针对性地开展心理训练，并在实践中不断完善心理训练系统。我军的心理训练研究从21世纪之初才开始起步。有研究者提出，这是以促进军人积极适应、持续发展和主动创造为基本目标，以指导适应军营生活、适应人际交往、学习军事技能、学会发展自我、发展个性、发展社会适应性和发展创造性为基本内容，运用心理咨询技术等基本方式，达到培养军人良好心理素质的目的的训练体系，并通过实证研究证明心理训练能够提高军人的心理健康水平。

在现今的研究中，将团体心理训练运用于武警官兵群体成为许多学者的研究重点，其研究取得良好的效果。任忠文等对驻藏军人的研究中发现，团体心理咨询对帮助官兵解决生理心理问题有一定的作用。林文芳认为团体心理训练能显著提高新兵的部队适应能力。陈剑伟等研究发现，团体心理训练对改善官兵心理健康状况和应对方式有显著作用。刘军成等运用团体心理训练增强了战士的意志品质。徐纪平等运用团体心理训练塑造官兵良好的心理素质，并取得显著效果。赵晓晶等在研究中发现，团体心理训练对提高战士们的军队适应能力有显著的效用。

从对心理训练的研究发现，团体心理训练在推动军人心理健康和心理适应性的过程中有较高的效率和较好的效果。

3. 军人团体心理训练的理论基础

团体需满足以下几个条件：①两个人或两个人以上；②存在交互作用；③具有共同

的目标或愿景；④成员之间有一致性的认识。库尔特·勒温从整体论、动力论的原则出发，把团体看作一个动力整体，其中任何一个部分的变化都必将引起另一部分的变化。这种部分与部分或团体成员之间的相互依存关系，是库尔特·勒温团体动力学理论的核心。在军队生活中，其环境的封闭性和严格的军事规范、趋同的价值观等特性，使得新兵营更加具有了团体的特性，这也是在军队中开展团体心理训练的群众基础。美国心理学家欧文·亚隆在《团体心理治疗：理论与实践》一书中指出："团体是社会的缩影，是一种动力互动。团体成员之间的互动就像他们在其他社会关系中与人互动的模式。在团体心理训练过程中，成员便可以学习并尝试与他人建立良好关系的技巧，并通过在团体内演练或角色扮演及成员的反馈来洞察与转移情绪的困扰，将学到的技巧与方法运用到实际生活中。"

团体心理训练就是专业心理工作者运用一定的心理干预技术，通过对团体活动加以引导，促使参与团体活动的个体通过观察、学习、体验、分享，更好地认识自我、探索自我、接纳自我，在人际交往过程中，还可以提升人际交往技能，学习新的态度和行为方式。

五、军人心理训练的主要内容

（一）适应能力训练

一般情况下，人总是去追求需要的满足，在满足需要的过程中与环境发生调和作用，它是一种动态的、交互的、有弹性的历程。人本主义理论认为，人类的适应与基本心理需求的满足有关。认可、支配、独立、保护、爱与情感是人的基本心理需求，个体内心存在冲突、缺乏能力、目标水平过高都会导致适应不良。

精神分析理论认为社会适应的动力是个体的本能——本我，故社会适应过程就是自我调节本我和超我，使两者达到平衡。本我代表个体自身的需要，超我代表社会对个体的需求。该理论强调社会适应的无意识特点，认为本我与超我关系不平衡引起焦虑，而社会适应的主要机制是对焦虑的心理防御。人本主义理论强调个体社会适应性需要，认为个体发展和社会适应的目的是实现自我的潜能——自我实现。社会适应的主要机制是个体充分发挥自己的潜能，主动解决环境中面临的问题，改变环境使之适合自我的需要。研究表明，个体在遇到新情景时，一般有3种基本的适应方式：①问题解决，改变环境使之适应个体自身的需要；②接受情景，包括个体改变自己的态度、价值观，接受和遵从新情景的规范和准则，主动做出与社会相符的行为；③心理防御，采用心理防御机制掩盖由新情景的要求和个体需要的矛盾产生的压力和焦虑来源。心理防御机制在一定程度上否定、曲解现实，其作用常是个体没有意识到的。

部队是一个团结的大集体，是一个锻炼人的地方，是一个增长知识的地方。根据发展心理学的理论，青年军人正处于成年早期和成年中期，是心理稳定发展的时期，他们在学习、生活、交友、训练，并尝试各种角色或行为的过程中往往会遇到适应性问题，陷入困惑中，而解决这些心理问题的关键在于引导军人心理自发成长而不是代为改变，因此参与适应性团体心理训练可以有效缓解军人的精神压力。同时团体心理训练需充分结合新兵面临的适应性困境，活动目的、活动方案都需紧紧围绕这个中心来展开。需要清楚地了解新兵面临的困惑与问题，从而有针对性地确定团体心理训练的目标。

1. 训练目标

适应能力训练活动依据层层递进和逐步深入的原则展开，训练目标由易到难、由简入繁。训练的目标贯穿4个活动的始终。

目标一：熟悉团队成员，引导主动交往，构建新的人际关系支持网络；

目标二：引导深入交流，帮助成员尽快适应军营生活，尽快完成身份转变；

目标三：在深入交往中为顺利完成下次活动中团队成员间的相互支持和相互合作打下良好的基础。

2. 训练原则

团体心理训练的动力要求与原则（括号内为宣誓内容）：

①注意集中（我保证将注意力集中在课堂上！）

②暂停评价（我保证对别人的观点暂停评价！）

③坦诚开放（我保证对所有的成员坦诚开放！）

④保密守时（我保证做到保守秘密严格守时！）

⑤注意倾听（我保证表现最高品质注意倾听！）

郑重承诺，签协议。

温馨提示：如果你选择了当旁观者，就意味着你选择了做收获最少的人！

3. 训练内容

（1）导入

团体领导者进行自我介绍：亲爱的各位战友，你们好！我是来自×××的×××，这是我的搭档×××，今天我们将在这里和大家共同开展一次充满活力、充满趣味的活动。俗话说，"人生何处不相逢"，"花开时节又识君"。缘分把我们这些来自各方的人聚在了一起，也是缘分让我们成为战友、朋友，今天我们来进行一个活动，我们活动的主题是："缘来一家。"在活动时，需要大家积极配合，你们愿意吗？

……

好，刚才大家的声音让我充分感受到了你们的热情与信心，让我们一起来为这份热情与信心表示一下鼓励，好吗？（鼓掌）

（2）训练

活动一：大风吹（时间：10分钟）

活动目的：

①活跃团体气氛，集中成员注意力；

②舒展身体，打破原有位置，提供更多交流机会。

活动过程：

所有人围成一个圆圈，先由一人站在团体中说："大风吹。"成员问："吹什么？"如果那人说："吹所有××的人。"（××代表具有某一共同特征的人，人数至少两人。例如，山西人，体重140斤以上的人，单眼皮的人，爱吃辣椒的人，18岁的人等），那么所有××的人就必须离开位置重新寻找位置。同时主训也必须快速找到一个位子坐下，没有位子的人就站到中间，表演一个小节目。如果说小风吹，则是相反，没有××的人起来换位置。换位置时不能持续两人互换或坐回原位。没抢到位置的人则表演节目。

注意事项：

①首先强调注意安全，身体不适者可举手示意，允许其不参加此项活动。

②展示方式多样化，引导成员拓展思维。

③注意引导成员找到彼此间的共同点，增加亲密度。

④引导成员消除紧张感，注意不要让成员处于尴尬境地，该项活动进行完以后团体成员要进行分享。

分享要点：

①当没抢到位置时是什么样的心态？

②什么样的行动策略才能使你处于有利位置？

衔接语：

通过刚才的活动，大家已经感受到了只要有行动，人与人之间的距离就会迅速被拉近，只要细心发现，就能找到彼此之间的共同点。其实，我们每个人都不希望被孤立，都希望能融入群体、能被别人认识和了解，我们所期待的友谊将会如何找寻，接下来就让我们进入"滚雪球"的活动环节。

活动二：滚雪球（时间：30 分钟）

活动目的：

促进成员间的相识，引发个人参与团体心理活动的兴趣。

活动过程：

①所有成员围成一个大圈，大家按"1、2、3"的顺序报数，随后将大家分成 3 组，分别组成一个新团体。

②按组围坐成一个圆圈，活动开始时，从其中一人开始，每个人用一句话介绍自己，必须包括 3 个内容：姓名、籍贯、爱好。例如，"我是来自××，喜欢××的××"。第一个人说完后，第二个人必须先将第一个人介绍完才能介绍自己。例如，"我是来自××，喜欢××的××（第一个人的情况）旁边的，来自××，喜欢××的××（自己的情况）"。第三个人必须按照这样的语式将前两个人介绍完才能介绍自己。例如，第一人张某："我是来自福建的喜欢打篮球的张某"。第二人刘某："我是来自福建的喜欢打篮球的张某旁边的来自山西的喜欢看书的刘某"，以此类推。

分享要点：

①如何介绍自己才能让别人记住？

②怎样尽快记住自己的同伴？

③任务十分困难时，你的想法如何？又是怎么做的？

④当发现记住自己名字的人超出自己的预料时，心中感觉如何？

小结：

准确地记住他人的名字是与人交往的第一个技巧，因为它表达了你对他人的关心和重视，也是建立人际关系的第一步。在我们的日常生活中也是如此，善于发现并记住他人的优点和信息，多给予关怀和帮助，给予战友真诚的赞美，才可能收获友谊与欢乐。

衔接语：

相信大家通过滚雪球的循环自我介绍，相互间更加了解了，下面我们一起建立我们的团队，制定我们的"团体契约"吧！

活动三：团体契约（时间：30分钟）

活动目的：
给团体取名，讨论团体目标，形成并签订团体契约。

活动过程：
① 3个团队分别选出自己的组长。
② 在各个组长的带领下给自己的团队取一个名字，给每个组发2张白纸和笔若干。
③ 讨论团体目标。
④ 形成并签订团体契约，组员负责记录。
⑤ 团队指派代表分享介绍各自的团队，包括组长、组名、目标、契约等。

分享要点：
① 介绍成员给大家认识。
② 分享介绍各自的团队，包括组长、组名、目标、契约等。
③ 我们的团队是一个什么样的团队？

衔接语：
通过前面3个活动，我们之间已经比较熟悉了，那我们来检验一下你们之间的相识默契程度吧，下面我们进入"生死与共"活动！

活动四：生死与共（时间：30分钟）

活动目的：
促进成员间的相识，引发个人参与团体心理活动的兴趣。

活动过程：
刚才我们已经建立了自己的小组，成立了团队，请每一个团队的成员围成一个圈。现在正式开始我们的第4个活动。请我的搭档在每一组的圈内放上一张报纸……大家都看到放在地上的报纸了吧？接下来我们做的活动就是和这报纸有关，名字叫作"生死与共"。我们站着的地面就像是一片汪洋大海，而这张报纸则代表汪洋大海中一个正在被大海淹没的小岛，现在需要每组所有成员同时站在小岛上，小组成员们想方设法地使全体成员同时登上小岛。其中需要大家听清楚的要求就是身体的所有部位要在这个小岛上，尤其是成员的任何一只脚都不可以留在小岛外的地面，否则脚就会被水弄湿，甚至会掉进水中。我们要在越变越小的小岛上等待救援。

在行动之前每一小组可以充分讨论，拿出最佳方案。我们可以比一比，哪组最先完成，哪组能站的小岛最小。当所有人都站在上面时请大声地喊出你们的口号——"齐心协力，生死与共"，并坚持8秒来告诉大家，你们成功了。你们有信心告诉大家你们成功了吗？（　）真的有吗？（　）很好！现在开始！

很好，现在有一组完成了，又有一组完成了！大家都很努力，协作能力也很强，下面大家还敢挑战一个更高难度的吗？（　）你们敢吗？（　）有信心吗？（　）好，请各小组派人将报纸对折，把大船变成小舟。这一次我们再来比一比，看一看哪一组能最先完成。

分享要点：
①描述一下你们组刚刚是用怎样的方法做到的？
②其间遇到什么样的困难？是什么让大家克服这样的困难，有没有好的技巧分享？
③成功完成这次任务后有什么样的感受？

结束语：
随着活动难度的增加，大家的努力也越来越多。在练习过程中大家忽略了性别、年龄、力量等因素，全组一条心，大家创造性地发挥了全组智慧，共同克服了困难，解决了共同面临的问题，也让大家充分体会了团结合作的力量。"生死与共"的活动告诉我们，我们是一个团队，希望通过这样的活动能够使大家在以后的活动中更好地相互配合、相互支持。时间过得挺快的，不知不觉就快要结束了。今天，在这个小团体里，我们相识，我从大家的身上学到了很多东西，感受到了大家的真诚，我很感动、很珍惜，大家能聚到一起，这是缘分。非常感谢大家参加这个团体，今后我们将继续组织这样的团体活动，很高兴和大家一起度过这么愉快的一节课。谢谢大家的参与！

（二）认知能力训练

卡耐基说过，不经过教化，人从本质上是不愿承认自己的错误和缺点的，谁也不愿接受他人的批评，尤其是反对自己的意见和对自己的负面评价，没有人会否定自己，总觉得自己是对的。

大的环境、家庭环境及我们成长中的重要他人都对个人的人格形成具有十分重要的作用。但同时需要注意，人格是一个过程，而不是一个客体；它是一个充满活力的动力系统，而不是一个僵化的结构。充满活力的系统的一个特征就是变化和成长。人格随着时间的推移而变化发展。对此，多加留心并注意你想让自己的人格如何发展，你就可以在一定程度上影响这种变化和成长的方向。

全面认识自己，我们既要看到自己的优点和长处，又要看到自己的缺点和不足。正所谓"金无足赤，人无完人"，我们每个人都有自己的缺点，但同时每个人也都有自己的闪光点。我们应该多关注自己的优点和长处，要用欣赏的目光来看待自己，即使你可能有很多不足。因为只有先看得起自己，才能正确认识自己。

人对自己的认识容易有偏差和不全面的地方。例如，一个人长相平常，不出众也不难看，可是他偏偏认为自己长得太难看了，认为自己命运不好，不愿意和别人交往。又如，一个人能力一般，可他认为自己才华出众，不理解为什么别人不委他以重任，感到怀才不遇。当我们不能客观地认识自己时，常常会影响到我们的工作、生活乃至人际交往。

1. 训练目标

目标一：使团队成员深刻地认识自我；
目标二：能正视和接受他人对自己的评价；
目标三：树立积极的自我概念。

2. 训练原则

团体心理训练的动力要求与原则（括号内为宣誓内容）：
① 注意集中（我保证将注意力集中在课堂上！）
② 暂停评价（我保证对别人的观点暂停评价！）
③ 坦诚开放（我保证对所有的成员坦诚开放！）
④ 保密守时（我保证做到保守秘密严格守时！）
⑤ 注意倾听（我保证表现最高品质注意倾听！）
郑重承诺，签协议。
温馨提示：如果你选择了当旁观者，就意味着你选择了做收获最少的人！

3. 训练内容

（1）导入
欢迎大家参加这次团体心理训练，感谢大家对我们的配合！

各位战友，大家好，我叫××，来自××，这是我的搭档：××，很高兴我们可以一起做团体心理训练。今天所做团训的主题是"认识自我"。很多人认为，没有人比自己更了解自己了，事实上并非如此。俗语说："旁观者清，当局者迷"，"不识庐山真面目，只缘身在此山中"。其实，世界上最难的就是正确、客观地认识自己！在部队中大多对自己不满意的军人都或多或少存在自我认识的问题，存在自我评价的问题。要想适应部队紧张的训练生活节奏，找到适合自己的岗位，首先需要正确地认识自我。因此，我们这次团体训练的动力要求与原则是：客观公正，认识自我。

（2）训练

活动一：我的自画像（时间：30分钟）

活动目的：
①认识自己，展示"内心的自我"；
②增进团体成员彼此熟悉的程度，增加团队凝聚力。

活动过程：
①给每个成员发1张白纸。
②在8～10分钟内，每人画一幅自画像。并在自画像上面写上自己的名字，在下面写上一句"我是一个_____的人"（自己认为最重要、最能代表自己的特质）。
③由成员本人解说"自画像"的含义。

分享要点：
①你对自己哪方面的情况描述得最多？为什么？
②成员对哪个自画像印象比较深刻？为什么？
③自己是否有不了解自己的"死角"呢？通过"自画像"你觉得自己是否重新认识了自己？

衔接语：
通过与他人分享秘密的自我，通过他人的反馈减少盲目的自我，人对自己的了解就会更多更客观。经过"内心的我"这个活动，相信战友们又重新认识了自己，发现了一些原来不曾注意过的特点。而我们对自己的认识影响着对自己的评价，认识不清楚，评价就可能不准确；认识较片面，评价不可能全面，其正确性也不会高；认识被动，评价也势必受到别人左右。而人对自己的认识是一个不断探索的过程。"不识庐山真面目，只缘身在此山中。"对自己的认识、了解总有不全面的地方。听听别人的意见，你对自己会有新的认识，会有新的发现。接下来进行下一个活动——"战友眼中的我"，看看别人眼中的自己又是什么样的呢？

活动二：战友眼中的我（时间：30分钟）

活动目的：
协助成员认识他人眼中的我，认识到自身存在的优点与不足，客观公正地评价自己。

活动过程：
①每人拿出一张纸，在最上面一行写下自己的姓名，相互帮助用别针把纸固定到自己的后背上。

②在其他战友的后背上写留言。在留言过程中，战友们不能讲话，要用非语言形式进行交流，留言内容是你对别人的认识，包括优点、缺点及建议，还可以写上自己最想对他说的一句话。

③10分钟后，战友们再次坐好，互相帮助摘下背后的爱心纸条，一起来分享。

分享要点：
①别人眼中的自己与自己眼中的自己有什么不同？
②是否有认识到一些你原来没有发现的优缺点呢？
③你是否能够更加客观地评价自己？

衔接语：
面对纷繁复杂的人生世界，如果你把目光都集中在痛苦、烦恼上，生命就会黯然失色；如果你把目光都转移到快乐之中，你将会得到幸福。同样的道理，面对自己，如果你只看到自己的缺点、不足，你将会悲观失望，停滞不前；如果你能看到自己的优点、长处，你将会充满信心，迎接生活的挑战。但是如果我们只看到自己的优点，看不到自己的不足,"看自己一朵花,看别人豆腐渣",用自己的长处比别人的短处,我们就会沾沾自喜,骄傲自大,停滞不前,甚至会倒退。只有客观公正地认识自我,才能更好地与战友交往,更好地融入集体。

活动三:不同时间的我(时间:30分钟)

活动目的:
①通过活动启发团队成员深层、全新认识自我,从而规划自我;
②理性剖析自己,反思过去,规划未来。

活动过程:
①每人拿出一张纸,在白纸上填写相关内容:过去的我、现在的我、理想的我。内容包括身高、体重、相貌(如对眼睛、皮肤、脸型等的评价)、性格、学习(如学习兴趣、成绩、效率等的评价)、家庭、人际、其他等。
②以自愿为原则抽选5个成员进行分享,让旁边的团队成员读出该成员所写的内容,并让旁边的成员对他/她所写的内容说出自己的感受,也让其他成员自愿参与评价,说出他们的感受。
③让抽选出来的成员在听了其他成员的评价和感受后说出自己的感受。

分享要点:
①过去的自己、现在的自己有什么不同?
②你对未来有什么规划?本次活动,对你未来的规划有什么帮助吗?

衔接语:
不管我们的身高、体重、相貌、性格、学习、家庭、人际等怎样,只要我们接受自己的各个方面,建立信心,我们同样可以散发出自己的独特魅力。也许你某些方面不如别人,但是在另一些方面比别人厉害,我们必须知道每个人都有能力弱的方面,但不要为此自暴自弃,要善于发掘自己擅长的方面,即使现在你们没有发现,只要你不丧失信心,以后就会发现的。

备选方案:过去—现在—未来的自我(时间:30分钟)

活动目的:
对过去的自我、现在的自我、未来的自我进行评估和展望。

活动过程:
请大家在纸上画出自己的生命轨迹,在水平线上表示是积极的,在水平线下表示是消极的。请根据你规划的生命线长度,找到你目前所在的那个点,标出来。例如,你现在18岁,就标出18岁的那个点。在这点的左边代表着过去的岁月,右边代表着未来。

把过去对你有着重大影响的事件用笔标出来。又如，你 7 岁上学了，就找到和 7 岁对应的位置，填写上学这件事。注意如果你觉得是快乐的事，你就用鲜艳的笔来写，并要写在生命线的上方。如果你觉得非常快乐，你就把这件事的位置写得更高些。再如，17 岁高考失利……你非常痛苦，就继续在生命线的相应下方很深的陷落处留下记载。依此操作，你就用不同颜色的笔和不同位置的高低，记录了自己在今天之前的生命历程。

然后我们来到未来，把你一生想干的事情，都标出来，并尽量把时间注明。视它们带给你的快乐和期待的程度，标在不同的高度。当然，也请把一些可能遇到的困难一一用黑笔把大方略勾勒出来。

分享要点：
①在每次轨迹的变化或拐点，你生命中的标志性事件是什么？
②你觉得未来的发展将会是怎样的轨迹？
③看看是水平线上面的事件多，还是水平线下面的事件多？如果大部分都是在水平线以下的，是否可以考虑调整一下自己看世界的眼光？

衔接语：
当你把生命线画完后，请把注意力集中在此时此刻。以前的事情已经发生过了，哪怕是再可怕的事情，也已经过去。你不可改变它，能够改变的是我们看待它的角度。一个人的成熟度，在于这个人治愈自己创伤的程度。过去是重要的，但它再重要，也没有你的此刻重要。好好规划你的未来，让它合理而现实，然后根据限期去实现它。请好好保管你的蓝图，时常看看。生命线不是掌握在别人手里，它只有一个主人，就是你自己。无论你的生命线是长是短，每一笔都由你来涂画。

结束语：
人有时高估了自己，有时又低估了自己，甚至会失去自我。对自我的认识不是头脑中固有的，是从比较模糊逐渐趋向比较清楚，从比较片面逐渐趋向多面，从主要依靠成人的指点，逐渐趋向主动积极。真正地了解自我是清楚地认识到自己的个性特点，包括优点与不足、长处与短处。了解自己并不是一件容易的事情，俗话说："旁观者清，当事者迷。"因此，正确地评价自己，还有赖于从他人的角度去看待。只有客观公正地认识自我，才能认清前进的方向，得出正确的决策，为自己今后的奋斗定下更切合实际的目标。本次活动到此结束，谢谢大家！

（三）行为能力训练

"一切行动听指挥，步调一致才能得胜利！"这是中国人民解放军军歌《三大纪律八项注意》中的一句歌词。中国共产党正是靠着钢铁般的纪律，引导中国革命走向胜利。无论是 18 世纪横扫欧洲的拿破仑，还是陷入困境的丘吉尔；无论是指挥莫斯科保卫战的朱可夫，还是拥有"血胆将军"美誉的巴顿，他们都是纪律严明、斗志昂扬的斗士，在坚强的意志和强有力的执行力面前，千难万险都无所畏惧。因此，军人的行动一致具有十分重要的地位。

军人最基本的职责就是服从命令，保持行动一致。保持行动一致意味着在军队里舍弃小我，军人以国家的意志为意志，以上级领导的指令为行动指南。这就要求军人需要有足够强的意志来克制自己的独特性，与行动指南保持一致。

在培养军人行为的过程中，要使训练效果更佳，则必须全方面地考虑行动一致所包含的要点。大多数时候，行动一致也包含着其他的要素，如团队精神、不畏困难、全力以赴、立即行动等。只有各方面相互配合，才能使军人称为军人。

1. 训练目标

目标一：在团体心理训练中体会行动一致的重要性；

目标二：在团体心理训练中体会如何确保团队行动一致；

目标三：在团体心理训练中提高军人聪慧性的心理素质；

目标四：逐步加深军人忠诚性的心理素质。

2. 训练原则

团体心理训练的动力要求与原则（括号内为宣誓内容）：

①注意集中（我保证将注意力集中在课堂上！）

②暂停评价（我保证对别人的观点暂停评价！）

③坦诚开放（我保证对所有的成员坦诚开放！）

④保密守时（我保证做到保守秘密严格守时！）

⑤注意倾听（我保证表现最高品质注意倾听！）

郑重承诺，签协议。

温馨提示：如果你选择了当旁观者，就意味着你选择了做收获最少的人！

3. 训练内容

（1）导入

大家来到部队已经有一段时间了吧，那在这段时间中，你们学到了哪些军人的品质呢？为什么在生活中要求你们被子、腰带、口缸、鞋子等要放在一条线上？除了美观以外，也是让大家养成一个重要的军事心理素质——行动一致。

（2）训练

活动一：热身活动（时间：15分钟）

活动目的：

集中注意力，调动积极性，引发成员对行动一致的思考。

活动准备：
背包带 1 根、矿泉水 4 瓶。

活动过程：
①请 4 人自愿出来，用背包绳将 4 人圈在中央，面向外均匀站在由长绳围成的正方形内（正方形的四角）。
②在与四角距离相等处（约 2 米）分别放上 1 瓶矿泉水。
③由主训发出"开始"的命令后，4 人开始朝自己面前的矿泉水前进，计时 1 分钟。
④以谁先抢到矿泉水为胜。

注意事项：
场下的人不能帮忙或者捣乱。

分享要点：
①赢者获得成功后的感受？使用了什么样的策略？当你被其他队友拉住，或你克服了来自其他队友的阻力到达目标时，你有何感想？
②未抢到水的战士是什么感受？为什么失败？如果再来一次，你会采取什么策略？
③如果采取相应的策略，在 1 分钟内能不能 4 人均拿到水？（引出行动一致的重要性）

活动二："毛毛虫"向前冲（时间：30 分钟）

活动目的：
让成员感受到行动一致的重要性，以及体会如何做到行动一致。

活动准备：
背包绳若干。

活动过程：
①将成员分成 3 组，每组 10 人。辅训负责设计好前进的路线。
②每组先排一横队，脚踩在背包绳上面，每个人双手拉背包绳于腰前，就变成"毛毛虫"了。（注意：背包绳应首尾相接并固定）
③信号发出后，整组开始横向移向目标，要求脚必须踩在背包绳上面，否则算犯规，犯规加时 10 秒。到达终点时计时最短的组为胜。
④输的一组有一次总结经验并调整战术重新挑战的机会。

分享要点：
①请成功的组谈论他们是怎么构思的？采取的是什么策略？
②如果有做两次的组，请他们谈谈第一次和第二次的策略有何不同？有何感想或收获？
③没有取得成功的组，是什么导致了他们的失败？组织者在其中有没有考虑到每个组员的实际情况，并调整步伐，使大家一致行动？

④讨论个人和集体有什么关系？

总结：

通过这个简单的活动，大家深刻体会到了齐心协力和纪律的重要性，一个人也许可以很快地完成任务，但一组人却没那么自如。在团队中找准自己的定位，遵守团队纪律，让一个团队统一步调，从而增强凝聚力，提高战斗力，最终取得胜利。

活动三：感应炸弹（时间：30分钟）

活动目的：

提升每个成员与他人合作的能力，增强团队归属感。

活动准备：

长竹竿、零食若干。

情景导入：

现在大家正处于一个非常危险的环境中，你们的手指上是一枚感应炸弹，它对于接触到的物体很敏感，一旦手指离开炸弹，炸弹就会爆炸。而地上有感应器，必须所有人都低下身子，去拿到感应器才能解除炸弹爆炸的危险。

活动过程：

①将成员分成3组，每组10人，每组成员面对面站成两排。
②每人伸出一只手，并伸出这只手的食指，所有人的食指排在一条直线上。
③将竹竿放在食指线上，竹竿与每组中等身高的人的眉毛同高，要求大家在保持手指不离开竹竿的情况下平稳地捡起放在地上的感应器，然后运送到终点。
④一旦成员中任何一人的手指离开了竹竿，则重新再来一次，直到成功为止。
⑤给每组成员2分钟练习时间。

分享感受：

①在活动中，你们组经过了哪些尝试？哪些尝试是有效的？哪些是无效的？
②在整个活动中，你认为怎样才可以快速有效地完成任务？
③在这个团队活动中，你有什么感受和体会？

活动四（备选）：多人多足（时间：40分钟）

活动目的：

体验团队协作，发现行动一致的必要性，感受在团队行动中行动一致的效果。

活动准备：

布带若干。

活动过程：

①将成员分为两组，每组4～5人。将参赛人员的相邻腿绑住，位置不能高于膝盖部分，也不能低于脚踝。绳子必须绑在小腿上，并捆紧，如中途绳子松开，应系好了再前进。

②必须在起跑线后把脚绑好，不准抢跑。

③中途若有人摔倒，应该立即停下，等重新准备好之后，再接着跑，或者自动放弃比赛。

④两组同时进行比赛，比赛开始阶段由主训发令后，各组绕规定场地一圈，回到终点，先到者胜出，胜出者有奖品奖励。

⑤若时间相同，则加赛。

⑥活动结束后，主训引发大家对活动进行讨论，并总结。

主训进行简单的总结，然后让每个参赛成员与大家分享自己在此次活动中的感受与心得。

结束语：

要想结识更多的朋友，我们每个人都必须先学会互相帮助、互相支持和互相理解。有时候，成功并不是一个人的事情，而是取决于全体成员的支持和帮助。要想在激烈竞争的环境中取得更多成功的机会，发挥团队的创造力和协作力、注重团队精神是非常重要的。创造力的发现需要不断尝试并获得别人的支持，团队的创造力决定团队的质量和前景。

（四）情绪控制力训练

情绪是人对外界客观事物的主观态度和内心体验，是人脑对客观外界事物与主体需要之间关系的反映。情绪一般包括主观体验、生理唤醒和外在行为3个成分，它们之间相互联系、相互影响。人的情绪与健康有着密切的关系，积极的情绪对健康有益，消极的情绪则会损害身心健康。积极的情绪能够提高脑力劳动的效率和耐久力，使人体内各个器官系统的活动都处于高水平的协调一致。长期生活在忧郁、抑郁或恐惧下人的性格通常比较古怪，与人交往能力差，独来独往不受欢迎。并且情绪会影响人们对自我的认识和评价，还会阻碍正常的思考和学习，紧张、烦躁、恐惧的情绪会阻碍问题解决的速度。

根据埃利斯的ABC理论，由于人们常有的一些不合理的信念才使我们产生情绪困扰。如果这些不合理的信念长期存在，还会引起情绪障碍。ABC理论中：A表示诱发性事件（activating event）；B表示个体针对此诱发性事件产生的一些信念（belief），即对这件事的一些看法、解释；C表示自己产生的情绪和行为的结果（consequence）。情绪是一种对智力活动有显著影响的非智力因素，积极的情绪发挥积极作用，消极的情绪发挥消极作用。

总之，军人在平时的生活、训练和工作中，调控好自己的情绪，做自己情绪的主人而不被情绪所束缚，才能让健康的情绪伴随左右，随时保证我们的身心健康，从而有效提高战斗力。

1. 训练目标

目标一：了解情绪ABC理论，体验不同情绪；
目标二：促进军人对情绪的认知，学习用理性思维取代非理性思维；
目标三：增强自己的情绪调控能力。

2. 训练原则

团体心理训练的动力要求与原则（括号内为宣誓内容）：
① 注意集中（我保证将注意力集中在课堂上！）
② 暂停评价（我保证对别人的观点暂停评价！）
③ 坦诚开放（我保证对所有的成员坦诚开放！）
④ 保密守时（我保证做到保守秘密严格守时！）
⑤ 注意倾听（我保证表现最高品质注意倾听！）
郑重承诺，签协议。
温馨提示：如果你选择了当旁观者，就意味着你选择了做收获最少的人！

3. 训练内容

（1）导入
欢迎大家参加这次团体心理训练，感谢大家对我们的配合！

（2）训练

活动一：天使与恶魔（时间：30分钟）

活动目的：
①体验不同情绪；
②了解认知的 ABC 理论，以及 ABC 三者之间的关系。

活动过程：
随机将团员分为3人一组，3人分别扮演天使、恶魔、凡人。天使和恶魔分别对凡人的"烦恼"从积极和消极的角度进行评价。例如，凡人："真倒霉，我晾在外面的衣服被风吹不见了。"天使："大家都遇到过倒霉的事。幸好只是件衣服，不是什么其他的东西，不然吹下楼万一砸到人多危险。"恶魔："你一直都很倒霉，上次手机摔坏了维修还花了1000多元，下楼扭了脚导致考核成绩不合格，你一直都这么倒霉。"3个人轮流扮演3种角色，保证每个人都把3种角色扮演一次。

分享要点：
①对同一件事，是否都能从正反两个方面去看待？我们能不能通过练习，让自己学习从积极方面去看待每一件事？
②你扮演天使或者恶魔的感受？

衔接语：
①通过以上活动引出 ABC 理论，并举例介绍："通过刚才的活动和大家的分享，大家都体会到了，同一件事情，你的认知信念、解释不同，所产生的情绪和行为后果也是

不同的，这也是 ABC 理论的核心。ABC 理论认为激发事件 A（activating event 的第一个英文字母）只是引发情绪和行为后果 C（consequence 的第一个英文字母）的间接原因，而引起 C 的直接原因则是个体对激发事件 A 的认知和评价而产生的信念 B（belief 的第一个英文字母），即人的消极情绪和行为障碍结果（C），不是由于某一激发事件（A）直接引发的，而是由于经受这一事件的个体对它不正确的认知和评价所产生的错误信念（B）所直接引起的。错误信念也称为非理性信念。"

②领导者总结："刚才大家都很好地分享了自己对情绪的理解，以及如何通过改变对激发事件的认知信念、解释来改变情绪及行为后果的看法，这也是 ABC 理论的核心思想。那么，下面我们就通过案例来具体实践一下大家的学习效果。"

活动二：班长的烦恼（时间：30 分钟）

活动目的：
促进军人对情绪的认知，学习用理性思维取代非理性思维。

活动过程：
①领导者下发张班长的故事，团员用接力的方式，一人讲一段，一起把故事讲完。

张班长原本是一个性格开朗、积极向上的班长。随着训练任务增多、难度增大，又临近考核，他带的班跟不上连队训练节奏，成绩上不去，拖全连后腿。于是他开始变得自暴自弃，脾气也越来越大，经常对他班里的战士大吼大骂，其他班长关心他的训练成绩，他总是觉得在讽刺他。领导和他促膝长谈后发现他不是真的"变坏了"，而是因为成绩提高慢，有些班长又责怪他，他自己也没有达到自己心中的要求，于是变得焦虑、易怒，但又不知道如何排解这些情绪，才出现了这些行为。

②按照三人一组，小组讨论张班长应该如何调控自己的情绪，把结果写在纸上，回到大集体中，每个小组推选代表阐述本组意见，本组组员可以补充，其他团员有不同意见可以讨论，最后由领导者补充。

分享要点：
①张班长的经历在生活中有没有类似的情况？如果你是张班长，你可能会有哪些消极情绪，哪些积极情绪？
②你觉得张班长应该怎么看待这件事，应该怎么做？

衔接语：
领导者对团员的表现、参与、分享等进行正面点评及表扬。

活动三：我的情绪我做主（时间：30 分钟）

活动目的：
①学习感悟情绪调节技巧；

②增强自己的情绪调节能力。

活动过程：

①每人一张纸、一支笔，让团员回想之前自己某次没有管理好情绪的时刻，是因为什么事（A），当时是怎么想的（B），最后产生了什么情绪及行为后果（C），通过学习后，现在自己会怎么看待及处理这件事。

②回到团体中，请志愿者分享自己写下来的内容与经验，与其他团员一起参与讨论与反馈。

分享要点：

①志愿者前后的认知和情绪差异，是怎么慢慢调节过来的？

②当时如果再冲动一点会有什么严重后果？除了认知调节，还有哪些方法可以调节情绪？

衔接语：

刚才几名团员都分享了自己的真实经历和情绪体验，如果回到当初，可能他们又会有不同的认知和情绪体验。当然，时间不能倒流，但是未来却可以把握。学习掌控自己的情绪，再遇到类似的事情，可能我们能更合理地看待它，做出更理智的决定，也会拥有更积极的情绪。

结束语：

孔子曰"往者不可谏，来者犹可追"，陶渊明也说"悟已往之不谏，知来者之可追。实迷途其未远，觉今是而昨非"，希望大家在今后的生活中运用所学所感所悟，都有好心情，成为自己情绪的主人，谢谢大家，今天的团体训练到此结束。

（编者：杨国愉　贺英　阳逸）

参考文献

[1] 樊富珉.我国团体心理咨询的发展：回顾与展望[J].清华大学学报（哲学社会科学版），2005（6）：62-69.

[2] 杨国愉.军人团体心理训练[M].重庆：西南大学出版社，2016.

[3] 贺英，赵梦雪，王晓曦，等.适应性团体心理训练对新兵心理健康与情绪的影响[J].第三军医大学学报，2015，37（19）：1972-1976.

[4] 樊富珉.团体心理咨询[M].北京：高等教育出版社，2018：255-269.

第四章
军人心理咨询

第一节 军队心理咨询概述

军队心理咨询是指在军事机构内所开展的心理咨询工作，其目的是通过运用心理学的理论和方法，消除军人的心理问题和心理困扰，维护和增进军人的身心健康，促进个性完善和潜能开发，实现将军人个人的价值取向与军队的使命要求相结合，这是促进军人心理健康和战斗力提升的有效途径和必然要求。因此，心理咨询活动开展的科学性、专业性和规范性一直是军人所关注的话题。

《中华人民共和国精神卫生法》和《中国心理学会临床与咨询心理学工作伦理守则(第二版)》分别从法律和行业规范层面对心理咨询工作进行了系统的规范和指导，要求心理咨询人员遵守执业规范和伦理，为社会公众提供专业化的心理咨询服务。这些伦理规范包括建立咨访关系、避免多重关系、坚持保密原则、坚持价值中立原则等一系列要求。但军队心理咨询由于其工作对象、工作环境、工作内容存在明显的特殊性，面临着更多的伦理困境和挑战。例如，军队心理咨询师具有领导、咨询师、战友等多重身份，面临着军人隐私权与领导知情权冲突问题，价值中立与价值观教育引领问题等。本节将对军队心理咨询相关问题及伦理结构进行深入探索，以求为进一步建设和优化军队心理咨询伦理提供理论和实践指导。

一、军队心理咨询的特殊性

军队心理咨询与普通的心理咨询所使用的理论与技术基本相同，都是建立在心理学基础知识之上，以三大心理咨询流派（精神分析、认知行为、人本主义）所衍生出来的诸多心理咨询技术为支撑，开展一系列心理辅导、心理干预和心理治疗工作。但因为其工作对象、工作目的不同，所以具有一定的特殊性，集中表现在以下4个方面。

（一）军队心理咨询的目的特殊

一是为部队集体利益服务。军队心理咨询工作在军营内部开展，无论是咨询者还是来访者都是军队的一员，其职业身份和职业属性相同，这就要求军队心理咨询工作的开展不能像地方的常规心理咨询一样，以来访者的利益最大化为目的，局限于"以来访者为中心"，而是应该将军队集体利益放在第一位，时刻牢记军队心理咨询工作是军队政治工作的一部分，将军队心理咨询工作从军队的整体利益去谋划、去展开。例如，在部队改革过程中，对于某些对政策有情绪反应的军人个体，就不能仅仅以关照个体的情绪为主，而是要求其服从部队大局。

二是为提高部队战斗力服务。战斗力是衡量部队一切工作的最终标准。军队心理咨询工作同样要坚持战斗力标准，将军人的"心理力转化为战斗力"，而非简单地应对情绪、压力与人际关系困扰。未来战争的破坏性、复杂性、残酷性及不可预知性，对军人的心理能力提出了更高的要求，必须以战斗力的内涵、生成模式、生成途径和生成效益为工作牵引，科学谋划心理咨询工作的开展。这就要求部队的心理咨询工作从寻找"有问题"个人的桎梏中挣脱出来，将如何提升全体军人的主观能动性、抗挫能力、心理韧性、团队凝聚力作为心理咨询工作的重要方向，通过开展团体对抗、模拟战斗情景训练对抗战斗应激反应，为战场服务。

（二）军队心理咨询面对的问题特殊

一是军队的心理咨询工作无法脱离军人的职业属性和国际环境的影响"就事论事"，必然与战争相关。目前世界正处于百年未有之大变局，世情国情军情面临多方考验，各方矛盾越来越突出，国际环境不稳定不确定性显著增强，世界进入动荡变革期。作为维护国家安全、守护疆域完整的军人，因职责所在，心理状态必然受到影响，未来战争的残酷将使其承受巨大的生理压力和心理压力，产生紧张、恐惧、抑郁、疑惑等心理问题，甚至在战斗中出现战斗应激反应、战争精神病。有资料显示，第一次世界大战时战斗应激反应的发生率占伤员的38%；第二次世界大战时战斗应激反应的发生率为25%～50%；海湾战争战前多国部队战斗应激反应发生率达39%；在我国西南边境作战中（1884年4月至1989年6月），某战区医院收治各类精神疾病患者230例。由此可见，战争是军人心理问题或心理疾病高发的主要诱因，已成为影响和制约部队战斗力不可忽视的因素，其问题表现为急、难、重，对军人心理素质的训练是心理咨询工作的一大任务。

二是军队心理咨询工作的目标群体是青年军人，其心理问题有普遍性和同质性的特点。青年军人正日渐成为部队的主力军，但是其正处于生理和心理的发展期，人生观、价值观和世界观正在形成之中。一方面他们因生活环境的优越和家庭的溺爱，缺乏社会与生活的磨炼，心理承受能力和适应能力较弱；另一方面他们又在网络中成长，其价值取向多元化或受西方影响大，追求个人独特性与标新立异。部队相对封闭又严格的管理制度，使其身心处在一种高度警戒或对抗状态，长此以往极可能出现各种问题，严重者甚至会崩溃，这就要求心理咨询工作的开展既要关注军人的情绪情感变化，也要关注军人的价值重塑问题。

(三)军队心理咨询的工作方式特殊

一是"灵活服务"。常规的心理咨询工作方式,要求心理咨询师与来访者在固定的时间、固定的时长内完成心理咨询。例如,一名军人因比武压力大来做心理咨询,首先要与咨询师签订知情同意书,然后双方约定咨询时间,并在固定的咨询时长内完成心理咨询。但是实际工作中,由于部队的相对封闭性、任务的不确定性、时间的不确定性,导致军队心理咨询时间和单次咨询时长的不确定,以及地点的不固定。例如,部队经常执行紧急任务,机动性大,存在很多不确定因素,那么咨询工作相对就要随着任务变化,"随机服务"或"见缝插针",需要咨询师具有将咨询工作化整体为部分、集部分为整体的能力。

二是"伴随服务"。军人面向战争的职业特点,决定了其要随时面临战争的考验,但军人作为一个有自然属性的普通人,面对战争的残酷也会产生一定的心身反应。战场上最常见的战争心理创伤就是战斗应激反应。许多精神病专家和心理学家研究发现,在现代战争中,有心理创伤的伤员比例在整个卫生减员中占20%～25%,在遭遇大规模杀伤性武器袭击时将会有约90%的人出现恐惧,10%～25%的人会有战争精神病,可见心理创伤已成为削弱部队战斗力的重要因素。基于此,国际上提出的 PIE 原则是处理战斗应激反应的三原则,即就近(proximity)、及时(immediacy)、期望(expectancy),强调为"伤员"提供必要的情感支持、心理支持和生理支持,在前线及时进行简单处理,以尽快恢复战斗力。这就要求承担心理咨询与心理支持任务的军队心理咨询师,随队工作,及时发现问题并处理问题。

(四)军队心理咨询师的角色特殊

身兼数职,专职少,兼职多。目前,军队从事心理咨询工作的人员较为复杂,主要由三大部分构成,极少是经过专业培训的院校毕业生,多数是经过相关心理培训的医务人员,同时还有大批是分散于连级岗位、参加过短期培训班的政工干部,可以说是身兼数职。对于军队心理咨询师来说,工作起来面临的困难更多,最重要的是需要他们在工作中学会角色分割,不能将行政管理者的角色与咨询师的角色混为一谈,更不能将行政、政工工作与心理咨询工作混为一谈,这就对军队心理咨询师提出了更高的要求。例如,一名军人因年底评功评奖失利产生心理问题,其指导员去做他的心理咨询工作,就不能站在指导员的位置上要求他顾全大局、舍弃名利,而是要站在咨询师的位置上感受他的情绪、心中的痛苦与失落。

二、军队心理咨询的主动性原则

(一)如何理解心理咨询的主动性原则

常规的心理咨询工作是建立在来访者主动求助的基础上的,讲究"不求助不施助",

也就是说，来访者有主动向咨询师寻求帮助的意愿，咨询师的工作也是在来访者的意愿基础上完成的，换句话说在咨访关系的最初，咨询师是被动的一方，是被来访者选中的。但是因军人职业的特殊性和军队心理咨询目的的特殊性，某些常规的心理咨询原则不适合部队，在军人的心理问题影响到部队工作和训练、任务的完成、可能产生隐患的情况下需要心理咨询师采取主动性原则，也就是说咨询师主动靠近，为需要帮助的军人提供心理援助。例如，某新兵入伍以后，不爱说话，不与身边战友主动交流，有时候躲起来偷偷哭泣，训练的时候出现注意力不集中的现象。咨询师发现以后，怀疑其存在抑郁倾向，主动找其聊天，发现他自小没有离开过家，刚到部队不适应，经常想家，经过咨询师的开导，该战士压抑情绪缓解了很多，开始靠近身边的战友。该案例就属于心理咨询师主动去作为。

军队心理咨询来访的对象多数是所在部队的军人，除部分主动寻求帮助或由咨询师发现后主动上前之外，还有一些来访者经常是由所在班排发现其近期情绪、行为或工作表现异常，或与周围战友发生冲突，或其最近家里、婚恋方面存在困难或纠纷，单位领导出于安全和关心的考虑，将其带到了咨询室，要求心理咨询师主动为其做咨询。这种情况下也需要咨询师主动做咨询，为其提供帮助。

从以上的陈述可以看出，咨询师主动做咨询存在两种情况：一种是军人在心理上出了一些问题，影响到工作、生活、训练，自己虽然没有求助意愿，但咨询师从专业的角度对其进行评估后认为其症状比较严重，需要干预，于是主动靠近；另一种是咨询师被要求对无意愿的军人提供心理咨询。这两种情况都属于来访者无求助动机，但咨询师出于部队的需要主动做咨询。这可能给人造成一种错觉，是不是对部队军人遇到的所有问题咨询师都要主动走上前去呢？答案当然是否。咨询师在主动提供咨询时，会有初步的判断，这个判断是以问题的严重程度、是否影响社会功能为主，如一名军人因考核没过，最近几天心情不好，但可以正常训练工作，则无须前去主动帮助。如果咨询师对大小事没有分辨就介入的话，会影响军人的自我成长。针对第二种由他人带来做咨询的情况，通常要向带军人前来的基层主官了解情况，防止其将问题扩大化，或者对军人有固化思维，此后带着有色眼镜看人，在这里干预对象就不只是一个人了。由此可见，主动性原则的使用是有限制性的，并不是对谁都能用。

（二）如何在心理咨询中使用主动性原则

虽然部队的心理咨询坚持主动性原则，但仍然要求咨询建立在尊重的基础之上，确保这种主动不是侵入式的、命令式的或生硬式的。要求咨询师以平等、柔和与体恤的态度，在合适的地点、合适的时间唤起军人主动维护身心健康、主动寻求解决问题或困扰的动力。例如，对于刚入伍的新兵，高强度的训练、严格的纪律要求、高标准的考核，会使其心身俱疲、情绪低落、消极倦怠，甚至产生想放弃军旅生涯的念头，这就需要心理咨询师主动介入，为新兵提供管理情绪、缓解心理压力的方法策略。

下面这个咨询片断,很好地呈现了主动性原则的使用。

咨询师:你好,我是单位的心理咨询师,咱们可以谈谈吗?

某战士:啊?我没有心理问题呀,没有什么要谈的。

咨询师:也许你对心理咨询不太了解,我先给你介绍一下心理咨询是怎么回事,可以吗?

某战士:那好吧,来都来了。

咨询师:心理咨询是运用心理学的理论和方法为来访者提供帮助的,具体体现在两个方面:一方面是心理发展类的咨询,如你在恋爱方面不太顺利,不知道该怎样谈恋爱,如何与某一个女孩建立良好的恋爱关系,怎样产生爱情并最终走入婚姻的殿堂,在这方面心理咨询师可以提供帮助;另一方面是心理健康类的咨询,如你和喜欢的女孩谈了几年,但在你入伍后,她却喜欢上了别人,你失恋了,可能非常痛苦,出现一些情绪反应,影响到工作和生活,在这方面心理咨询师可以提供帮助。从这个意义上讲,每个人都需要帮助,因为每个人都可能在生活中遇到这样或那样的心理困惑,这都与心理咨询有关。

某战士:谈恋爱的事情也可以谈吗?

咨询师:当然可以呀,心理咨询师有保密原则,您对我说的话对我来说都是秘密,不会和其他人谈起。

某战士:如果是这样,我可以信任你。最近确实苦恼,心情不好,和女朋友刚分手,烦燥、火气大,还影响了战友关系,工作也提不起劲。

咨询师:那我们就你最近的情绪问题谈谈如何?

某战士:可以呀。

咨询开始时,这位战士并没有求助的愿望,甚至还有一些抵触情绪,但心理咨询师并没有一副高高在上的样子,而是以商量的口气,又强调保密原则,让战士放松下来,愿意就情绪问题进行咨询。

三、军队心理咨询的价值中立原则

根据《中国心理学会临床与咨询心理学工作伦理守则(第二版)》,心理咨询师秉持价值中立的价值观,不对来访者的价值观、信仰、生活方式、人际关系等方面表示偏见或者进行评判,不代替对方做出重要决定,或强制其接受自己的价值观,以确保对来访者的尊重和对来访者问题的客观关注,从而为来访者提供有效的帮助。

心理咨询师的工作是帮助来访者度过困难时期,处理生活中的复杂问题,需要尊重来访者。一个合格的心理咨询师会在咨访关系中尊重来访者不同的文化和价值观,避免将自己的价值观、信仰和行为强加给来访者。例如,一位男性来访者因妻子生重病而想要离婚,朋友和妻子的家人指责他无情没有担当,来访者觉得很痛苦,于是求助于心理咨询师。若心理咨询师内心不认同来访者的做法,并且没有遵循价值中立的原则,直接指责来访者："你真是个不负责任的男人，你应该承担起照顾妻子的责任，而不是在她最困难的时候抛弃她。"这样的道德教育并不是心理咨询师的职责，没有尊重来访者的同时还可能会给来访者带来额外的心理负担。如果心理咨询师对当事人进行评判，那么他就不是为来访者的利益和福祉而工作。在这个案例中，即使心理

咨询师个人不认同来访者的行为，也应做到不评判，耐心地倾听来访者的观点和感受，帮助来访者梳理痛苦的情绪和内心的冲突，把重点放在处理来访者心理层面遇到的困难，而不是用自己的价值观去影响来访者做出决定。

价值中立原则同样适用于来访者的人际交往。心理咨询师既不能站在故事中另一方的角度去指责来访者，也不能过度共情来访者去指责关系中的另一方。例如，一个年轻的来访者在咨询中诉说父母的脾气暴躁，经常约束来访者，让来访者感到烦闷不自由，常常因此和父母发生冲突，其想缓解这种紧张的关系。如果心理咨询师没有遵循价值中立原则，就可能会站在来访者的角度去指责来访者的父母："你父母的脾气真的太暴躁了，他们根本不是合格的父母，你应该离他们远一点。"又或是站在来访者父母的角度去教育来访者："你父母把你养大不容易，你为什么不能忍忍呢？父母一定是为你好的，你多反省自己身上的问题。"显然，这样的回复不但不利于来访者达到缓解关系的咨询目标，甚至还会加剧来访者与父母的矛盾，违反了咨询中价值中立原则。在这个案例中，心理咨询师不应该站在裁判员的角度去评定来访者关系中的是非对错，而应把重点放在处理来访者的咨询目标——缓和与父母的关系上，帮助来访者处理和父母相处时产生的负面感受，探索有效并适用于来访者的应对技能和沟通方式。

军队心理咨询的最终目的是要发挥每名军人的潜能，提高战斗力，形成上下统一的战斗集体，那么心理咨询师就承担着双重角色，既是咨询师，又是价值引导者。可能会有意无意地遵守部队的要求，把自己的价值观或部队的价值观灌输给来访者，也往往被要求将集体的价值观灌输给来访者，解决来访者心理困扰让其融入集体，这种做法在部队属于常见现象，但这并不意味着心理咨询师要无条件地价值中立，不对来访者的价值观进行引导。对于来访者的一些违反部队规定、社会规范的不正确价值观，心理咨询师一样有义务进行积极引导，给予必要的价值干预。

四、军队心理咨询的保密原则

"我可以告诉你一个秘密吗?"几乎每个人都曾被朋友或家人问到过这个问题。询问的人通常是在面临个人难题或困惑时,希望寻求支持和建议。如果倾听者承诺保守秘密却没有做到,那么分享秘密的人就会产生被背叛的感觉,如果是朋友,关系会因此破裂或疏远,但如果是一名专业的心理咨询师违反了保密规定,则可能要付出个人名誉受损、失去工作和吊销营业执照的代价,而且可能会因玩忽职守或违反合约而被告上法庭。保密,既是对心理咨询师提出的最基本、最重要的要求,也是对心理咨询师的保护。

心理咨询师应对来访者的个人信息和咨询中讨论的内容严格保密。心理咨询师应按照法律法规和专业伦理规范在严格保密的前提下创建、使用、保存、传递和处理相关信息(如个案记录、测验结果、录音、录像等)。心理咨询师因工作需要在案例讨论或教学、科研、写作中使用心理咨询或治疗案例时,应隐去可辨识身份的个人信息(如姓名、家庭背景、体貌特征等),保护当事人隐私。

保密是心理咨询师获得来访者信任的重要原因。即使在安全环境下,来访者在向心理咨询师暴露个人信息时内心依然会有矛盾和担忧。一方面他们感觉自己很需要支持和指导;另一方面会担心心理咨询师听到他们感到难为情的想法和感受时会对其产生消极的评价。因此,只有当他们确信倾听者是值得信赖的,而且不会因为他们的不完美而斥责他们时,他们才会分享自己的秘密。例如,一名来访者在咨询中可能谈到自己不喜欢吃西餐、听音乐或者锻炼,这些信息虽然并不是非常私人化或者令人尴尬,但如果这些对话发生在咨访关系内就必须保密。因为通过保护来访者最微不足道的隐私,心理咨询师是在向来访者保证,即使暴露更多的私人信息也是很安全的。

保密问题涉及伦理原则与道德基础。保密问题所涉及的最重要的伦理原则是自主性原则和诚信原则。尊重自主性,即赋予来访者决定哪些私人信息可以被公布,哪些不能的权利。对保密性的破坏会打破一个人对世界、对他人、对社会的安全感,也是对人的尊严和隐私的侵犯,影响深远。保密问题以诚信为基础,因为心理咨询师已经正式或非正式地向来访者承诺过不会将来访者的信息泄露出去。

此外,保密问题还涉及善行原则和无伤害原则,因为违背保密性会让来访者感到被欺骗,从而导致他们不愿意再进行咨询。来访者不可能从一个他们不信任的人那里获得帮助。破坏保密性还可能使来访者处于危险之中,如果将一个已婚女性的出轨信息泄露出去,就可能使其面临家庭解体、他人攻击、工作环境中被歧视的危险。如果来访者的一个令人难堪的隐私被泄露出去,会使其感觉颜面扫地,停止咨询。最重要的还可能导致其对整个行业失去信任,使本可以从咨询中获益的来访者由于不信任心理咨询师而不愿接受咨询。

保密问题突显心理咨询师的人品与职业素养。从道德层面来讲,心理咨询师严格保守机密是他们正直、诚信和值得信赖的体现。捍卫来访者的隐私意味着对来访者真正意义上的支持。要求心理咨询师必须正直诚信,因为保守秘密,尤其是保守一些与心理咨询师有共鸣的秘密可能是很困难的——人人都有分享经历的冲动。

来访者对于治疗过程存在着某些预设,他们通常会假定心理咨询师是专业人士,受过专业的训练,他们可以信赖,因此他们会将要求保密这一步骤忽略。如果秘密被泄露,来访者的背叛体验就会更加强烈。

但万事皆有度,保密原则并非是对咨询的所有内容,对心理咨询中的保密性有一定的限制,在以下情况中,心理咨询师可能需要突破保密原则。①发现来访者有伤害自身或他人的危险;②不具有完全民事行为能力的未成年人受到性侵犯或虐待;③法律规定需要披露的其他情况。遇到保密例外的情况,心理咨询师有责任向来访者的合法监护人、可确认的潜在受害者或相关部门预警,并按照最低限度原则披露有关信息。心理咨询师有责任在心理咨询开始时向来访者说明工作的保密原则及其应用的限度、保密例外情况并签署知情同意书。

五、军队心理咨询中避免双重关系原则

心理咨询作为一项特殊的心理健康服务,它要求咨询师与来访者之间建立专业关系,心理咨询师承担或扮演着倾听者和引导者的角色,帮助来访者疏解情绪,解决心理困惑。心理咨询师与来访者之间除了专业关系之外,还有可能存在或发展出其他具有利益和亲密情感等特点的人际关系。来访者在咨访关系之外可能同时是咨询师的学生、朋友、家庭成员、同事或商业伙伴。这种双重关系可能对心理咨询师的专业判断造成不利影响。例如,来访者因工作上的人际关系焦虑前来寻求心理咨询师的帮助,但心理咨询师和来访者在同一个部门工作。那么在咨询中,来访者可能会不敢和心理咨询师谈对部门其他工作人员的不满和意见,如果来访者在咨询中如实说了这些信息,也可能在咨询结束后担心心理咨询师会泄密,或对自己产生负面看法,从而产生额外的担心和焦虑。这种情况下,来访者就不能真实地在咨询中表达。

心理咨询师不能和朋友及亲人建立专业关系,因为心理咨询师无法保持客观、中立的专业态度。例如,朋友因情感困扰而向心理咨询师寻求专业帮助,心理咨询师和朋友及其伴侣在生活上交往甚密,那么心理咨询师对朋友和其伴侣的既有看法和了解,就会影响其客观中立地倾听和处理来访者的问题。

心理咨询师不得与来访者或其家庭成员,在咨询期间及咨询结束后至少3年内发生任何形式的亲密关系。同时,心理咨询师不得给与自己有过任何形式的亲密关系者做心理咨询或心理治疗。心理咨询师和来访者之间的恋爱关系,通常会给来访者留下极端的情绪干扰、内疚感,以及信任能力受损。研究表明即使咨询结束,咨询中的不平衡关系仍然存在,这种情况下的恋情通常会对来访者造成情感上的伤害。3年后如果发展此类关系,心理咨询师应确保此关系不存在任何剥削、控制和利用的可能,同时要有可查证

的书面记录。

对军队心理咨询来说，双重关系总是以各种方式存在着，如单位的心理咨询师负责全团的心理咨询工作、卫生机构心理医生负责所隶属辖区的心理咨询工作，甚至有的指导员担任心理咨询师角色，是直接的上下级关系，双重关系根本无法避免，在这种情况下心理咨询师应该诚实地告知来访者，清晰地解释双重关系的风险，并充分尊重来访者取消咨询或更换咨询师的决定。如果提供咨询的心理咨询师是一个单位的指导员，可以申请由其他单位的心理咨询师进行，这样就使双重关系弱化一些。同时，心理咨询师应采取专业措施进行预防，如签署知情同意书、寻求专业督导、做好相关记录，以确保双重关系不会影响自己的专业判断，并且不会危害来访者。

由此可见，心理咨询中的边界维护是将咨访关系与其他类型的关系区分开来的重要标志。咨询中的边界侵犯与边界跨越有很大不同。心理咨询师的边界侵犯对他们的来访者是有害的，而边界跨越则不是，而且可以是非常有益的。有害的边界侵犯通常发生在心理咨询师和来访者之间的剥削性双重关系中。例如，与当前来访者有性关系或剥削性的商业关系，心理咨询师通过这种关系给自己谋取经济利益。并非所有的边界跨越都构成双重关系，边界跨越也可能是咨询计划的一个组成部分。例如，对卧病在床的老年人进行定期家访。

六、军队心理咨询师的个人成长

心理咨询师作为一个与人的心灵打交道的职业，自身的素质和工作的能力关乎来访者的身心健康、未来发展。心理咨询师的成长在某种程度上要比咨询知识的获得、咨询方法的掌握、咨询技能的多样化更重要。著名心理咨询大师艾培尔认为："在心理咨询过程中，咨访双方最好的资源就是心理咨询师本人。"有的专家提出"影响心理咨询效果的关键因素是咨询师的态度、力量和精神状态"，甚至有的专家提出"心理咨询师能走多远，来访者才能走多远"，这些描述充分说明了心理咨询师个人成长对咨询所起的重要作用。

（一）心理咨询师个人成长的重要性

①心理咨询师的个人成长有助于预防职业枯竭。心理咨询既是一份高度专业化的工作，也是一个高危行业。在一个相对封闭的环境中工作，以一对一直面交流的方式为来访者提供咨询服务，接触到的大部分是人们的痛苦、负面情感等消极问题，甚至在危机干预时面临强烈的情感冲击。作为人的本性，心理咨询师在共情的过程中会有一定程度的代入，如面对一个丧失孩子悲痛欲绝的家庭，按照职业伦理道德，要求心理咨询师为来访者提供无条件的情感支持，但是如果长期的付出得不到理解和支持，会导致心理咨询师职业倦怠，对情感反映迟钝。因此，寻求督导、寻求支持都可以最大限度地预防职

业枯竭现象。

②心理咨询师的个人成长有助于完善自我意识。心理咨询师在咨询过程中需要时时刻刻保持清晰的自我意识,要分清楚情感、认知、行为哪些是自己的,哪些是属于来访者的,或是由来访者引发的,进而对咨访关系有明确的限定。反之,如果心理咨询师在咨询过程中无法分清彼此的情感、认知、行为,没有清晰的自我意识,就无法分清是自己将未完成情结投射到来访者身上还是来访者本人真正的情感、认知、行为,从而失去中立态度,耽误治疗或引起其他不良结果。例如,一名来访者因婚恋问题前来咨询,而心理咨询师也面临着婚姻的困境,就有可能在咨询中有过激的情绪去指责女方,失去治疗的方向。因此,需要心理咨询师关注个人成长,避免对来访者造成二次伤害。

③心理咨询师的个人成长有助于咨询效果的提升。心理咨询师个人的品行、状态直接影响心理咨询的效果。来访者在咨询过程中感受到的不仅是心理咨询的理论与技术,还是一种生活理念、生存哲学、生活态度的传递。心理咨询师不仅帮助来访者解决过去的问题,还要帮助来访者学会更好地生活,心理咨询师本人就是生存哲学的表率。

(二)心理咨询师个人成长的途径

1. 重视基础理论与技术学习

心理学理论与技术的学习有利于促进心理咨询师个人身心健康,提升岗位胜任力,以更好地满足专业工作的需要。心理咨询师应重视专业发展,跟进持续发展的理论研究和实践技术。例如,认知行为疗法、精神分析、人本主义、焦点解决短期疗法等,了解这些不同流派背后的理论及其应用、技术、优势和局限,将有助于心理咨询师处理各种来访者的情况,为不同问题的来访者制定合适的干预措施。又如,对于创伤后应激障碍的来访者,认知加工治疗、眼动脱敏疗法和长时间暴露治疗是临床上最常用的治疗方式。

2. 参加个人体验咨询

个人体验咨询指心理咨询师本人找到适合自己的心理咨询师(或督导),并在对方的跟踪下开展长期的、固定的心理咨询。心理咨询的工作是为来访者提供心理服务,帮助来访者调整心理状态,处理心理困惑,使其回到正常的、健康的生活工作轨道。这种变化在来访者身上是如何发生的,或者说咨询是怎样达到效果的,心理咨询师本人首先就要体验咨询,成为来访者。一方面,心理咨询师要处理其自身未完成情结,以防在咨询中对来访者产生不恰当的反移情,直接影响对来访者的理解和认识,更影响咨询的方向和咨访关系的稳定性。例如,心理咨询师可能因早年爱的缺失,会过度保护一个让他们想起自己过往的来访者,从而偏离价值中立原则。另一方面,心理咨询师在体验咨询的过程中,能够客观地了解自己,发现自己的长处与短处,在工作中能够做到扬长避短,持续提升对不同类型来访者的服务能力。

3. 督导

督导对于心理咨询师的实践是至关重要的。心理咨询师应选择合适的督导师，对其咨询案例进行剖析。一方面，督导是向更有经验的从业者寻求指导和检视的重要方式，从而支持和确保心理咨询师脚踏实地，遵守专业和道德的底线，促进自我照顾以避免职业倦怠；另一方面，可以在督导中获得咨询工作中担忧和困难的解决之道。督导更是让心理咨询师在问题变得严重之前有机会对其进行干预和解决，为心理咨询提供了一个反思和获得反馈的机会，有助于心理咨询师确定自己需要提高技能的领域，并获得相关的课程和资源推荐。

4. 自我照顾

心理咨询师应了解压力和职业倦怠的影响，制订自我照顾计划，促进个人心理健康，降低职业倦怠发生率。很多研究都表明，治疗关系的质量比任何其他因素更能预测咨询的结果。因此，心理咨询师本身是有效咨询的一个重要组成部分，促进心理咨询师的身心健康至关重要。当心理咨询师身心健康时，就能更好地与来访者建立联系，在工作中更加专注和富有创造性，并能减少临床错误。咨询中同理心使心理咨询师能够感受到来访者的痛苦，但也会增加心理咨询师在工作中的脆弱性和自我情感的耗竭。因此，心理咨询师需要有稳定的渠道来获得和接收情绪支持与能量，否则最终会耗尽自己，失去向外给予的基础，不能有效地帮助来访者。心理咨询师的自我照顾计划应该包括保障充足的睡眠、健康的饮食和有效的体育锻炼，以及适当参加同辈支持活动，有助于防止职业隔离，减少孤独感。

（编者：余苒）

第二节 军人常见心理问题的咨询与疏导

一、军人适应问题的咨询与疏导

适应（adaptation）原指生物体各层次的结构与功能相协调，并且这种结构与相关的功能适合于个体在一定环境条件下的生存和延续。在军人心理学中，其特指个体与环境的平衡过程，是个人对于生活中内在、外在的各种改变均能采取正面接受的态度，并且在这一动态发展过程中，达到稳定状态。适应可分为心理适应、生理适应和社会适应。军人的适应包括4个方面：一是对军人角色的适应，如对服从命令、英勇顽强和不怕牺牲的适应；二是对军事作业环境的适应，如对军营环境、任务环境和战场环境的适应；三是对军队生活的适应，如对严格管理、严明纪律和特殊军事任务的适应；四是对军事训练的适应，如对体能训练、全副武装行军、野外生存等训练的适应。

军人需要有适应变化的能力，但适应过程中难免会出现不同程度的问题。军人适应障碍是指对于某一明显的处境变化或应激性事件，军人所表现出的情感障碍或适应不良行为。这些军人可能伴有人格障碍，一般不出现精神病性症状，在处境变化或应激性事件后起病，随着时间的延长、刺激的消除或经过调整形成新的适应而缓解。出现明显症状1个月以上的需要引起关注并可申请到专科就诊，一般适应障碍不超过6个月。

（一）军人适应问题的表现及影响因素

军事活动受到自然环境、人造环境及诸多要素的制约和影响。近年来，与军事有关的技术进步给军人的生存环境带来了翻天覆地的变化，海、陆、空、电磁甚至太空都成为现代战争的必争之地。军人的作业环境涉及与日常生活显著不同的环境，如高原、海洋、热带丛林、太空等。虽然先进的武器装备和智能化设备用于战场，取代了部分曾经必须由军人来完成的工作，但这对军人的感知力、反应力、决策力和判断力、身体力量等提出了新的要求。因此，军人如何适应现代战争的变化和战场环境的复杂性，成为重要的课题。军事作业环境中的心理研究，一方面关注特殊环境对人心理和生理的影响；另一方面研究如何防护和适应环境，为制定作战策略提供重要的科学依据。军人适应问题的心理表现有以下5个方面。

①以情绪问题为突出表现的适应障碍：多见于抑郁者，表现为情绪低落、沮丧、失望、对事物失去兴趣或兴趣下降，或紧张不安、心烦意乱、心悸、呼吸不畅等。

②以品行问题为突出表现的适应障碍：表现为侵犯他人的权利或违反社会道德规范，如逃避训练和正常工作、斗殴、破坏公物、说谎等。

③以躯体不适为突出表现的适应障碍：以疼痛（头、腰背或其他部位）、胃肠道症

状（恶心、呕吐、便秘、腹泻）或其他不适最为突出，而检查又未发现躯体有特定的疾病，症状持续不超过6个月。

④以认知功能下降为突出表现的适应障碍：原本学习工作能力良好，但出现了注意力不集中、记忆力下降、学习困难等问题。

⑤以社会功能受损为突出表现的适应障碍：以社会性退缩为主，如不愿意参加集体活动、不愿工作，常闭门在宿舍，但需要与抑郁或焦虑相区别。

（二）常见军人适应问题的心理咨询与疏导

在部队开展心理咨询工作，适应问题是较为常见的心理问题之一。如果不能及时疏导干预，将对军人的心理健康产生严重的影响，甚至影响其工作和任务的完成。因此，心理咨询师应从以下几个步骤入手，熟练掌握适应问题的心理咨询技术。

1. 个案评估

（1）心理评估阶段的整体工作思路与程序

军人因为环境改变、身份改变、任务改变等现实变化前来咨询，一般能直接反映出自身存在的适应问题。因此，在心理评估阶段心理咨询师首先应该明确军人所处的环境、在该环境中的角色任务、产生的症状、对社会功能的影响程度、持续的时间、社会支持系统的作用等。其次应该明确军人对所处环境的认知、行为模式、产生的体验等，还应明确军人的个性特征、对自己角色的期待及对团队的期待。按照心理评估的工作程序进行个案概念化。也就是说，在这一阶段，心理咨询师需要依据某种心理咨询理论对求助者的问题进行理论假设。具体来讲，就是心理咨询师针对求助者的问题获取相关的信息，并将获得的信息加以有意义地综合，利用自己所采用的理论流派进行临床假设和问题解释，从而进一步形成对求助者的理解并形成咨询计划的过程。例如，一位刚刚经历岗位变化的军官前来咨询，如果采用认知行为流派的咨询方法，心理咨询师需要首先了解其主要的情绪感受和相关症状，以及其对自身痛苦的理解。然后采用认知行为流派的理论对求助者进行个案概念化：求助者感到压抑和焦虑，可能与其对岗位变化的认知相关。在这一基础上进行咨询计划的拟定、家庭作业的布置、咨询的设置等。如果采用精神动力流派的咨询，则需要收集求助者的成长过程、家庭环境、心理防御机制、移情与反移情等信息，在做出精神动力学假设（情结、潜意识冲突、人格结构等角度）的同时，鼓励求助者通过觉察、自我反思、自由联想和暗示等方法改变自身感受。短程焦点解决是一个心理咨询的流派，和前面的精神动力流派、认知行为流派并列，需要在充分了解求助者面临的问题后，建立求助者有能力解决自身问题的假设，帮助求助者挖掘其自身的积极资源（寻找例外）并充分利用，在咨询中找出一两个可以使用的解决方法，同时鼓励求助者去尝试。

（2）对军人适应类心理问题症状及严重程度的评估

首先，将军人适应类心理问题具体化。

有些军人求助者前来咨询，自己能够将自身存在的问题、性质及原因等叙述清楚。例如，"我来藏区执行任务半年多了，但我很不适应高原环境，经常头痛，有时失眠，我真不愿意在这里工作了，工作热情远不如从前，有些得过且过，为此指导员还找我谈过话。我是军人，还是班长，应该起模范带头作用，我知道我不该抱怨，可是总盼着早点结束任务回到内地营区去"。心理咨询师从中可以明确地知道军人所处的环境变化、症状表现、产生问题的部分原因，还知道了其愿望和期待等。由此可以对求助者的问题做出明确的判断和归类。

但有些军人前来咨询，自己不能将自身存在的问题、性质及原因等叙述清楚。例如，"我以前工作表现良好，连续几年被评为优秀士兵，还立了一次三等功。现在不仅表扬没我的份儿，还时常挨批评，我心里很不舒服，都是军人，怎么差别这么大啊！"在这个案例中，求助者详细描述了自己过去的工作状态，以及当前心理的不平衡感，但没有提及因何产生了明显的变化。此时心理咨询师可以沿着以下思路去收集资料信息：以前的成绩是在什么环境下产生的，由经常受表扬变化到挨批评是从什么时候开始的，可能存在哪些原因，是否存在环境变化因素，是否存在人际关系矛盾，这些变化产生的后果及严重程度如何，持续时间等。然后去收集求助者的认知、情绪、行为模式的相关信息，以及以往采用的心理调节方法等。由此对求助者的问题做出判断和归类。在这个案例中，求助者没有提到环境适应和角色适应问题，但心理咨询师应该考虑求助者是否存在适应问题，并进行提问、澄清和核实，明确具体的适应问题。

其次，识别军人适应类心理问题的具体症状。

心理咨询师应该从以下几个方面入手，寻找症状识别点：①症状和问题的出现与环境变化、身份角色变化、工作任务变化相关。②症状可能以情绪问题、品行问题、认知问题、躯体不适或社会功能受损的形式表现。③症状表现中不包含精神类症状，如妄想、幻觉等。④症状和问题的持续时间一般在1～6个月。

最后，评估军人适应类心理问题的严重程度。

军人适应类心理问题严重程度的评估，可以从3个维度判断，即内心痛苦的程度、社会功能损害的程度及病程持续的时间。求助者内心痛苦的程度可以根据其内心体验做出轻度、中度、重度的判断，也可以借助症状评估量表对其情绪体验做出程度判断。社会功能损害的程度主要是适应问题在多大程度上影响了军事作业的开展，以及是否出现了泛化、回避等，可以按轻度、中度、重度来划分。症状持续的时间一般可以用短、中、长来区分。1个月以内为短，不到6个月为中，6个月以上为长。要综合分析军人适应类心理问题的内心痛苦程度、社会功能损害程度及病程持续时间等，对其适应障碍的严重程度进行评估。同时要注意与精神病性障碍、应激障碍、情绪障碍等精神心理问题相区别。

（3）原因分析

军人适应类心理问题可能存在多种原因，但主要集中在生理原因、社会原因和心理原因。心理咨询师应该启发求助者进行原因分析，找到产生的原因，有针对性地实施帮助。①生理原因。在军人环境适应类心理问题中，可能存在生物学原因，如男、女军人的性别差异导致的生理机能差异，以及高原环境带来的缺氧和海上环境带来晕船的挑战。军人所处的特殊环境可能直接对军人的生理感受和生理指标产生影响。②社会原因。在军人适应类心理问题中，可以发现非常明显的社会原因。第一，军人肩负着保卫国家安全的重任，无论是在大众群体中，还是在军人群体中，都不可避免地带来角色期待，从而有一定的角色适应压力。军人的角色期待与一般社会角色期待有所不同，具有期望高、要求严的特点，这与我军的光辉历史是息息相关的。第二，军人在特殊环境下的任务要求高，容错率低，社会关注度高。同时面临个人通信不畅、父母无人照顾、家庭角色缺位、人际关系变化等问题。第三，由于军人职业的特殊性，相对来说缺乏与外界的沟通和交往，加上常年与家人两地分居，容易使军人在适应过程中不能很好地利用社会支持系统。③心理原因。在军人环境适应类心理问题中，最主要的是心理方面的原因。第一，认知因素。某位战士认为"在高原待久了，自己的身体会受到严重的影响"。受这种认知的影响，他在高原上就表现出恐惧。某位军士被调动了岗位，他认为是"有人给自己使坏"，因而产生了人际关系的矛盾。某位干部认为"单位不该让我转业"，对转业的事情耿耿于怀，长时间被负面情绪困扰。第二，行为模式因素。某些军人的行为模式消极退缩，对待环境改变不是主动调整、适应，而是怨天尤人，并形成消极暗示以至于恶性循环。例如，"都是自己命不好，偏偏来到这个单位"，故而天天消极怠工，得过且过。第三，情绪因素。在特殊环境下某些军人产生了消极情绪，这些军人缺乏主动调整、控制自己情绪的意识和技巧，任由情绪主宰自己，因而加剧了问题的严重程度。第四，个性因素。军人群体的个性特征呈现出多样性，其中不乏意志力薄弱、消极悲观的军人。相对来说，有些军人不愿意暴露问题，不轻易求助的特点给心理问题的解决带来一定的负面影响。

2. 心理咨询的程序及操作要点

（1）心理咨询的思路与要点

在军人适应类心理问题咨询中，心理咨询师应该做到以下几点：第一，致力于帮助求助者主动适应环境变化，而不是期待环境改变以适应自己。第二，帮助求助者尽快接纳现实，而不是怨天尤人。第三，帮助求助者通过调整认知方法，矫正"非黑即白""糟糕至极"等认知偏差。培养成长型思维，以减轻环境变化、训练任务变化、角色改变等因素对自身的影响。第四，帮助求助者建立积极的行为模式，鼓励其采用宣泄、转移、控制、升华等应对方式。

（2）军人适应类心理问题的咨询重点

第一，促进求助者接纳现实。在军人适应类心理问题咨询中，经常遇到的可能是某些军人不接纳现实，明明环境已经发生改变，还在期待自己满意的环境，产生了对环境的强烈抵抗，并由此产生负面情绪。对此，心理咨询师如果采用短程焦点解决的方法进行咨询，应该帮助求助者寻找积极资源，把抵抗环境变化的力量调整到如何适应环境上来。

求助者：我们原来的驻地很美，是全军区评选的花园式营区。可来此地执行任务后全变了，没有现成的营房，连活动的地方都没有。高原缺氧，总是头痛，有时头像要裂开一样。蚊子还特别多，经常被咬得浑身起包。吃的也不好，主要是蔬菜太少。我时常想要是不来就好了。

当年我入伍时可以去海军的，天天在军舰上该多好啊！真没想到现在却待在兔子都不愿意待的地方，我真是倒霉透了，来后一直心情不好。

心理咨询师：你们原来的营区很美，现在这里条件很差，让你很不舒服。我想如果我在这里久了，也会有这种不舒服的感觉，所以我很理解你的感受。（咨询师真诚的自我开放，达到了共情的目的）

求助者：就是，这不是我一个人的问题，很多战友也这样。

心理咨询师：环境变化如此之大，确实让人不舒服。有没有一些时候是让你感到还挺开心、挺舒服的呢？（引导求助者探索例外）

求助者：让我想想看，也许有吧。

心理咨询师：回忆一下具体的情景。（心理咨询师鼓励求助者表达）

求助者：我记得有一次班里一个战友执勤回来带了一把路边摘的野花，分给我们一人一朵，还说这个花蕊里面有蜜，很甜，让我们尝一下，我舔了舔，真的很甜很香，我那天觉得特别开心。

心理咨询师：你认为那天是哪些因素让你感到不那么难受了？

求助者：我觉得可能是战友的分享，也可能是因为那个小花的蜜真的很甜，让我有点意外和惊喜。

心理咨询师：很棒啊，你看这里的生活也不全是难受。你一下就找到了小快乐、小惊喜。

求助者：可是以后并不会每天都开心啊。

心理咨询师：那我们来讨论一下，我们可以做点什么能产生分享的快乐和一点点小惊喜？

求助者：如果我把带来的老家特产分享给班里的兄弟们，他们也会开心吗？

心理咨询师：我觉得你可以试试看，作为分享者，你会不会也感到快乐。

求助者：好的。老师我明白了，我也可以自己制造一些小惊喜，让自己快乐。

第二，帮助求助者调节情绪，开始积极的适应行为。在军人环境适应类心理问题的咨询中，某些军人因不接纳现实而不停地抱怨，因抱怨产生消极暗示，加重了身体症状和情绪症状，形成恶性循环。对此，心理咨询师可以采用认知行为流派的方法帮助求助者处理情绪。

心理咨询师：刚才咱们谈及，你来以后感觉很不舒服，经常头痛，有时头像要裂开一样，你怎么看待这样的症状？

求助者：我感到非常害怕，我怕这种环境会对我的身体造成某种不可逆的伤害。

心理咨询师：这里是高原，可能会有高原反应，你了解高原反应的原因吗？

求助者：其实我是知道的，也听军医说过，高原反应并不会影响我的健康。等我适应了或者回到海拔低的地方就好了。

心理咨询师：可能我们需要做的，不是调整环境，而是调整你自己对高原反应的想法。具体地说，就是改变你认为高原反应会对身体造成不可逆的损害的想法。

求助者：是的，我很担心自己的身体状况，因为我上小学时生过一场病，之后就变得体质很差，经常生病，我妈妈为了照顾我，就要经常请假。

心理咨询师：所以你觉得身体健康很重要，否则就会影响妈妈？

求助者：是的！而且，我也很担心未来如果我身体不好了，我就不能很好地照顾妈妈。

心理咨询师：嗯，你是个很孝顺的孩子，很顾及他人。但是我们现在需要先弄明白为什么我们会形成"我身体有反应就会影响未来的健康"这样一个信念。

求助者：我想可能是因为我小时候的经验吧。

心理咨询师：但是你入伍的时候身体状况很好，还通过了入伍前的体格检查，对吗？

求助者：是的。

心理咨询师：你觉得你小时候的身体不舒服真的会影响未来的健康吗？

求助者：好像并不会。

心理咨询师：你看，我们其实一直在用一个错误的信念来帮我们理解生活，所以总是得到一些消极的结果。

求助者：（思考）您是说我一直因为身体不舒服而焦虑，并没有道理。

心理咨询师：我觉得你已经有答案了。

第三，引导求助者逐步改变，建立主动适应的思维方式和信心。在军人环境适应类心理问题的咨询中，心理咨询师可以采用精神动力学的方法，用促进反思和觉察及积极暗示的方式，鼓励求助者把对环境的抵抗转变为自己主动调整、改变，主动适应军营环境，达到个人与环境、个人与团队、个人与岗位的和谐匹配。

求助者：上次你谈及要想解决情绪困扰问题我应该进行主动的调整，我该怎么做呢？

心理咨询师：你针对这个问题想到过什么？

求助者：我想过自己应该改变想法，积极主动地适应环境。

心理咨询师：很棒啊，你看你自己是有办法的。你感受到自己的改变了吗？

求助者：什么改变？

心理咨询师：你还记得第一次来见我时你的样子吗？垂头丧气，问什么都说"可能是吧""不知道啊"。你看现在的你，坐在椅子上腰板都是直的，说的话让人感觉你很有自己的想法。

求助者：（思考）好像是不一样了，这是怎么回事啊？

心理咨询师：你自己总结一下呢？

求助者：我觉得可能是我真的在面对自己的问题了。我也真的有了一些行动上的改变，让我更有信心了。

心理咨询师：你感受到了自己的变化，也觉察到自己的行动带来的积极影响，我想，你应该可以重新理解你原本的问题了。

求助者：其实我一直觉得来到这里的不适应，像我刚上高中的时候，总觉得自己的学习基础不如城里的孩子，很自卑，也没有信心。所以那时候我也一直觉得哪儿哪儿都不舒服，每天都不开心，也没有什么朋友。

心理咨询师：你联想到过去的经历，似乎和现在的感受很相似，你觉得两个事情之间，有没有什么联系呢？

求助者：我想想……可能是我对新环境的茫然，激发了我曾经面对新环境的不自信，让我仿佛又置身于过去的处境里……我好像有点懂了，我应该意识到我现在不一样了，我长大了，我不再是那个从来没进过城的高一男孩了。

心理咨询师：你看你这么聪慧，一下子就理解了自己。

（3）军人适应类心理问题的咨询难点

第一，军队的心理咨询师和求助者处在同样的环境中，困扰求助者的某些问题可能同样困扰着心理咨询师自己，很容易感同身受，认同求助者的问题。心理咨询师应把握和掌控共情的界线，区分共情与同情，在具体的工作生活中，掌握与求助者的交往距离。

第二，有些求助者产生环境适应问题的原因在于存在认知偏差，并采用消极、不合理、无效的行为模式解决问题，心理咨询师应该对此有高度的敏感性，启发引导求助者进行认知调节，鼓励求助者用积极、合理、有效的行为模式解决环境适应问题。

第三，有些求助者已经发现了自身存在的心理问题，也有解决问题的愿望，但解决问题或改变自己需要做出努力，因而在某些求助者身上又出现了阻碍咨询的因素，即阻抗。心理咨询师必须帮助求助者克服阻抗，才能使咨询产生积极的效果。

3. 注意事项

①对适应类心理问题，应找到明确的环境改变、角色改变或任务改变的诱因，避免将没有环境和角色改变的心理问题归类为适应问题。

②心理咨询师应该注意自身工作的目标和界线，避免一味认同求助者，避免思想问题和意志问题的混淆。

③某些求助者存在不同程度的躯体、心理症状，心理咨询师应该加以识别，避免误诊，并分别对待。

④某些求助者的症状可能比较严重，在此情况下，心理咨询师也可以建议其到精神专科或心理专科就诊，酌情使用药物治疗。

二、军人人际关系问题的咨询与疏导

（一）军人人际关系问题的表现及影响因素

军人人际关系是指在军队生活、训练和实战的特殊环境中，军人在交往中所表现出来的受个体人格特点调节的一种心理关系，反映了交往中的深度、密切度、协调性等心理方面的联系程度。它由认知、情感和行为的3种心理因素构成。军人人际关系包含原有的亲属关系，如父子、母子、兄弟姐妹等关系，以及原有的社会关系，如同学、朋友、同事等关系；也包含在部队特殊环境中的关系，如同事关系、战友关系、上下级关系等。在军人群体中，人际关系具有组织功能、激励功能、协调功能和教育功能。本部分将重点讨论军人在军营环境中人际关系问题的表现形式和心理咨询与辅导的方法等。

1. 军人人际关系问题的种类

建立并维持良好的人际关系，是人的基本社会需求，良好的人际关系可帮助人实现自我了解，也可达到自我实现与自我肯定的目的。同时，人际关系可用来自我鉴定社会心理是否健康。军队是执行特殊任务的群体，军人在军营的集体生活中会建立和发展与这一群体特征相适应的人际关系。良好的人际关系可以实现情感交流和信息交换，得到有效的社会支持系统的帮助，获得精神或物质的满足，对于军人来说，能使其感到被他人理解和接纳，充分发挥自己的能力，促进其完成各项任务，并享受健康快乐的军营生活。而一旦军人的人际关系遇到困难，必将影响其心理状态，对学习、训练、生活等产生不利影响。由此可见，人际关系问题是军人心理健康非常重要的影响因素。军人常见的人际关系问题，主要包含以下几种类型：亲密关系问题、亲子关系问题、上下级关系问题、战友间矛盾冲突问题。

2. 军人人际关系问题的表现

①社交回避。一般来说，羞怯是一种正常的情绪反应。在日常生活中，每天都会接触各种各样的人，也必定会有一定的情绪倾向与情感反应。人有七情六欲，羞怯，人人都可能体验到，问题是反应的强烈程度不同。一般的羞怯心理所引起的生理反应是短暂的，它不仅无损于身心健康，而且也是健康心理的表现，一个不懂得羞怯的人，必定是个无责任心的人。但是羞怯心理的反复产生与体验，容易引起恶性循环，导致一部分人产生交往恐惧，表现为不敢主动讲话，在公共场合容易面红耳赤，时常在人际场景中处于非常紧张的状态。社交焦虑是军人群体中常见的人际关系障碍，是指个体对正常的社交活动有一种异乎寻常的紧张不安的内心体验，从而出现回避反应的一种人际交往障碍。青年军人处在人格发展的重要阶段，在军营生活中，应该鼓励其建立和维系良好的同伴关系和战友关系，但有些军人一到具体交往或别人主动与自己打交道时，就会出现不同程度的回避反应。

②孤独心理。有的军人自身性格内向，不善交往，对于火热的军营生活心存芥蒂却又抱怨别人不接纳自己。心理学将这种心理状态称为闭锁心理，同时把因离群索居而产生的一种无依无靠、孤单烦闷的不愉快的情绪体验称为孤独感。人际孤独则是指在人际交往过程中因交往障碍而带来的孤独体验。可能的原因有：一是踏入军营是独立的开始。青年军人处于人生发展中由不成熟走向成熟的过渡时期，刚刚走出家门踏入社会，实践范围逐步扩大。脱离了对父母的依赖和追随，初入军营让他们产生不安和紧张的情绪。尤其是面对军营的严格管理，与战友交往中产生一些挫折，就容易自我封闭，转向自我的内在交流。二是自我意识的发展。青年军人的心理发展几近成熟，他们已基本能正确进行自我观察、自我评价和自我调控。随着自尊心的增强，在集体中的个人往往担心自己的某些缺点会被人耻笑，为保护自己而选择封闭。

③嫉妒心理。就是个体内心对他人的优越地位产生不愉快的情绪体验，人称"红眼病"。它是对别人的优势以心怀不正为特征的一种不悦、怨恨、恼怒、自惭形秽甚至带有破坏性的负面情绪。一方面，青年军人荣誉感强，好胜心强，容易出现激烈竞争，如果不能正确归因，容易导致心理失衡；另一方面，青年军人心理发展还处于逐渐成熟的阶段，对于社会现象缺乏客观的认识和解读，容易造成对他人优势和长处的非客观评价。如果不及时调节这种心理，容易造成情绪问题和品行问题。

④猜疑心理。这是人际关系中自我牵连倾向太重，总觉得其他事情都与自己有关，对他人的言行过分敏感、多疑的一种现象。怀有这种心理的军人，总是以一种怀疑的眼光看人，对人怀有戒备之心，导致人际关系紧张。例如，当听到有的战士得到班长的表

扬时,他们就会在心里嘀咕:"有什么了不起,还不是因为会拍马屁。"当别人对他好时,他又会想:"为什么他对我这么好?有没有别的动机?"另外,具有猜疑心理的人往往喜欢捕风捉影,传播小道消息,造成团队中人际关系的破坏。

⑤打击报复心理。出现在个别心理失衡的军人中,容易造成安全隐患。一个人在行为上受挫、自尊受损之后,心里产生怨恨、仇视,企图对使自己受挫的人施加痛苦,或使之名誉受损、财产丧失、身体受伤甚至生命终止的心态就是报复心理。通常个体从心生怨恨开始,报复(攻击)的冲动就萌生了,但从产生报复的念头到采取打击报复的行为,常常受到内外各种因素的干扰,许多时候采取行动或放弃就在一念之间。

3. 军人人际关系问题的影响因素

影响军人人际关系的因素众多,除了普通人也能遇到的一般性影响因素外,如性、价值观、生活方式和生活态度等,特有的影响因素包括以下几点。

(1)军人特殊使命任务的影响

军队作为一个特殊的群体,其使命任务决定了军人要高度集中、绝对服从命令,军人的个性需要难以得到满足,这些因素容易影响军人的人际关系。尤其在上下级关系中,容易造成批评教育被误解成指责和不认可的情况。

(2)非正式团体的影响

军营生活中,如果过度沉浸于老乡、同学这类关系中,就会削弱整个团队的凝聚力,也在一定程度上限制了其他人际关系的建立和发展。

(3)部队特殊环境的影响

部队集体生活有特殊性。某些基层部队驻扎在人迹罕至的高山、海岛等地区,军人几乎与社会隔离,加之通信联络有限,造成原有社会支持系统的缺失,人际交往和沟通的需求被压抑,军人的人际关系不可避免地受到影响。

(4)个体心理失衡的影响

军人在群体中的表现,除了自我评价外,还存在很多外部评价,如评功评奖、评优评先等。在这些评价中,容易产生攀比心理,造成嫉妒情绪和心理失衡。在合作时,有时因为分工不均、机会不均等影响个体的心理状态,在竞争失利或相互帮助过程中,也可能造成心理失衡,影响军人人际关系的建立与发展。

(5)认知因素对人际关系的影响

军营中的军人来自五湖四海,生活习惯差异较大,文化和认知也具有较大的差别。有些军人由于对某些文化和习俗的认识不足,可能会发生矛盾和误解。同时,个体的认知偏差也容易造成刻板印象,阻碍人际关系的发展。

纵然存在影响军人人际关系的众多因素,有些军人饱受人际关系不佳的痛苦,也曾经因人际关系问题产生了各种各样的矛盾,甚至发生了违法犯罪等严重事件。但必须指出,军人之间是完全可以建立并维护良好的人际关系的,历史证明:在长期的军队建设中,良好的上下级关系、官兵关系、战友关系等是我军的优良传统,历史上涌现出成百上千舍己救人的标兵模范,千千万万的军人在军营中结下了深厚的战友情谊。

(二)常见军人人际关系问题的心理咨询与疏导

在部队开展心理咨询工作,人际关系问题是较为常见的心理问题之一。在军队里,来自不同地域、文化背景和性格习惯各异的人同住一起,彼此紧密相连。在日常生活中,难免有磕磕碰碰的时候,加上青年军人血气方刚,容易将情绪带入人际互动中。军人群体的生活、工作、训练容易受到人际关系的影响。因此,在心理疏导中,心理咨询师可以运用多种心理咨询流派的理论来建立个案概念化。例如,如果采用认知行为流派的咨询理论,可以更加关注求助者对于人际关系问题的看法和理解;如果采用精神分析理论进行心理咨询,心理咨询师需要重点理解求助者在早年的生活经历中建立的人际关系模式,同时理解在现实人际关系中的投射和移情;如果采用短程焦点解决的理论进行心理咨询,则重点放在鼓励求助者开展可行动的一小步上。

1.个案评估

(1)心理评估阶段的整体工作思路与程序

求助者前来咨询可能并不能直接反映问题。因此,在心理评估阶段,心理咨询师首先应该收集资料信息。第一,进行摄入性谈话,收集准确的信息和相关资料。了解求助者的主要困境和心理问题,明确问题的来源和发展过程,明确问题对当下求助者社会功能的影响程度等。第二,在条件允许的情况下,可以进行心理测验。第三,综合分析求助者提供的资料和信息,结合心理咨询师对求助者的观察及移情表现,对求助者的具体困境、心理产生问题进行归类,分析产生问题的原因并做出假设。对咨询的目标和方法进行初步构思和计划。

(2)对军人人际关系类心理问题症状及严重程度的评估

第一,对军人人际关系类心理问题的评估。

首先是通过行为及情绪表现识别问题。根据人际关系矛盾的过程,可以将人际关系问题分为:人际关系建立困难、人际关系维护困难、人际沟通困难和人际冲突问题。

有些军人求助者前来咨询时自己能够意识到问题所在。例如,"我与班里的战友在人际关系上存在矛盾,原因是我是个讲原则的人,我很看不惯他们几个不讲原则,形成了一个小团体,总是互相维护利益。我为此有些愤愤不平,有时就直截了当地说出来,因此得罪了他们。大家都在一个班,应该团结得像一家人一样。现在搞成这样,我心里挺不舒服的"。心理咨询师从中可以明确地知道求助者与战友存在人际关系的矛盾,也清楚了产生问题的部分原因,还知道了求助者的愿望,以及由此产生的情绪。即使是这样,心理咨询师依然不知道引发人际关系矛盾的事件、问题严重程度、对社会功能的影响、持续的时间,以及双方为解决矛盾做了哪些工作等内容。此时,心理咨询师应就上述问题进行提问。

有些军人求助者前来咨询时自己不能将自身存在的问题、性质及原因等叙述清楚。例如,"我与班里的一位战友打架了,为此我还挨了批评,在全连军人大会上做了检查,我心里很不舒服,凭什么只叫我做检查啊!"在这个案例中,求助者表述了打架的事件及心理失衡,没有明确表示自己与他人存在人际关系矛盾。心理咨询师可以沿着两个思路去收集资料信息:①什么原因打架,是人际关系矛盾的爆发还是偶发的事件,如果是人际关系矛盾的爆发,人际关系的矛盾是怎样产生的,严重程度如何,受哪些因素影响,以前双方是否发生过冲突及发生的频次,双方为改善矛盾做了什么努力等。②产生心理不平衡感的原因,以及另外的战友对打架是怎么评价的,因何只是他做检查,做检查前后有哪些情绪变化,对他有什么影响,他如何处理这些情绪等。再如,求助者说:"我还有一年多就退伍了,虽然在部队入了党,但还想在退伍前立一个功。我去年非常努力地工作,表现很突出,但评功时却没有我,指导员说投票时我得的票很少。明年就要走了,也没机会立功了,我心情很不好。"在这个案例中,求助者没有提到人际关系的问题,但心理咨询师应该考虑求助者是否存在人际关系的问题,并进行提问、核实。如果确实是人际关系方面的矛盾,应将收集资料的重点放在人际关系矛盾是如何产生的、严重程度如何、受哪些因素影响、求助者是怎样与他人交往的、求助者为改善矛盾做了哪些努力等。如果心理咨询师没有意识到这些内容,很可能致力于引导求助者接受没有立功的现实,帮助求助者解决情绪困扰,这样就忽视了求助者心理问题的根源。

第二,军人人际关系类心理问题的具体症状识别点。

①以情绪表现为主的人际关系问题。例如,"我在班里感觉很压抑,感觉不开心"。

②以行为表现为主的人际关系问题。例如,"我和×××打了一架,他太过分了"。③以心理失衡表现为主的人际关系问题。例如,"他平时从来不干活,就会拍马屁,上周点名的时候队长还表扬了他"。④以认知偏差表现为主的人际关系问题。例如,"他们东北人就会吹牛,什么东北人都是活雷锋,我看李××就是个害群之马"。以上说法是人际关系问题的具体表现,心理咨询师应该具有敏感性,透过语言表象,评估问题实质,并加以验证、核实。

第三,对军人人际关系矛盾严重程度的评估。

对军人人际关系矛盾严重程度的评估,可以从以下3个维度判断,即内心痛苦的程度、社会功能损害的程度及问题持续的时间。求助者内心痛苦的程度可以根据其内心体验做出轻度、中度、重度的判断。社会功能损害的程度主要是人际关系矛盾对求助者的学习、训练、工作及生活等造成了怎样的影响,是否出现了泛化、回避等,依然可以分为轻度、中度、重度。问题持续的时间一般可以分为短、中、长。持续不到一个月的,为短;不到半年的,为中;持续半年以上的,为长。按照求助者的症状表现,评估其人际关系问题的严重程度。如果在人际关系问题中,已经出现了伤害他人的计划或行为,则需要根据危机干预的判定原则进行评估和处置。

(3)原因分析

军人的人际关系受到损害,通常存在个人的原因,主要表现在沟通能力、情绪处理、认知图式和应对方式等方面。心理咨询师若想帮助求助者解决人际关系方面的困扰,应进行原因分析,找到产生人际关系矛盾的个体因素,有针对性地实施咨询和疏导。

第一,认知因素。军人在部队受到了正规及良好的教育,但依然会存在认知方面的偏差,认知因素成为影响人际关系的重要原因。某位班长可能认为"我是班长,战友们应该听我的",这在部队的管理上无可非议,但如果将这种信念带到生活小事上,可能会与战友产生人际关系矛盾。例如,战友们在课余时间看电视,看哪一个频道其实并无规定,但如果班长要求大家听自己的,看自己喜欢的节目,可能就会引发矛盾。某位战友认为"老乡就应该互相帮助",某位老乡没有按照自己的意愿去做,这位战友可能也会对他的老乡有意见,进而产生人际关系矛盾。有些战友可能会遵循人际交往中的"反黄金规则",即"我对你怎样,你就对我怎样",因此要求别人像自己对他那样对待自己,这些看似合理的要求,很容易产生人际关系矛盾。某些战友会对发生在自己身上的事情产生错误理解。例如,班里在开班务会,指导员进来没有讲出于什么原因但指名要他去完成某一任务,他可能会理解为指导员照顾老乡而为难自己,由此产生不满情绪,为人际关系埋下祸根。第二,行为及行为模式的因素。某些军人存在的某种不良行为可能成为人际关系矛盾的原因。第三,情绪方面的因素。军人在部队同样可能被各种各样的情绪困扰,但某些军人缺乏主动调节、控制自己情绪的意识和技巧,任由情绪主宰自己,容易将负面情绪外露而影响人际关系。第四,个性特征因素。军人的个性特征呈现出多样性,相对来说,某些军人悲观消极、心胸狭隘,由此产生了人际关系的矛盾。第五，人际交往意识与技巧方面的因素。某些军人缺乏主动建立、维护良好人际关系的意识与技巧，在日常生活中缺乏人际交往和人际沟通的主动性，有时还会因为一些小误会，在不经意间破坏了已经形成的良好人际关系，导致人际关系矛盾的出现。

2. 心理咨询的程序及操作要点

（1）心理咨询的思路与要点

在军人人际关系类心理问题的咨询中，第一，帮助求助者理解人际关系问题的个人因素，不是他人怎样改变以适应自己，而是自己应该主动做出哪些改变去建立、维护好人际关系。第二，帮助求助者明确咨询目标，考虑咨询目标的有效特征，尤其应该注重咨询目标的具体化、可量化、可行性、可评估性等因素。第三，以启发、引导为主，通过事例，启发、引导求助者自己探索、解决问题，避免进行说教。第四，促进求助者的心理成长，激发自己解决问题的信心和勇气。

（2）军人人际关系心理问题的咨询重点

第一，明确谁做出改变。在军人人际关系类的咨询中，常见的问题是一些军人已经意识到自己的人际关系存在着问题，察觉到产生的症状，以及带给自己心理上的影响，并由此产生了强烈的改善人际关系矛盾的愿望。尽管他们主动寻求帮助，愿意通过咨询解决问题，但更多的愿望是希望别人做出改变而不是自己改变。对此，心理咨询师首先应该使求助者明确人际关系是相互的，心理咨询师将帮助前来求助的人解决心理问题，而不是去解决其他人的问题，因此应该致力于自身在沟通、认知、应对、情绪处理方面的改变，而不是他人的改变。

第二，明确改变什么。在人际关系类的咨询中，心理咨询师可以通过认知矫正技术，对引发求助者人际关系矛盾的错误认知进行矫正。例如，常见的"老乡就应该帮助老乡""你不应该把我做的事告诉别人""我对你好，你就应该对我好"等。通过认知矫正，帮助求助者认识到引发人际关系矛盾的可能不是别人，恰恰是自己，从而矫正认知偏差，解决情绪困扰。也可以通过情绪疏导的方法，帮助求助者处理情绪，从而缓解人际交往中的情绪张力。

第三，明确如何改变。在人际关系类的咨询中，心理咨询师可以通过提供人际沟通和交流的知识和方法，帮助求助者学会人际沟通、人际合作和积极的人际竞争，维护良好的人际关系。

第四，促进军人心理成长。首先帮助军人学会体验，通过体会自身改变所产生的良好人际关系带来的积极变化，激发军人进一步改变的愿望，鼓励军人通过自己的努力，构建良好的人际关系，并有意识地主动维护自身的心理健康。其次应该向军人提供人际关系的建立、维护的相关知识和技能。在心理咨询师的帮助下解决人际关系问题，促进人际关系的建立和发展。

（3）军人人际关系类心理问题的咨询难点

第一，对于同一个问题，从不同的咨询流派来看，可以有不同的看法和不同的解决之道。心理咨询师需要根据自己选择的理论流派展开咨询。普遍来看，求助者往往对自身存在的问题缺乏认识，心理咨询师不应该直接指出求助者的问题所在，而是应该通过促进其反思和觉察、分析案例、类比、寻找例外、自由联想等方式，帮助求助者厘清对自身问题的认识，对求助者进行耐心的启发和引导，帮助求助者认识自身人际关系的问题所在。例如，采用认知行为流派的理论针对求助者的问题进行谈话。

求助者：我认为他们几个老乡特别烦人，总到我们宿舍聊天，我都没法儿学习了。我多次说了他们，他们不但不听反而觉得我不近人情，让我再去找一个安静的地方。他们这么过分，能怪我吗？

心理咨询师：你要学习，而他们要聊天，吵吵闹闹确实影响了你。在这件事情里，你觉得问题在哪儿？

求助者：我觉得他们影响了我，还不讲道理！

心理咨询师：你因为他们不讲道理而感到愤怒？

求助者：是的。

心理咨询师：你是如何得到他们不讲道理这个结论的？

求助者：我认为宿舍是人休息和学习的地方，他们这么吵，既影响休息，也影响学习。

心理咨询师：你觉得他们会怎么理解宿舍的功能？

求助者：他们肯定觉得聊天也是休息啊。

心理咨询师：非常好，你能够理解他人的立场。那你觉得他们有道理吗？

求助者：如果从这个角度考虑，他们也有道理。

心理咨询师：所以，你觉得他们不讲道理是不是也值得商榷？

求助者：好像是的。

心理咨询师：如果你觉得大家都有各自的道理，你还会感到愤怒吗？

求助者：确实没有理由生气。

第二，有些求助者缺乏解决问题的能力，心理咨询师如果采用短程焦点解决的流派开展咨询，应该帮助求助者发现自身的内在资源，通过寻找例外，帮助求助者树立自己解决问题的信心，并引导、鼓励求助者自己解决人际关系矛盾。

求助者：你讲的我明白了，可我恐怕没办法自己解决和小张之间的矛盾，我看他很不顺眼，我跟他根本聊不到一起。

心理咨询师：你在班里有要好的朋友吗？（帮助求助者寻找例外）

求助者：有啊，我和小王关系就挺好的。

心理咨询师：说说你们是怎样好起来的？（鼓励求助者探索）

求助者：我发现小王特别热情，人很实在，有时大家训练回来都很累了，都想休息一会儿，可小王却忙着打水，给大家倒水，班里战友生病了，他总是嘘寒问暖的。我不喜欢别人不刷牙，可小王不爱刷牙我却不反感，平时也总愿意多和他交往，后来慢慢就成朋友了。

心理咨询师：你看，你眼里看到的都是小王的优点，连他不爱刷牙你也不反感，你也愿意多和他交往，因此你们慢慢地成了朋友。如果你这样对待小张会怎么样呢？

求助者：可关键是小张身上的毛病太多了。

心理咨询师：小张身上有优点吗？

求助者：优点？没觉得有！

心理咨询师：现在国家提倡垃圾分类，通过合理分类处理，能让垃圾发挥更大价值，垃圾可以当肥料，也可以通过再生制作很多日常用品！我们平时用的很多卫生纸、塑料盒都是再生的。那你说垃圾有好处吗？

求助者：（思考）有的呢。

心理咨询师：你看，经过分类处理的垃圾都有好的一面，一个人再坏，恐怕也有好的一面吧？你想想看，小张有一点点的优点吗？（鼓励行动）

求助者：（思考）好像也有吧，他上次教过我怎么倒车，他车开得挺好的，他当兵以前就会开车，他为这事挺得意的。

心理咨询师：他为车开得好得意，如果你们聊聊这方面的事，他会怎么样？

求助者：他会很得意啊，他肯定喜欢聊这个。

心理咨询师：通过你所说的，你能得出什么结论呢？

求助者：（思考）你的意思是我说点别人感兴趣的，就和别人说到一起去了？我有点明白了，其实我有办法和别人说到一起去，就是我不愿意去做。

心理咨询师：我很高兴你能找到解决矛盾的方法，其实你还会很多方法，只是你还不曾察觉罢了。

第三，有些求助者已经发现了自身存在的心理问题，也有解决问题的愿望，但解决问题或改变自己需要做出努力，因而在某些求助者身上又出现了阻碍咨询的因素，即阻抗。阻抗本质上是求助者反抗咨询，是对于自我变化、自我暴露的心理防御，是阻碍咨询前进的重要因素。心理咨询师可以采用精神分析流派的方法，帮助求助者认识到自己的防御，理解自己的防御，方能解除防御、克服阻抗，使咨询向前迈进。

求助者：你讲的道理我都明白，可我恐怕做不到。

心理咨询师：你所说的明白具体指什么呢？（具体化的技术）

求助者：就是我应该改变自己，和战友建立起良好的人际关系，可我做不到。

心理咨询师：具体说说你为搞好人际关系都做了些什么吧？

求助者：我……我……（无语）

心理咨询师：你看，你说你很想和战友搞好人际关系，可在实际行动上你几乎没有做什么。你的说法和做法似乎存在着矛盾，对此，请你解释一下好吗？（利用面质技术，促进求助者思考，最终实现统一）

求助者：（沉默）说明……说明我做不到啊！

心理咨询师：你前面已经说过了，为改善人际关系，你几乎什么也没做，这是怎么回事啊？

求助者：也许是我不想做吧。

心理咨询师：你看，想不想做和能不能做成是两回事，你没有和战友搞好人际关系，关键不是做不成而是不愿意努力去做。

求助者：（思考）我好像明白了，是我不想那么费劲地做。

心理咨询师：你不想付出努力搞好人际关系，为避免别人的批评，就利用"我做不到"这个借口，结果形成了暗示，最后自己都以为真的做不到，其实就是这种暗示挡住了你改善人际关系。

求助者：（思考）我有些明白了，我不是真的做不到，而是给自己不去努力找了一个借口而已。这么说，我是可以做到的。

心理咨询师：是的，如果你愿意努力，一定能和战友们搞好人际关系。

求助者：（高兴地）我懂了，谢谢你。

心理咨询师：我很高兴你能对此有所领悟，下面咱们讨论如何行动吧。

3. 注意事项

①心理咨询师的态度始终应该是诚恳的，而不是高高在上的姿态。

②心理咨询师应该以启发引导为主，避免说教，可以利用咨询师和求助者之间的关系作为示例，暗示其改变方向和动力。

③心理咨询师通过帮助求助者寻找例外，开发求助者的内在资源，使之成为改变自己的动力，并建立自己解决人际关系问题的信心。

④人际关系类的咨询容易遇到阻抗，心理咨询师应沉着冷静，以诚恳帮助求助者的态度突破阻抗，推动咨询工作向既定咨询目标前进。

三、军人婚恋问题的咨询与疏导

（一）军人常见的婚恋问题及对军人心理健康的影响

幸福的婚恋关系能够促进个体的发展和进步，不幸的婚恋关系会对个体及家人乃至社会造成一定的负面影响。恋爱和婚姻关系是军人人际关系的特殊部分，军人的婚恋关系不仅关系到个人的心理健康和幸福感，而且关系到部队的安全稳定和战斗力的生成。本部分将重点讨论在军营环境中军人婚恋关系的影响因素和婚恋问题的心理咨询思路、解决策略等。

1. 军人婚恋问题的种类

军人职业是伟大而神圣的，然而军人职业的特殊性决定了军人的婚姻恋爱与普通人相比要经受更多挑战。我国有大量军人驻守在高山、戈壁、海岛、舰艇、高原、边疆等地，环境艰苦，不得不长期与家人分离，聚少离多的生活状况导致他们的家庭问题与矛盾更加突出。比较常见的婚恋问题有以下几类：第一，由于聚少离多导致的家庭角色缺失和责任分担有偏倚的问题。第二，由于两地分居带来的伴侣关系、亲子关系和性压抑问题。第三，由于经济压力带来的家庭矛盾问题。第四，由于各种诱惑导致的家庭关系问题。军队是执行特殊任务的群体，虽然军人生活在军营中，但也需要稳定的婚姻和恋爱。婚恋问题是影响军人心理健康的重要因素。

2. 军人的婚恋关系质量受多种因素的影响和制约

影响军人婚恋的因素众多，除普通人遇到的一般影响因素外，如个性、价值观、经济因素和生活方式等，特有的影响因素包括以下几点。

（1）军队使命任务的特殊要求因素

军队作为一个特殊的群体，其使命任务决定了要高度集中、绝对服从命令。这导致军人在婚恋中的个性需求难以得到满足，容易影响军人婚恋满意度。

（2）部队特殊环境的影响因素

军队集体生活有特殊性及某些基层部队驻扎在人迹罕至的高山、海岛等地区，军人几乎与外界隔离，加之通信不畅，与他人交往困难，军人的婚恋不可避免地受到影响。

（3）两地分居的特殊因素

绝大部分的军人在恋爱、婚姻中与对方的交流明显少于地方普通人群，容易因交流少而产生矛盾。军人与恋人、配偶两地分居，对方的责任必然增加，如照顾老人、孩子等，容易使军人产生内疚感，也容易使对方心理不平衡。

（4）个人需求因素

军人的特殊性决定了职责所在，这制约着军人的需求，而军人的恋人、配偶可能存在明显不同的需求，需求不一致所产生的矛盾无法调和时，容易影响伴侣关系，并最终导致感情破裂。例如，某位军人的需求是在部队有一番作为，妻子随军共同生活；而妻子的需求是丈夫转业，回到家乡过安稳生活。夫妻需求不一致产生矛盾，互不相让，最终导致婚姻破裂。

（5）不同的社会文化背景因素

军人与恋人、配偶之间，可能存在经济条件、受教育程度、风俗习惯、价值观念及交流方式和代际界限等多方面的差异。如果不能很好地处理和调和这种差异带来的冲突，容易造成婚恋关系的问题。

3. 军人建立与维护良好的婚恋关系

纵然影响军人婚恋的因素众多，但必须指出，军人完全可以建立并维护良好的婚恋关系，我军历史证明：在长期的军队生活中，建立良好的婚恋关系，是军人的优良传统，历史上曾涌现出成百上千的模范夫妻，谱写了一曲曲动人的爱情之歌。

（1）建立与维护良好的婚恋关系是军人的社会需要

一是军人感情的需要。爱情是男女双方相互依存、彼此接纳的过程，是一种情感需求。二是克服寂寞的需要。军人离开家乡和亲人到部队服役，既可能因为缺乏亲密的人可以依附而引起情绪性寂寞，也可能因缺乏社会整合感和团体归属感而产生社会性寂寞。三是生理性的需要。爱情与婚姻有生理基础，包括性爱因素，不是纯精神上的依附。

（2）军人建立与维护婚恋关系的可能性

军队良好的传统、军人良好的素质、军营文化的良好氛围等表明，军人建立并维护良好的婚恋关系具有可能性。军人可以通过正常的人际交往产生爱情，形成婚姻，建立并维护良好的婚恋关系。

（3）军人的婚恋关系具有稳定性和可变性

军人的恋爱、婚姻不是自然形成的，也不是一成不变的。良好的婚恋关系可以建立，也会受某些因素的影响而产生阻碍和损害，但这种阻碍和损害是可以预防的，也是可以修复的。

（二）常见军人婚恋问题的心理咨询与疏导

在社会转型时期，有许多因素对军人的恋爱、婚姻产生了重大影响。在部队进行的心理咨询中，婚恋问题也是较为常见的。军人在恋爱、婚姻中产生问题，将使军人产生孤独、寂寞、烦恼、痛苦、愤怒等情绪，其社会功能也会有不同程度的损害，如果问题持续时间较长，将对军人的心理健康产生严重的影响。因此，心理咨询师应该熟练掌握婚恋类心理咨询的相关知识、程序及操作要点、注意事项等。

1. 个案评估

（1）心理评估阶段的整体工作思路与程序

当军人因婚恋问题求助于心理咨询时，有些军人并不能直接表述清楚自身面临的问题。因此，在心理诊断阶段，心理咨询师首先应该收集资料信息。第一，进行摄入性谈话，了解困扰求助者的主要现实问题和心理问题，明确产生问题的主要原因和次要原因，明确心理问题对求助者社会功能的影响程度、持续的时间等。第二，也可以在条件允许的情况下进行心理测验。第三，从相关人员处收集了解情况，并对收集到的信息进行综合验证、对比、分析，对求助者的现实问题、心理问题进行归类，明确问题的性质、数量、严重程度、问题的关键点、某些事件发生的频率、求助者因此产生的体验感受等，按照心理诊断的工作程序最终做出明确的诊断。

（2）对军人婚恋类心理问题症状及严重程度的评估

第一，对军人婚恋类心理问题的评估，首先通过表现识别问题。

有些军人求助者前来咨询，自己能够将自身存在的问题、性质及原因等叙述清楚，例如，"我和女友谈了两年的恋爱，在转与不转军士的问题上产生了矛盾，她希望我回到家乡发展，而我还想在部队干，最后我和女友分手了，我体会到了失恋的滋味，从来都没有这么痛苦过"。心理咨询师从中可以明确求助者与女友分手的具体问题、被负面情绪困扰的心理问题、求助者与女友分手的事实及表面原因、求助者的愿望，以及情绪的严重程度等。但心理咨询师不知道引发矛盾的深层原因、对求助者社会功能产生了哪些影响、持续的时间，以及双方为解决矛盾做了哪些工作等内容。此时，心理咨询师应就上述问题进行提问，收集相关信息。但有些军人求助者不能将自身存在的问题、性质及原因等叙述清楚，例如，"我与妻子吵架了，我心里很不舒服，我也是为了工作啊！"如果求助者表述了吵架的事件及自己的情绪，但没有明确表示为何与妻子吵架、内心情绪体验的内容和强度，以及如何因工作产生矛盾，心理咨询师可以沿着以下的思路去搜集资料信息：第一，什么原因吵架，是夫妻矛盾的爆发还是偶发的事件，如果是夫妻矛盾的爆发，夫妻矛盾是怎样产生的、严重程度如何、受哪些因素影响、以前双方是否发生过冲突及发生的频次、双方为改善矛盾做了什么等。第二，心里不舒服等负面情绪产生的原因、妻子和家人对吵架是如何评价的、对自己有什么影响，以及自己如何处理这些情绪等。

第二，军人婚恋类心理问题的具体症状识别点。

心理咨询师应该从求助者的一些说法中判断出可能存在的婚恋问题，如"我觉得一个人过也挺好的""我感觉自己很窝囊""我感觉丈母娘都是狠角色""我不想休假""我回家也觉得不轻松""听到我妻子说孩子的事，就很烦躁""你老婆也很唠叨吗"等。以上说法可能是婚恋关系出现问题的表现，心理咨询师应该具有敏感性，详细地收集相关资料，并加以验证、核实。有的婚恋问题是当事人之间的矛盾冲突问题，有的婚恋问题是旁支关系的问题，有的婚恋问题是由经济问题演化的，有的婚恋问题可能源于子女教育问题。

第三，对军人婚恋类心理问题严重程度的评估。

对军人婚恋问题严重程度的评估，可以从以下3个维度判断，即诱发事件的评估、症状的评估及持续时间的评估。首先，求助者来访时，需要咨询师了解求助者是否正经历负面生活事件或者能引发婚恋问题的诱发事件。同时，评估求助者遇到的问题，是现实困难，还是心理困惑。其次，对求助者症状的评估分为3个部分：痛苦程度、社会功能受损情况和是否泛化。求助者内心痛苦的程度可以根据其内心体验做出轻度、中度、重度的判断。社会功能受损情况主要是婚恋问题对求助者的训练、工作、学习及生活等造成了多大程度的影响，能否正常参加训练、工作学习等。同时，对于问题的表现是否出现了泛化、回避的情况做出判断。最后，需要评估症状持续的时间。一般可以分为短、中、长。持续不到一个月的，为短；一个月到半年的，为中；问题持续半年以上的，为长。根据以上评估结果，可以判断求助者的婚恋问题为一般心理问题还是严重心理问题，并评估是否需要进一步在医疗机构就诊及求助者是否存在心理危机。

（3）原因分析

军人的婚恋关系出现问题，追溯其原因，大多集中在生物学因素、社会学因素和心理学因素上。心理咨询师帮助求助者解决婚恋方面的困扰时，可帮助求助者进行原因分析，找到婚恋问题产生的根源，有针对性地实施心理疏导。

生物学因素。在军人的婚恋问题中有时可以见到明显的生物学因素。第一，夫妻的生理性需求差异，有些夫妻在性需求及满足方式上差异较大，加上军人家庭的两地分居问题，导致需求与满足的不平衡。第二，青年军人正处在性需求较高的年龄段，容易产生婚前性行为、未婚先孕等问题。第三，青年军人的医学和心理学知识盲点导致对某些生理问题或疾病的认识不足，导致其在婚恋关系中出现问题。

社会学因素。在军人的婚恋问题中社会学原因很明显。第一，军人生活在军营中，必然要遵守部队的纪律，严格地执行各种规章制度，且部队集体生活高度统一，造成双方交流困难。军人夫妻多数情况下是两地分居，因此，难以和对方有频繁联系，容易因沟通不畅产生矛盾。第二，军人夫妻在两地分居的情况下，另一方要更多地承担赡养老人、抚养子女的家庭责任，家庭角色的缺失和家庭责任的失衡容易产生夫妻矛盾。第三，随着军人越来越成为社会尊崇的职业，军人在地方青年心目中的光环效应也可能影响军人的婚恋关系。军人的实际工作环境和工作内容，往往和影视剧中的差异较大。军人在顶着职业光环效应建立的恋爱和婚姻关系，容易因实际工作内容和训练场景在对方心中形成落差，导致关系相处中出现不满和失衡。第四，军人最主要的社会支持系统即组织和家庭。一旦遇到个人困难、产生心理或其他方面的问题时，更加需要家庭的支持和理解，相对来说容易给家庭成员造成压力，产生婚恋问题。

心理学因素。在军人的婚恋问题中心理学因素占据较大的比重。第一，认知因素。军人在部队受到了正规及良好的军事教育，但在婚恋方面和人际交往方面可能存在知识短板。对于人际关系的建立和维护缺乏必要的技能和方法，导致在婚恋关系中显得束手无策。例如，有的军人在与一些价值观有偏倚的地方青年交往后认为"现在的女孩在找对象的时候都只看经济条件"；有的军人觉得"我们都确定恋爱关系了，就没必要再跟她客气了，生日送花这种事根本不实惠"；而有的军人会坚持"我对你怎样，你就应该对我怎样"，不考虑个体差异，要求对方用自己的方式对待这段关系。这些认知偏差很容易引发矛盾，产生心理失衡。第二，外显行为及行为模式的因素。个人较多通过语言和行为进行情感表达。而每个人的语言和行为模式受内在心理状态的影响，也受个性和早年生活经历的影响。走进婚恋关系，需要双方调整自己原有的习惯去适应关系的建立和发展，如果不注意协调与对方的语言和行为模式，很容易在亲密关系中产生冲突和矛盾。第三，情绪方面的因素。军人在部队生活，同样可能受到各种各样的情绪困扰，但某些军人缺乏主动调整、控制自己情绪的意识和技巧，任由情绪主宰自己，因而产生婚恋问题。第四，个性特征因素。军人的个性特征呈现出多样性，个体应加强对自身在人际交往中优势和劣势的认识。如果在婚恋关系中不注重个性特征的调节，容易在婚恋关系中造成消极影响。第五，交往意识与交往目标的因素。某些军人缺乏主动建立、维护良好婚恋关系的意识与目标，在日常生活中不但缺乏对婚恋关系的信心，而且不注重维护已经建立的婚恋关系，从而导致矛盾的出现。

2. 心理咨询的程序及操作要点

（1）心理咨询的思路与要点

在军人婚恋类心理问题的咨询中，第一，心理咨询师应该遵守价值中立原则，俗话说"清官难断家务事"，心理咨询师既要与军人共情，又要保持价值中立，不把自己的价值观、生活方式和生活态度强加给求助者。第二，致力于帮助求助者找出婚姻问题或矛盾的焦点，明确不是他人怎样改变以适应自己，而是自己应该主动做出哪些改变去建立、维护良好的婚恋关系。第三，心理咨询过程中应该帮助求助者明确咨询目标，注意不把解决具体问题当作心理咨询的目标。同时考虑咨询目标的有效特征，尤其应该注重咨询目标的具体化和可行性评估等因素。第四，以启发、引导为主，通过事例启发，引导求助者自己探索、解决问题，避免说教。第五，强调促进求助者的心理成长，激发自己解决问题的信心和勇气，自己创造并享受美好、幸福、快乐的婚恋生活。

（2）军人婚恋类心理问题的咨询重点

第一，明确谁做出改变。在军人婚恋类心理问题的咨询中，某些军人可能已经意识到自己的婚恋关系存在问题，察觉到由此产生的症状，以及带给自己心理上的影响，由此产生了强烈的解决婚恋问题的愿望。尽管他们主动寻求帮助，愿意通过咨询解决问题，但更多的时候只看到了对方的问题而不觉得自己需要改变。对此，心理咨询师应该使求助者明确婚恋关系是相互的，心理咨询师将帮助前来求助的人解决心理问题，而不是去解决其他人的问题。因此应该致力于自身的改变，而不是期待他人的改变。另外，心理咨询师应该向军人提供有关婚恋关系产生、维护的相关知识，帮助求助者建立并维护良好的婚恋关系。

第二，明确改变什么。在婚恋类心理问题的咨询中，心理咨询师可以通过认知矫正技术，对引发求助者婚恋矛盾的错误认知进行矫正。通过认知矫正，帮助求助者认识到引发婚恋问题的可能不是别人，而恰恰是自己，从而建立起合理的信念。通过改变后的认知，引领自己的行为，解决情绪困扰。

第三，明确如何改变。在婚恋类心理问题的咨询中，心理咨询师可以通过提供知识和技巧，帮助求助者学会如何与他人相处、如何产生爱情、如何维护良好的婚姻关系。

第四，促进军人心理成长。在咨询过程中帮助军人体验通过自身改变所产生的良好婚恋关系带来的积极变化，激发军人进一步成长的愿望，鼓励军人通过自己的努力构建良好的婚恋关系，并进一步主动维护自身的心理健康。

（3）军人婚恋类心理问题的咨询难点

第一，有些求助者在婚恋关系中的沟通能力不强，需要沟通问题时，不能很好地处理和解决，引发一系列心理问题。在遇到这种求助者时，需要对求助者进行耐心的启发和引导，甚至进行一定的心理健康教育，引导求助者认识产生婚恋问题的原因。

求助者：我最近烦透了，工作上任务很多，天天在加班，业余时间我还参加了司法考试的学习，希望今年可以通过国家司法考试。老婆最近放暑假，带着孩子来队了，我们马上出去驻训，也不能陪她和儿子，她也有很多抱怨，我也知道她挺不容易的，儿子也很调皮，经常惹事儿。但是她说我变了，不爱她和儿子了。我接受不了。

心理咨询师：你工作忙，马上要去驻训，又要复习迎考，可妻子来队了，确实时间很难分配。你也很苦恼是吗？

求助者：是啊！您看我一说您就能理解我，为啥妻子不能理解我呢？

心理咨询师：嗯。听上去你遇到了不被理解的问题。

求助者：是啊！每个人都渴望被理解。妻子为啥不能多理解我一些？

心理咨询师：每个人都渴望被理解，你在渴望被理解的时候，妻子也在期待你的理解？

求助者：是呀。妻子可能也希望我多理解她一点吧。

心理咨询师：你能换位思考，理解妻子的需要，这很重要。有什么办法是可以帮助妻子理解你的？

求助者：办法？我解释了很多次了，她就一直这么认为。

心理咨询师：你看，你和我说你的事情，你感到了被理解，你觉得我做了什么让你产生了这种感觉？

求助者：（思考）我感觉你认真在听我说，而且能站在我的角度理解我的困难。

心理咨询师：如果你也这样对待妻子，是不是她也能产生被理解的感受？

求助者：你是说我也应该认真听妻子表达她的想法，我也应该站在妻子的角度理解她的困难？

心理咨询师：我觉得你已经领悟了我们之间沟通的精髓。全身心的倾听和换位思考，可能是我们沟通的重要基础。你觉得呢？

求助者：（笑）我懂了，我知道该怎么做了。

第二，有些求助者缺乏解决问题的能力，心理咨询师应该帮助求助者积极寻找社会支持，帮助求助者树立自己解决问题的信心，并引导、鼓励求助者解决婚恋问题。

求助者：你讲的我明白了，可我恐怕没办法自己解决我和我女朋友之间的矛盾。

心理咨询师：你有过曾经与他人存在矛盾，但后来自己解决了的情况吗？（帮助求助者寻找例外）

求助者：没有。

心理咨询师：你仔细想想看？（鼓励求助者探索，寻找例外）

求助者：……我想起来了，曾经我和一位战友闹过矛盾，我们都挺别扭的，大家在一个班里，低头不见抬头见的，多不舒服啊，大家都是战友，何必呢？后来在另一位战友的帮助下，我跟他和好了，为这事指导员还表扬我呢。

心理咨询师：你看你能找到另一位战友帮忙，这也是你能力和态度的体现，最终达成了和战友和好的目标，化解了你们之间的矛盾。如果你向一些外部资源寻求支持和帮助，会怎么样呢？

求助者：我出来参加训练，和女朋友联系不方便，我可以请她的同学，也是我们的介绍人帮忙，多跟她说我在部队的表现，帮我转赠我得到的训练标兵的奖励。

心理咨询师：你能想到这些很棒啊，还有吗？

求助者：我还可以争取立个功，这样她肯定能原谅我，没准还很崇拜我！

心理咨询师：看来你已经找到了打动姑娘的办法了。

求助者：谢谢老师的启发，我知道可以做什么了。

心理咨询师：我很高兴你能找到解决矛盾的方法，其实你还可以找到更多方法，只是你现在还没找到罢了。

第三，有些求助者的问题可能比较复杂，既有现实困难，又有夫妻关系问题，还夹杂着旁支关系问题。心理咨询师应该分清主次，帮助求助者厘清思路，分出轻重缓急，有层次地帮助求助者解决问题。

求助者：我刚才讲了，我和妻子的矛盾主要是婆媳关系造成的。我妻子是个大学生，从小生活在城里，而我妈妈文化程度不高，她们在教育孩子的问题上有分歧，谁都不谦让对方。我妈让我管管妻子，我妻子让我管管我妈，我夹在中间很难受，为这总和妻子闹矛盾。

心理咨询师：你说的我听明白了，现在咱们主要解决谁的问题呢？

求助者：解决我们夫妻的问题吧，我总劝妻子，我妈是一个农村老太太，她养我很不容易，你别和她计较，可我妻子就是不听，这让我很烦。有时我也说我妈，妻子愿意怎么带孩子就让她怎么带吧，您还落个清闲呢，可我妈总说我向着媳妇说话，我弄得里外不是人。

心理咨询师：你和妻子有矛盾，和母亲似乎也有点矛盾，哪个是主要矛盾呢？

求助者：（思考）和妻子的吧，我和我妈之间的矛盾相对容易解决。

心理咨询师：好，那怎么解决你和妻子的矛盾呢？

求助者：她们婆媳之间没有矛盾自然就解决了。

心理咨询师：你的意思是她们婆媳之间没有矛盾，你们夫妻之间自然也就没有矛盾了，可实际情况是她们婆媳之间有矛盾，你该怎么办呢？

求助者：我只能接受她们之间有矛盾这个现实吗？

心理咨询师：除了接受现实，我们还可以做点什么吗？

求助者：我试过调和她们之间的矛盾，但是没效果。

心理咨询师：你觉得她们产生矛盾的时候，妻子希望你做点什么？

求助者：她肯定希望我帮她啊。可是我帮了媳妇，我妈怎么办？

心理咨询师：你帮助妻子化解了和母亲的矛盾，母亲会怎样？

求助者：我懂你的意思了，就是我应该从我媳妇这里入手，帮助媳妇去解决她和我妈的矛盾，而不是瞻前顾后，两头不落好。

心理咨询师：你说得很好啊，那我们来讨论一下你可以做些什么来帮助媳妇吧。

3. 注意事项

①咨询中应该强调价值中立原则，不做对错评价。

②心理咨询师应鼓励求助者主动寻找方法去解决问题，不单纯提供"支招"。

③心理咨询师应该分清具体问题和心理问题，致力于帮助求助者解决心理问题，不介入求助者的具体问题中。

④心理咨询师要在咨询中注意觉察移情，避免过度的情感卷入，破坏咨访关系。

四、执行多样化军事任务中的咨询与疏导

由于军队的特殊性,目前军人越来越多地执行多样化军事任务,如抗洪抢险、抗震救灾、海外维和、海上护航、地区维稳、大型活动安全保卫、多国军事演习、支援地方经济建设等。由于这些任务有着不同于一般军事任务的特殊性,不可避免地给军人的心理健康带来种种影响,有些军人可能因而产生了不同程度的心理问题。因此,维护军人在执行多样化军事任务中的心理健康十分重要。必须加强心理教育和服务、心理咨询与疏导工作,最大限度地维护军人身心健康、增强部队的凝聚力和战斗力,确保各项任务的圆满完成。

(一)军人在执行多样化军事任务中常见的心理问题及对军人心理健康的影响

1. 生理和心理的应激反应

军人执行多样化军事任务,首先遇到的问题就是环境明显改变和日常的工作生活模式改变。例如,参加抗震救灾、抗洪抢险的部队,要在时间紧、任务重、环境和条件极其艰苦的情况下执行任务,这已经构成了对军人个体的应激源。军人在生理和心理的应激状态下,可能出现一系列的生理变化、情绪变化、认知变化和行为变化。其中,生理变化中最常见的是睡眠问题、消化系统的症状;认知层面比较常见的是记忆力和注意力的问题;容易出现焦虑、低落、孤独等情绪调节问题和行为反应迟钝、人际关系紧张、易激怒等心理问题。在这种情况下,应积极调整策略,避免应激带来的消极影响。

2. 多样化军事任务的特殊要求带来的压力

多样化军事任务中可能面临多种应激源,如生活条件简陋、环境恶劣、后勤保障困难、任务本身存在危险等。有些军人对参加任务的心理准备不足,或者参加军事任务的经验不够,可能致使军人在纪律要求等方面难以适应,精神高度紧张,压力感强烈。执行大型活动如奥运会、世博会等安全保卫的部队,从上到下都非常强调安全的重要性,使军人感到压力巨大,心理疲劳感非常强烈。参加海外护航、多国军事演习的军人有时面临生命安全问题,恐惧感明显增加。参加国庆节阅兵的部队强调整齐划一,不能出现半点差错。如果不能在短时间内调整适应,导致长时间在高压力下工作、训练和生活,容易出现失眠、食欲减退、体重下降、心血管系统疾病等躯体症状,也容易出现焦虑、抑郁、易激怒或孤独、寂寞等情绪症状,以及人际关系紧张、吸烟量增加等行为。

3. 对任务的理解程度不同造成的心理困惑

有的军人难以从国家利益的高度考虑执行多样化军事任务的重要性和意义,也可能难以理解各种规定、要求,因而产生心理困惑。例如,执行藏区任务的部队,要求严格执行各种民族政策、遵守管理规定等,但一些军人从个人的角度难以理解国家的方针和

政策，对军人的荣誉感、价值感领悟程度有差异，军心、士气的提升程度和目标要求存在差距等。这些都可能使军人产生一定的心理困惑，出现易疲劳、挫折感、苦闷、焦虑、抑郁等负面情绪，影响其执行任务的信心，甚至思乡强烈、回撤心切。

4. 身心双重疲劳容易加重精神和心理负担

军人执行多样化军事任务的时长不等，有的需要在艰苦地区驻扎整个寒冬，有的需要在海上漂泊半年，还有的需要在海外驻扎1~3年。长时间处在体力消耗大、工作时间长、休息时间短，甚至还要面对危险环境的状态中，不但容易产生身体疲劳，还容易产生心理疲劳。例如，参加抗震救灾、抗洪抢险的部队，长时间超负荷工作，处在险恶的环境中，目睹惨痛的场景，随时可能有生命危险，同时缺乏心理康复的条件，对身体和心理的双重疲劳调节困难，由此产生畏惧心理，影响其社会功能的发挥。因此，有军人因恐惧而不能单独站岗执勤，有的产生了比较严重的急性应激障碍及创伤后应激障碍，造成非战斗减员，影响了部队任务的执行。

5. 因执行任务而无法照顾家庭的愧疚感

军人参加多样化军事任务时，远离家乡甚至祖国，个人通信极为不畅。一旦发生亲人生病或去世、妻子临产等重大家庭事件时，军人往往不知情，即使知晓也无法照顾。军人在此时不但思念、担心亲人，往往也会产生无限的遗憾，甚至产生内疚感、负罪感，认为自己有愧于父母、妻子等亲人。一旦得不到缓解，可能持久地被内疚、悲痛等负面情绪所困扰，严重地影响军人的社会功能。

6. 归建后的荣誉问题引发心理问题

军人执行完多样化军事任务归建后，影响军人身心健康的部分因素消失，军人的身体和心理疲劳得到了很大程度的缓解。由于执行任务，有些军人可能得到报考军校的机会，部分军人能参加评功评奖，有的套改了军士。但参加任务的大部分军人得不到所希望的荣誉，还要面临退伍、转业等涉及个人利益的重大问题。此时如果处理不当，军人反而比执行任务时更容易产生心理问题。常见的心理问题包括攀比造成的心理不平衡感、人际关系紧张、抱怨、敌对，以及焦虑、抑郁等负面情绪等，这将影响军人正常的训练、学习和生活。军人执行多样化军事任务，随着时间的改变，有些矛盾自行消失了，但有些矛盾在归建后激化了，由此产生的心理问题更加严重。例如，某些想报考军校的军人可能超过了报考年龄，致使无法圆自己的军校梦；有些参加某类考试的军人可能错过了考试机会，增加了考试成本；有些原来处在恋爱中的军人，归建后发现恋人已经移情别恋了；有些军人发现一些事情没有按照自己原来的计划发展等。这些结果激化了原有的矛盾，使其原有的心理问题加重，出现愤怒、怨恨等情绪症状，并可能产生报复心理，甚至出现某些不当言行，既影响对方，又影响了军人的心理健康。

（二）执行多样化军事任务中常见心理问题的咨询与疏导

1. 军人执行多样化军事任务中的咨询与疏导思路

军人执行多样化军事任务时，由于所处环境特殊，工作、生活条件艰苦，任务要求高，与社会交往减少，个人通信不畅等原因，个体应激程度高，容易产生调节不良带来的心理问题。因此，尽量选派有一定工作经验的心理咨询师在多样化军事任务中执行伴随保障任务。心理咨询师应该积极主动地开展工作，确保军人的心理健康，并按照下面的思路开展相关业务工作。

第一，军队执行多样化军事任务前，军队的心理咨询师应有高度的敏感性，可以遵循主动性原则，按照管理权限，向有关部门主动提出工作申请或建议，得到批准后提前开展工作。如果条件允许，应建立由临床心理专家（军队医院专职从事心理咨询治疗）、院校心理专家（军队院校专职从事心理学研究和教学）、精神疾病专家（军队精神疾病专科医院医师）、部队心理工作骨干（具有心理教育和服务工作素质和经验）组成的心理服务分队。第二，对准备参加任务的军人进行全员式普查性质的心理评估，目的是：①及时发现军人存在的心理问题，筛查出不适合参加任务的军人，避免带着心理问题的军人参加任务。②建立心理档案，留作对照资料，在任务的不同阶段进行对照，评估心理应激的变化及规律。③心理评估的依据包括军人日常思想及心理表现、心理测评自评量表的结果、以前的心理档案、以往参加重大活动的记录、心理咨询师的观察、其他军人的评价等。④心理测量的工具尽量选择通用的、有军队常模的量表，以便测量结果具有可比性。⑤应注意心理评估的科学性和客观性，避免解释结果时的偏颇和绝对化。第三，在任务准备阶段，应根据拟执行的多样化军事任务的性质、所处的环境、预期持续的时间等，制订切实可行的心理工作计划，对准备参加任务的军人进行有针对性的心理训练，提供解决心理问题的知识、方法，使军人对执行任务做好充分的心理准备，建立完成任务的信心和勇气。对可能发生的心理问题做到早预防、早发现、早治疗。有条件时应培训心理工作骨干，帮助部队建立以基层干部和军士为主体的心理骨干队伍，使心理咨询工作日常化。第四，在任务执行阶段，收集相关背景资料及相关任务的经验，根据任务性质、所处的环境、预期持续的时间等，编写实用、可读性好的心理指导手册、宣传材料或光盘等，使军人掌握自我心理调整的知识和方法，指导军人调节应激水平，在出现心理问题时通过自我心理调整解决问题。第五，进行伴随心理保障时，和执行任务的军人同工作、同生活，随时观察军人的心理变化，及早发现问题，及时提供心理服务，尽早帮助军人解决心理问题。此阶段工作的重点对象应是：①心理应激反应或症状明显的军人；②曾遭受严重创伤事件的军人；③当下正经历负性生活事件的军人；④以往曾出现心理问题的军人。第六，在任务的不同阶段，针对不同人群的不同心理问题，灵活地采用多种形式，如个体咨询、团体训练、集体晤谈、心理游戏、心理主题班务会等形式，帮助军人解决心理问题。条件允许时也可以使用生物反馈治疗仪、眼动治疗仪、睡眠治疗仪等，帮助军人缓解心理症状。第七，在可以预知的任务时间节点前、重大转折来临前，对军人可能出现的心理问题做好有针对性的心理预防工作，对重点人群做好重点预防工作，避免心理问题的发生。第八，在部队即将结束任务归建前，应对归建后可能产生的心理问题进行预测，提前做好心理教育与疏导等工作，重点是认知层面的调节，降低军人获得奖励的期望值，正确面对个人利益的得与失，学会接纳现实，实现理想与现实的统一。在军人荣誉的心理结构中，荣誉认知是基础，也是起点。因为只有在认知的基础上，才能产生价值判断，继而形成对军人荣誉的相应态度。同样，也只有在荣誉的认知基础上，才能厘清它是否符合军人的需要，从而激发出相应的动机，并最终在外显的行为中得到满足和体现。第九，在执行多样化军事任务中，心理教育与评估、心理咨询与疏导等工作会有许多宝贵的经验，也可能有一些教训，应认真及时地进行总结，促进下一阶段工作的开展。

　　心理咨询师：小张，我看你这几天垂头丧气的样子，是不是遇到不顺心的事了？

　　求助者：我上周接到我姐姐电话，说我爸爸突发脑溢血住院了。

　　心理咨询师：哦，原来是这样。的确，家人的健康出问题会让我们很焦虑。

　　求助者：是啊，我又不能回去，什么忙也帮不上，感觉自己很没用。

　　心理咨询师：作为儿子，你一定希望能在父母需要的时候给他们提供最好的照顾，你的孝心是不言而喻的。

　　求助者：我现在每天脑子里都是这件事，晚上躺下去也一直在想这个事情，有时候在岗位上也很不安心。

　　心理咨询师：看来家里的事情已经影响到你的睡眠和工作了。

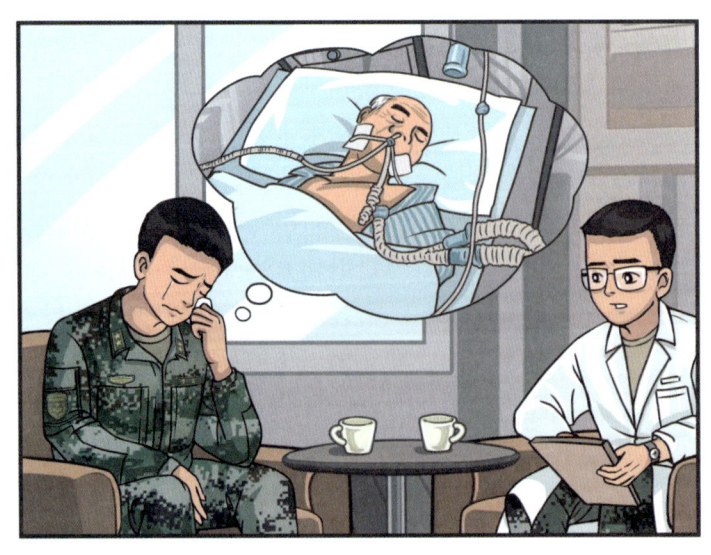

求助者：我是真的很着急，情绪也很低落。我不知道该怎么办？

心理咨询师：当初来参加这个任务，相信你父母也很为你自豪，是吗？

求助者：是的，我爸送我的时候可高兴了，跟村里很多人说"我儿子在部队可受重用了"。

心理咨询师：那你觉得爸爸妈妈即便生病住院，会希望你怎么做？

求助者：肯定希望我能完成好这个任务。

心理咨询师：如果现在的实际情况是回不去，那你能选择的最好的应对方式是什么？

求助者：我也知道我现在回去不合适，但是我就是很担心。

心理咨询师：我们是一个团队，我们遇到困难的时候是可以相互帮助、相互支持的。所以，如果部队派人去看望你父亲，看看他的治疗是否需要协助，你会不会感觉更安心一些？

求助者：如果能这样，那就太好了，我爸爸也会非常开心，说不定能好快点。

心理咨询师：那需要我来帮助你联系相关部门吗？

2. 军人执行多样化军事任务中心理咨询治疗的重点与难点

在执行多样化军事任务中，军人面临的心理压力和挑战具有特殊性、复杂性和动态性，其心理咨询与疏导需针对不同任务类型（如实战作战、维和行动、抢险救灾、反恐维稳等）和任务阶段（部署前、任务中、撤离后）进行差异化设计。以下是重点与难点的系统性分析：

（1）心理咨询与疏导的重点

①任务特异性心理支持中，区分作战演习任务、维和任务、人道救援任务、非战争军事行动（如阅兵、抗疫）的心理服务重点。在作战和演习任务中应聚焦创伤后应激障碍（PTSD）的预防、道德伤害（moral injury）干预（如目睹平民伤亡后的自责感）、战斗应激管理。在维和或人道救援任务中需要重点处理文化冲突、替代创伤、心理疲劳等状况。在非战争军事行动中则重点应对重复性创伤暴露（如反复接触伤亡场景）、使命感与无力感矛盾。

②任务阶段动态干预中区分部署前、任务中和撤离后的工作重点。部署前着重进行岗位适配性心理评估、心理韧性训练、压力接种、团队协同、同伴支持系统强化、家庭关系沟通技巧。任务中则重点开展全员心理状态监控（可通过数字化工具）、指挥官的决策压力疏导（如"责任负荷综合征"）、危机事件集体减压（critical incident stress debriefing，CISD）技术。撤离后的工作重点为适应性心理辅导（如从高强度任务回归常态的剥离感）、创伤群体的追踪和心理档案建设。

同时，在海外任务中，需注意军人在跨文化适应中的困难与挑战，强化团队凝聚力和归属感。

（2）心理咨询与疏导的难点

①军人文化认同的挑战：军人常将心理问题等同于"意志薄弱"，主动求助意愿低，

导致隐性心理危机累积。同时，军人更注重荣誉和进步发展，担忧心理咨询会影响其职业晋升，心理咨询师需平衡伦理保密原则与部队安全管理需求。

②环境限制和资源匮乏的挑战：任务区和部署地由于远离营区，往往缺乏稳定的咨询环境和优质的专业资源，咨询师可借助远程心理服务辅助。但咨询过程中要注意失泄密和通信中断的问题。

③道德与伦理复杂性的挑战：军人可能因任务性质（如无人机作战）产生身份认知混乱；在遭遇集体创伤事件时，既要避免群体情绪传染，又需维护部队士气，对咨询师的要求较高。

执行多样化军事任务中的心理咨询服务需突破传统咨询框架，向多维度（生理—心理—社会）、全周期（任务链—生涯链）、跨文化（本土化—全球化）模式转型，同时平衡军事效能与人本关怀的双重需求。执行多样化军事任务中的心理咨询与疏导核心在于如何将心理学理论与军事实践深度融合，形成具有弹性、隐蔽性和即时性的干预生态。

（编者：周娜）

参考文献

[1] 武国城. 心理咨询师（军人心理学）[M]. 北京：海潮出版社，2016.

[2] 唐云翔，王云霞. 心理咨询与治疗[M]. 上海：上海教育出版社，2022.

第五章

军人心理危机干预

第一节　军人心理危机的概念及表现

随着生活节奏的加快，人们在努力追求文化品质的同时，似乎也感受到了更多的压力。近年来，"压力""危机"这些词时常被人们提及，"心理危机"也成为人们关注的焦点之一。我们在日常生活中常常听到"压力山大""不淡定""抓狂"这些"时髦"的词语，其实大多反映了我们在经历危机时的一些心理状态。可以说，只要当下发生的状况超出了个体应对能力范围，危机就会出现——没有任何一个人一生中能完全避免危机。军人的职业特殊性使其面临着多元化的危机，有些由个体本身的情绪引发，有些与所处的军营环境相关，还有一些与执行重大任务、身份发生重大改变等特殊事件相联系。危机事件不仅会影响某些个体的身心健康，还会影响整个部队的稳定和战斗力。如何在危机发生时正确处理，尽可能减轻危机事件带来的影响，是部队安全稳定工作及心理卫生工作的重点内容之一。

处理危机，应从认识危机开始。在本章中，我们将分享一些与危机及如何应对危机有关的内容，希望能使军人在面临危机时更加"淡定""从容"，也希望帮助部队的心理危机干预者更有效地进行危机干预。

一、军人心理危机的概念

危机事件是指个体或群体无法利用现有资源和惯常应对机制加以处理的事件。危机事件往往是突发的、严重的和超出人们预期的。

心理危机则是指当个体遭遇危机事件时，其惯用的应对方式和支持系统无法有效应对当前困境，当面临的困难超出个体的处理能力时，便会产生暂时性的心理失衡状态，表现为心理困扰。心理危机实质上包括3个方面：其一，危机事件发生；其二，对危机事件的感知导致当事人的主观痛苦；其三，惯常的应对方式失败，导致当事人的心理、情感和行为等方面的功能水平较危机事件发生前降低。除非获得缓解，否则心理危机有可能会引起严重的情绪、行为和认知功能障碍，甚至出现自我伤害或自杀行为。

需要注意的是，在实际情况中，危机事件的影响范围通常远超个体层面。它会传播开来，影响每一个与事件直接或间接相关的人。例如，在一次飞行事故后，受影响的不仅是当班机组成员，还包含遇难者及幸存者战友、家属、邻居、搜救和事故调查组成员，以及参与救助的医务工作者。在讨论危机是什么、应该怎样应对等问题时，我们必须考虑危机求助对系统的影响。这里的系统小到家庭，大至整个国家和社会。其中的关键是该系统原有的平衡被打破，而之前的处理机制不再起作用。如果未能及时得到解决，就会对系统造成破坏甚至毁灭。

二、军人心理危机的表现

（一）复杂的症状

一是危机事件中，当事人所处的环境复杂，其家庭、战友、工作单位可能都会直接关系到问题能否解决和稳定性的恢复，这很大程度上决定了危机处理的难易程度；二是危机对当事人的影响表现在身心多个层面，波及其周围人群，这些影响又相互交叉在一起，导致很多复杂的问题需要危机干预。尤其在大型危机事件中，当许多人同时受到危机影响时，整个社区、地区或国家系统都可能受到干扰。

（二）缺乏"灵丹妙药"

危机的产生与发展过程十分复杂，尤其是对长期存在的问题，很难实现彻底或快速解决。尽管处于危机中的人可以通过多种干预形式获得帮助，但由于危机与内在个体相互纠缠、受外部环境复杂性的影响，所以往往缺乏完全、快速的解决方法，有些只能称为"短期治疗"。许多当事人在面对严重危机时，会寻求像药物治疗这样的解决方法，这类治疗或许可以延缓极端反应的出现，但没有解决本身存在的问题，反而会使危机加深。无论是危机当事人、周围人群，还是干预工作者，都要对这一点进行充分的认识和理解。

（三）必须做出选择

危机会逼迫我们做出选择。无论我们是否愿意，当危机来临时，我们必须有所行动，"不做任何选择"本身也是一种消极选择。危机已经出现，"选择做什么"可能将给予我们克服困难的机会和成长的希望。

（四）普遍性与特殊性

危机具有普遍性，表现在危机是普遍存在的，每一次危机都伴随着不平衡和解体；危机的特殊性表现在，即使是同一事件，对不同的组织和个体也可能带来完全不同的结果。例如，一场突然爆发的可能会诱发严重细菌性肺炎的流行性感冒，对于医生而言，这并没有超出其日常诊疗能力，但对于一个缺乏相关医学知识的人而言，其内心就会感到对未来健康的不确定，无法进行有效应对，这就会构成危机。再如，同样面临残酷的战场环境，不同战斗单位的伤亡情况和战绩不同，其事件的性质也就完全不同。对于丧失战友和失败的战斗单位而言，可以定义为危机事件；而对于没有战友牺牲和取得胜利的战斗单位而言，就不构成危机事件。

（五）危险与机会并存

"危机"这个词包含着两层含义："危"代表着危险；"机"则预示着机会。危机既是风险，也可能是进步的转折点。危机会使个体处于异常状态，甚至出现伤人和自伤行为，但也为人们提供了成长和变化的机会。由危机产生的失衡和焦虑会迫使人们寻求帮助或自我突破，抓住这次机遇，就能帮助个体埋下自我成长和自我实现的种子，获得创伤后成长。

面对危机，人们会有以下3种不同的反应。一些人能够采取积极的态度去改变和成长，自主而有效地应对危机，在危机中变得强大；一些人会回避危机带来的有害影响，但实际上他们只是屏蔽了意识中的有害影响，在其一生中，这些影响都可能通过各种方式不断地出现和消失；此外，还有一些人在危机发生时心理就崩溃了，如果不能立即获得特殊帮助，他们将无法健康生存。

第二节　军人应激障碍的类型及表现

就像一颗石子投入平静的湖面会带起涟漪一样，危机事件也会产生冲击波，与事件有关的人都可能受到影响，包括危机当事人、家属、救援人员，乃至旁观者。对大多数人来说，最初的心理应激反应会随着时间的流逝慢慢减轻，直至消失，而有一部分人则会存在较长时间的应激反应，甚至发展出各种形式的精神疾病。危机事件后常见的精神健康问题包括：急性应激障碍、创伤后应激障碍和适应障碍。

一、急性应激障碍

急性应激障碍（acute stress disorder，ASD）是指个体在遭受剧烈精神刺激后数小时内出现的强烈生理心理反应综合征。ASD一般在应激事件发生后几分钟至几小时内出现，属于一过性障碍，病程较短，但是明显长于急性应激反应的时间，一般持续几小时至几天，通常在1个月内缓解。如果处理不当容易转为创伤后应激障碍。

ASD症状变异性很大，初期多为呆滞状态，表现为意识范围局限、注意狭窄、不能领会外在刺激、定向障碍；接着一部分当事人对周围环境进一步退缩，表现为少语少动、目光呆滞、不能回答问话；有的当事人则表现为激越性活动过多，如逃跑反应或神游。急性应激障碍者常存在惊恐性焦虑症状，如心动过速、出汗、面红耳赤等。当ASD缓解后，当事人可能对于发作有部分或完全的遗忘。

ASD 的影响因素主要是应激事件本身。灾难性或异乎寻常的心理刺激、社会刺激更易引发 ASD。多数患者发病与精神刺激的内容有关，其病程和预后也与及早消除精神刺激因素有关。ASD 可发生在各年龄段，多见于青壮年，男女发病率无明显差异。但重大灾难性危机事件发生后，也不是所有暴露于灾难的个体都表现出 ASD，表明个体易感性和应对能力在 ASD 的发生及表现的严重程度方面有一定作用。

根据中华精神科学会 2000 年颁布的《中国精神障碍分类与诊断标准第三版》（CCMD-3），关于 ASD 的诊断标准如下。

以急剧、严重的精神打击作为直接原因，在受刺激后即刻（若干分钟至若干小时）发病。表现为有强烈恐惧体验的精神运动性兴奋，行为有一定的盲目性；或者为精神运动性抑制，甚至木僵。如果应激源被消除，症状往往历时短暂，预后良好，缓解完全。

诊断为 ASD，当事人必须符合下列至少一项症状：

①有强烈恐惧体验的精神运动性兴奋，行为有一定盲目性；

②有情感迟钝的精神运动性抑制（如反应性木僵），可有轻度意识模糊。以社会功能受损情况作为症状严重程度的诊断标准。

二、创伤后应激障碍

创伤后应激障碍（post-traumatic stress disorder，PTSD）是指个体经历重大创伤事件所导致的、个体延迟出现和持续存在的精神障碍。PTSD 一般在创伤后 6 个月内出现，病程持续 1 个月以上，可长达数月或数年，个别甚至持续数十年之久。其中，病期在 3 个月之内的称为急性 PTSD，病期在 3 个月以上的称为慢性 PTSD，若症状在创伤事件后至少 6 个月才发生则称为延迟性 PTSD。PTSD 的三大核心症状为以下内容。

（一）创伤性再体验症状

主要表现为当事人常以错觉、幻觉（幻想）的形式重新"看见"创伤时的情境，这个过程就是我们通常所说的"闪回"。这种闯入性的创伤体验反复发生，即使在没有预警、刺激或者相关的触发物时，PTSD 当事人也能生动地再现创伤时的情景或片断，仿佛创伤再次发生，当事人会不断置身于危机情境中，一遍遍重演当时的各种情感，出现强烈的心理和生理反应，如恐惧、恶心、抑郁、心跳过速、呼吸加快、出汗等。这种重复体验的症状不受当事人控制，随时都可能闯入，任何与创伤事件有关的线索或象征物都可能引发体验，使当事人重新掉入深渊。例如，一个经历重大车祸创伤的 PTSD 当事人，在加油站闻到刺鼻的汽油味时，突然产生了强烈的创伤体验，车祸时的场景仿佛重现，令当事人感到恐惧。创伤性再体验也可以发生在睡梦中，当事人的梦境中反复出现与创伤事件密切相关的场景，并产生相应的情感体验。当当事人从梦中惊醒后，这种体验还有可能延续。

（二）回避症状

主要表现为当事人长期或持续性地极力回避与创伤经历有关的事件或情境，拒绝参加有关的活动；回避创伤的地点或与创伤有关的人或事；部分当事人甚至出现选择性遗忘，不能回忆起与创伤有关的事件细节。从社会功能来看，当事人与他人情感疏远、缺乏交流，无法反应周围环境，缺乏快感。

（三）警觉性增高

当事人存在自主神经过度兴奋，表现为高度易感（对环境非常敏感，甚至过度花费精力去寻找环境中的威胁信息）、易激惹（对刺激反应过大，易怒）、惊跳反应增强（时常被微小的刺激"吓一跳"）、睡眠困难（难以入睡或易惊醒）、难以集中注意力等警觉性增高症状。警觉性增高是人类面临危机时的适应性反应，有助于我们逃离危险，但在日常平稳的环境中，过度的警觉性会扰乱人的正常生活，使人感到疲惫，影响机体健康。

PTSD 的影响因素既包含事件本身，也与个体易感性因素密切相关。影响 PTSD 患病率的因素有以下几点。

1. 创伤事件的类型

越严重、对个体冲击越大的事件，越容易引发 PTSD。

2. 人口统计学特征

受教育水平低的人群、低收入人群、居住在城市中心人群、社会支持系统不足人群暴露于创伤事件的危险性更高，更值得被关注。在经历同一创伤事件后，女性的 PTSD 发病率明显高于男性，提示女性比男性更易发生 PTSD。

3. 共病

患有重度抑郁、焦虑障碍、物质滥用等精神疾病，以及如高血压、支气管哮喘等心身疾病的当事人更易发生 PTSD。同时，PTSD 也可能促使这些疾病的发生和加重，因此患有此类疾病或有家族史的创伤遭遇者更应受到关注。

PTSD 的诊断除应满足以上 3 种典型症状外，还应参考时间，一般要求当事人的症状发生 6 个月内应有重大创伤经历，否则应考虑其他诊断，如焦虑、强迫或抑郁诊断。但如果当事人临床表现典型，即使其经历创伤事件的时间已超过 6 个月，也可诊断为延迟性 PTSD。《美国精神障碍诊断与统计手册》中提到，有很多在童年受到虐待，特别是性虐待的人，直到青春期或成年之后才发病。此类当事人除了具有 PTSD 三大典型症状，还可能伴有情感紊乱（如强烈的情绪波动、自伤或自杀等）、人际关系紊乱（如自我关心不足、无法信任他人等）、躯体化症状（生理上的各种不适）和分离性症状（如记忆缺失、不能回忆创伤完整过程等），严重者可能进一步发展为人格障碍。

三、适应障碍

适应障碍（adjustment disorder，AD）是指在明显的生活改变或环境变化时所产生的情绪失调，常伴有一定程度的行为变化和生理功能障碍等，当事人社会功能有一定损伤，但并不出现精神病性症状。适应障碍一般出现在应激发生后的 1 个月内，当应激因素消除后，症状持续时间一般不超过 6 个月。

适应障碍的表现类型非常多样，常以抑郁、焦虑、其他情绪紊乱、混合情绪紊乱、品行障碍等各种症状出现。可以说，适应障碍包含创伤后个体所发生的多种症状，这些症状的严重程度不足以使当事人被认定为患有更为特异的精神障碍（如 ASD、PTSD、抑郁症、焦虑症等），但确实给当事人带来了不适感和不良影响，并有强有力的证据（或推断）表明如果没有应激源它们就不会出现。

适应障碍的影响因素也可分为应激事件的严重程度与个人素质差异。适应障碍常发生于适应生活中的明显改变或应激事件带来不良结果的过程中，典型事件如离婚、出国、移民、入伍、退休、岗位变换、慢性或严重躯体疾病、经济危机等。同时，个体的适应能力、应对方式、认知风格、来自家庭和社会的支持及个体当下的生理状况也会影响适应障碍的发生。

CCMD-3 中关于适应障碍的诊断标准为以下内容。

①有明显的生活事件为诱因，尤其是生活环境或社会地位的改变（如出国、入伍、退休等）。

②有理由推断生活事件和人格基础对导致精神障碍均起着重要作用。

③以忧虑、烦恼、抑郁、焦虑、害怕等情感症状为主，并至少有下列一项：

- 适应不良的行为障碍，如退缩、不注意卫生、生活无规律等；
- 生理功能障碍，如睡眠障碍、食欲减退等。

④存在情感性精神障碍（不包括妄想和幻觉）、神经症、应激障碍、躯体形式障碍、品行障碍的各种症状，但不符合上述障碍的诊断标准。以社会功能受损情况作为症状严重程度的诊断标准。诊断须排除情感性精神障碍、其他应激障碍、神经症、躯体形式障碍及品行障碍等。

第三节　军人心理危机干预的方法

一、稳定化技术（包含放松训练）

稳定化技术，就是通过引导想象练习，帮助危机当事人在内心世界构建一个安全稳定的心理空间，使其能够暂时远离痛苦的情景，并且寻找内在的积极资源，唤醒内在生命力，从而恢复解决和面对当前困难的能力，让当事人对未来生活重燃希望。因此，稳定化技术主要用于心理危机干预的初始阶段，以帮助当事人将情绪和认知水平恢复为常态，从而接受下一步的干预措施。

美国的心理危机干预专家韦恩瑞·恩伯和布罗契曾说过："我们每一个人的内心深处都有一种感觉，这种感觉就是认为我们是躲在有保护作用的神奇泡泡中游走在这个世界。这种感觉将这个世界塑造得相当稳定且可预测，意外事故、有生命危险的疾病，以及灾难并不会侵入我们个人的神奇泡泡。若它们真的侵入了个人的神奇泡泡，那将会促使我们对自己、对自己的生活及生存方式重新进行一次全面的评价，在生命安全受到威胁的情境下重新进行自我审视，这个过程将是痛苦的、耗费时间的和慌乱困惑的。"他们还说过："处于不安状态的个体的内在某处存在着一股健全的生命力量，具有更高层次的运作潜能。你所要做的是协助清除这场危机所制造的碎片，以及发掘出那些保留在底层的生命力。你不是一个必须去救援个体的救难工作者，而是只需伸出援手，协助那些烦乱不安的人们恢复生活的平衡，并且依靠自己的力量继续走下去。"这些观点表明，心理危机干预者不是救世主，不是全知全能的，他们能做的就是先帮助当事人稳定情绪，然后协助当事人去寻找自己内在的力量，让当事人靠着自己的力量往前走。

众所周知，危机事件可能会摧毁当事人的力量感与自控感，这种被摧毁的感知如果比较轻，则会在相当长的时间里感觉失落、无助；如果比较重，则会导致人格解体、精神崩溃。灾难发生后，直接的或间接的灾难接触者会因为经历创伤出现焦虑、惊恐、闪回、抑郁，甚至短暂的精神病性症状。在这种情况下，心理危机干预者需要及早地、有针对性地教会当事人学会与创伤感受和创伤回忆保持适当的距离，增强自我功能，帮助当事人在内心创伤和积极体验中找到平衡点，重新恢复对日常生活的掌控，从而有能量和有信心去面对巨大的创伤记忆和体验，以达到身心稳定的状态。

创伤干预具有阶段性模式，一般可分为3个阶段。

第一阶段，稳定化阶段。此阶段主要目标是建立或重新建立安全感和稳定性。

第二阶段，修通阶段。此阶段主要任务是进行哀悼、回忆、加工和整合创伤记忆或经历。

第三阶段，康复阶段。此阶段主要任务是重新建立连接、修补和扩大当事人的社会支持系统。

康复的过程并不是线性的，而是迂回曲折的，当事人有时候需要回到第一阶段的工作中，偶尔也会在短时间内进入下一阶段的工作。阶段性模式强调了创伤干预中暴露创伤性记忆时要审慎和进行调节。创伤领域不同的研究者和临床工作人员对这3个阶段的理论持有共识，该模式已经成为PTSD临床干预的标准指南。

创伤稳定化阶段的模式以现实为取向，将安全与自我关照作为最优先的干预任务。在该阶段中所要回避的是以过去为取向、创伤为焦点的暴露干预，但并不完全回避谈论创伤，相反，当事人在该阶段获悉有关创伤的信息、创伤的定义、创伤后应激障碍的常见症状，以及自己的诊断等，对他们的恢复大有益处。对创伤和自身症状的理解常常可以给当事人带来如释重负的感觉，为减轻羞耻感、负罪感等一些负面情绪，以及进一步的心理危机干预奠定基础。

稳定化技术主要用于危机干预的初始阶段，即帮助当事人建立安全和稳定化。"寻求安全"就是针对这一阶段发展起来的。稳定化技术具体包括身体的稳定、情绪的稳定、社会关系的稳定等，以帮助当事人重建人际关系，重新获得社会资源。"安全"对于不同的人可能有不同的含义，对创伤后应激障碍的当事人来说，"安全"通常包括：对创伤症状的管理，如对闪回、梦魇及消极情绪的管理；不用凭借酒精或者药物来应对生活，好好关照自己；建立安全的支持系统，避免自我伤害行为；能够寻找到令当事人自我感觉良好及享受生活的方法。干预者可以尝试鼓励当事人去思考安全对其个人的意义，而这些工作会成为心理危机干预中的目标和干预开展的焦点。

稳定化阶段通常是心理危机干预中持续时间最长的阶段，也是对心理危机干预最为关键的阶段。有些当事人在此阶段进展得非常顺利，症状得到缓解或消失，各方面功能恢复正常，甚至不一定进入下面两个阶段就可以恢复正常的生活。有些当事人可能将永远停留在此阶段，无法进入下一阶段，但能借此阶段的工作维持生活，并从该阶段得到所需的支持。所以，并非每个当事人的康复都需要经历3个阶段。

稳定化的工作非常重要，可以防止当事人的情绪失控，在处理创伤的过程中要反复运用稳定化技术。由于事物都具有两面性，即积极面和消极面，危机当事人往往会放大负性事件，产生被负性事件卷入进去的感觉，因此这种倾向需要通过强化积极体验来平衡，引导当事人关注积极事件，培养正向感受，帮助其建立积极的内在意象、情感体验和躯体感受。通过反复强化积极体验，正面感受会逐渐增强，而负面感受则会相应减弱。需要注意的是，干预过程中可能出现反复，若在关注积极事件时又联想到负面内容，只需重新引导注意力回到积极体验即可。

根据军内心理专家的调研，适用于军人心理危机干预的稳定化技术主要是"建立内在稳定性技术"和"寻找内心的正性资源技术"。

（一）建立内在稳定性技术

实施心理危机干预工作最基本的稳定化技术的要点为以下内容。

充分运用倾听、理解、积极关注、共情与支持等态度和技巧与危机当事人接触，建立信任关系，尝试将当事人的注意力集中在干预者和心理辅导上，而不是去关注他内心的激烈动荡的情绪波动。

在当事人情绪稍微稳定的情况下，可以请当事人简要叙述当前的内心体验，并引导其将注意力转向外部现实环境。

可以带领当事人进行放松练习，引导当事人将注意力集中在呼吸或其他放松方法上。

如果观察到当事人感觉不安全、情绪不稳定的时候，需提醒当事人此时正处在安全的环境中，以增强现实感。

在运用稳定化技术的过程中，当事人有时会突然出现不愉快的记忆，这不能说明当事人存在病理症状，因为这些都是干预过程的一部分，可以一个个去处理。

在运用建立内在稳定性技术（如放松技术、安全岛技术、保险箱技术等）时，需注意，对情绪不稳定的当事人，做放松练习的时间要短一些，有时甚至可以睁开眼睛来做。

1. 放松技术

稳定化技术基本都是借助想象练习的方法来完成的，而创伤事件容易引起人们的焦虑和恐惧，也会造成躯体的紧张与不适，因此有些稳定化技术在使用之前要先进行放松训练。放松训练的直接目的是使肌肉放松，最终目的是使整个机体活动水平降低，调整当事人因压力事件或创伤事件而产生的生理、心理功能失调，达到心理上的松弛，从而使机体保持内环境的平衡与稳定。

放松训练是行为疗法中的核心技术之一，该疗法以条件反射和学习理论为理论基础。放松训练对以副交感神经兴奋为主的内脏、血管、腺体等均可起到良好的调整作用，在危机干预过程中可以运用放松训练来帮助处在焦虑和恐惧中的人缓解情绪、平复心灵。放松训练的基本种类有呼吸放松训练、肌肉放松训练、想象放松训练等。

放松训练的实施。专业的放松训练的基本要求是在专业人员的指导下，让当事人学习、掌握放松技术的基本方法和要点，具有相对固定的程序。每完成一次放松训练均应对所达到的放松效果进行验证，根据验证的结果，可以逐步加强心理放松的指导。在当事人完全学会之后，便可以自行进行放松练习。

适宜的放松训练要求环境安静、光线柔和、空气新鲜、衣着宽松、体位舒适等。特定的放松技术还有特定的环境要求，如生物反馈放松训练要求在特定的心理干预环境中进行。

以肌肉松弛为主的放松训练，分为紧张性肌肉放松训练、渐进性肌肉放松训练等。如果采用渐进性肌肉放松训练，应重视其渐进性，从一组肌肉收缩、放松，再到另一组肌肉，交替进行，同时体会收缩和放松的感觉。重点学习放松的技巧，体验放松的心理感受。

以想象为主的放松训练的重点是调动当事人的主动想象力，根据当事人的个体需要，选择特定的想象情境，最好有音乐引导，干预者运用语言引导当事人进入主动想象，并使当事人得到愉快、放松、平静的心理体验。

为了验证放松的深度和效果，可以选择适宜的生理、心理观察指标来辅助放松练习，如血压、心率、呼吸肌紧张度、皮肤温度、脑电等，以及焦虑感受、抑郁感受等的改变程度。

（1）呼吸放松训练

①准备工作：请当事人选择最舒适的姿势，可以是坐姿、卧姿或站姿，根据训练现场的条件和当事人的喜好进行选择。

坐姿：坐在沙发上或椅子上，自然靠在靠背上，肌肉放松，腹部微微收缩，双脚着地，双目微闭，也可以盘腿坐在瑜伽垫上，身体挺拔，双目微闭。

卧姿：平躺在床上或沙发上，双脚伸直自然并拢，双手自然伸直放在身体两侧，双目微闭。

站姿：双手自然下垂，双脚自然分开，与肩同宽，身体挺拔，肌肉放松，双目微闭。

②放松训练步骤：第一步，把注意力集中在腹部肚脐下方；第二步，用鼻孔慢慢地吸气，想象空气从鼻腔慢慢沿着气管到肺部，腹部随着吸入气体的不断增加，慢慢地鼓起来；第三步，吸足气后憋住气，稍微停顿一下；第四步，慢慢地把气体呼出，当呼气的时候，想象浊气从你的鼻腔和口腔慢慢吐出，而不是突然地一下子呼出。是否通过鼻腔和口腔呼吸并不重要，只要让呼吸保持平稳就行。当事人学会了放松后，放松训练的指导语可以自己编制，下面列举几个范例供参考。

指导语范例一

（因为我们平时的呼吸大多是胸式呼吸，而这里的呼吸放松训练是腹式呼吸，因此在做练习的时候要求干预者指导当事人用心体会腹式呼吸的要点。）

下面请你选择一个舒适的姿势，半躺在椅子上或沙发上。一只手放在腹部，另一只手放在胸部。注意先呼气，感觉肺部会有足够的空间来做后面的深呼吸，然后用鼻子吸气，保持3秒钟，心里默数1、2、3，停顿1秒钟，再把气体缓缓呼出，可以在心中默数1、2、3、4、5，吸气时可以让空气进入腹部，感觉那只放在腹部的手向上推，而胸部只是在腹部隆起时跟着微微隆起。你呼气的时间要比吸气的时间长。

好！让我们先来练习一下，请听我的指导语，然后跟着去做。

深吸气，1、2、3，憋住，保持1秒钟；呼出气5秒钟，1、2、3、4、5。

深吸气，1、2、3，憋住，保持1秒钟；呼出气5秒钟，1、2、3、4、5。

再来！深吸气，1、2、3，憋住，保持1秒钟；呼出气5秒钟，1、2、3、4、5。

再吸气，1、2、3，憋住，保持1秒钟；呼出气5秒钟，1、2、3、4、5。

当你能够感觉这样的呼吸节奏比较舒服的时候，可以再进行平稳的呼吸，要尽量做到深而长的呼吸。记得要用鼻子深吸气，直到不能吸为止，保持1秒钟后，再缓缓地用口鼻呼气，呼气的时候一定要想象着把残留在肺里的气呼干净，同时可以想象，随着每一次呼气，你所有的不快、烦恼、压力都慢慢地呼出去了。

好！我们再来练习几次。

请听下面的指导语。

深吸气，1、2、3，憋住，保持1秒钟；呼出气5秒钟，1、2、3、4、5。

深吸气，1、2、3，憋住，保持1秒钟；呼出气5秒钟，1、2、3、4、5。

继续进行缓慢的深呼吸练习，你可以感觉到身体完全放松了。

让我们最后再来练习一组。

准备好！

深吸气，1、2、3，憋住，保持1秒钟；呼出气5秒钟，1、2、3、4、5。

深吸气，1、2、3，憋住，保持1秒钟；呼出气5秒钟，1、2、3、4、5。

想象不快、烦恼、压力都随着每一次的呼气，慢慢地呼出去了。

现在，你的身体越来越放松，你的心情很平静，你已经学会了放松。

指导语范例二

请尽量放松，集中注意力和我们一起练习。

请选择最舒服的姿势，你可以躺着，也可以坐着，还可以站着。试试看，直到你找到最舒服的姿势为止。

好，练习里会出现很多画面，最好闭上眼睛，如果你愿意睁着，我建议在你正前方找一个点，一直盯在那里。

现在你可以主宰所发生的一切，如果你想确认这一点，可以让一块肌肉绷紧。

请认真考虑，想不想打开内心的知觉。如果想，就请跟随我的声音；如果不想，就让我的声音飘散。

现在，请你按照最舒服的方式放松自己的身体。

把你的注意力放到呼吸上来，它平静、均匀。一呼一吸，身体也随之慢慢在动。注意胸腔，它缓缓地一升一降，肚皮也在一起一伏。

仔细体会，你会发现空气顺着鼻腔的内壁缓缓流过，摩擦着鼻腔。仔细体会，鼻腔对这种细微的运动有什么感觉，鼻腔的温度有什么变化。

体会几秒钟，身体在呼吸时的感觉。想象每次呼气，都把身体里的压力、烦恼和紧张释放出来；每次吸气，都把外界的正能量和养分吸入体内。

慢慢地，你会从白天的紧张和忙碌中解脱出来，你会觉得体内的正能量在聚集，你正在变得强大，你的内心变得舒适和安宁。

（2）肌肉放松训练

让人有意识地去感觉主要肌肉群的紧张和放松，体会从紧张到放松的感觉，从而达到放松的目的。肌肉放松训练分为被动式肌肉渐进放松训练和主动式肌肉紧张放松训练。

①准备工作：找到一个舒服的姿势，这个姿势要让当事人感到轻松，可以靠在沙发上或躺在床上。要在安静的环境中进行练习，光线不要太亮，尽量减少无关的刺激，以保证放松练习的顺利进行。

②放松的步骤：干预者可根据情况编排并下达放松指令，干预者指导当事人放松时可进行两遍，第一遍干预者边示范边指导当事人放松，第二遍由干预者发出指令，当事人以舒服的姿势闭眼躺好或坐好，跟随干预者的指令进行练习。

指导语范例一

现在我们要做肌肉紧张放松训练，这项放松训练可以帮助你实现完全放松身体。首先请把眼镜、手表、腰带、领带等可能妨碍身体充分放松的物品摘下来，放在一边。可以把上衣的第一个扣子也解开，请你坐在沙发或椅子上，把头和肩部靠在靠背上，胳膊和手放在扶手或自己的腿上，双腿放平，双脚平放在地面上，脚尖自然外倾，闭上双眼。这时你很放松地坐在椅子上，感到非常舒服。

在接下来的步骤中，当感到紧张时，请你再持续这种状态5秒，直到感觉紧张到极点；当你要放松时，就一下子完全松弛下来，并感觉有关部位的肌肉十分无力。注意，一定要用心体验彻底放松后的愉悦感觉。

现在，请跟着我的指示做。首先，请深呼吸3次，慢慢地吸气—慢慢地呼气—吸气—呼气—吸气—呼气。

好，现在左手紧握拳、握紧！注意有什么样的感觉。好，现在放松。

现在，再次握紧你的左拳，体会一下你感到的紧张状况。然后放松。

听我的指令再来一次：握紧你的左拳。放松。去想象紧张消失得无影无踪了。非常好。

接下来的训练中，你都要感觉到肌肉的紧张，然后充分放松，体会放松后的感觉。

现在，右手紧紧握拳，注意你的大臂、手和前臂的紧张状态，1、2、3、4，好！现在放松。

现在，再一次握紧右拳，1、2、3、4，好！请放松。

现在，左拳握紧，左手臂弯曲，使二头肌紧张，坚持，1、2、3、4，好！现在放松。

现在，右拳握紧，右手臂弯曲，使二头肌紧张，感觉这种紧张状态，1、2、3、4，好！现在放松。

现在请立即握紧双拳，双臂弯曲，使双臂处于紧张状态，保持这个姿势，体会一下现在的紧张，1、2、3、4，好！现在放松。

好，感觉血液流过肌肉，所有的紧张流出手指。

好，现在把你的眉毛用力向上抬，抬起的肌肉使你的前额起了皱纹，1、2、3、4，好！现在放松。

现在，请皱眉头，眼睛紧闭使劲儿把你的眉毛往中间挤，感觉这种紧张通过额头和双眼，1、2、3、4，好！现在放松。

注意放松的感觉流过双眼。

现在，嘴唇紧闭，抬高下巴，使颈部肌肉紧张，用力咬牙，1、2、3、4，好！放松。

现在，各个部位一起做，紧皱眉头，紧闭双眼，使劲儿咬上下颚，抬起下巴，拉紧肌肉，紧闭双唇，保持全身紧张，并且感觉紧张贯穿前额、双眼、上颚、下颚、颈部和嘴唇，保持姿势，1、2、3、4，好！现在放松。

注意体会此时的感受。现在双肩外展扩胸，肩胛骨尽量靠拢，好像你的两个肩膀要合到一起，1、2、3、4、5、6、7、8，好！放松。

现在尽可能使劲儿地向后收肩，直到感觉到后背肌肉紧张，特别是肩胛骨之间的地方，拉紧肌肉，保持姿势，1、2、3、4，好！现在放松。

现在，再一次把肩胛骨往内收，这一次腹部尽可能往里收，拉紧腹部肌肉，这种感觉会贯穿全身，保持姿势，1、2、3、4，好！现在放松。

现在听我的指令，我们要把刚才所有肌肉系统的练习都做一遍。

首先，请深呼吸3次，吸气—呼气—吸气—呼气—吸气—呼气，好，准备好了吗？紧握双拳，双臂弯曲，把二头肌拉紧，紧皱眉头，紧闭双眼，咬紧上下颚，抬起下巴，紧闭双唇，双肩往内收，收腹并拉紧腹部肌肉，保持这个姿势，感觉到强烈的紧张感贯穿上腹各个部位，好！放松深呼吸一次，感到紧张感消失，想象一下所有肌肉、手臂、头部、肩部和腹部都放松。

现在，把注意力放到你的腿部，伸直你的双腿，脚尖上翘，使你小腿后面的肌肉紧张。好！放松。

现在，把左脚跟伸向椅子，努力向下压，抬高脚趾，使小腿和大腿都绷得很紧，抬起脚趾，使劲儿蹬后脚跟，保持，1、2、3、4，好，放松！

接着，把右脚跟伸向椅子，努力向下压，抬高脚趾，使小腿和大腿都绷得很紧，抬起脚趾，使劲儿蹬后脚跟，保持，1、2、3、4，好，放松！

好，现在双脚一起来做，双脚跟伸向椅子，努力向下压，抬高脚趾，使小腿和大腿都绷得很紧，抬起脚趾，使劲儿蹬后脚跟，保持，1、2、3、4，好，放松！

好，现在，进行3次深呼吸，吸气—呼气—吸气—呼气—吸气—呼气。

好，将前面所练习过的所有肌肉都开始拉紧，左拳和二头肌、右拳和二头肌、前额、眼睛、颚部、颈肌、嘴唇、肩膀、腹部、右腿、左腿，请保持这个姿势，1、2、3、4，好！现在放松。

深呼吸3次，吸气—呼气—吸气—呼气—吸气—呼气。

好！我们从头到尾再做一次，左拳和二头肌、右拳和二头肌、前额、眼睛、颚部、颈肌、嘴唇、肩膀、腹部、右腿、左腿，请保持这个姿势，1、2、3、4，好！现在放松。

体会全部紧张后又全部放松的感觉，现在进行正常的呼吸，享受全身肌肉完全没有

紧张的惬意之感，深呼吸3次，吸气—呼气—吸气—呼气—吸气—呼气，然后活动一下你的颈部、手腕。好，你已经完全学会了放松，慢慢睁开你的双眼。

指导语范例二

现在，请用鼻子深深地吸一口气，憋住气，然后用口慢慢呼出气。

再吸一口气，憋住气，好，慢慢呼出去；现在，你感到很舒畅、很放松。

现在，请将双手平放在沙发的扶手上，掌心向上，握拳，握紧，再握紧！

好，你体会这种感觉，你感觉到肌肉在紧张、在坚硬！

好，完全放松！放松！

注意感觉你的双手微微发热、发酸；你感到双手的酸软、沉重，又很舒服。

好，我们再来一次。

紧握拳头，握紧！再握紧，体会紧张的感觉。

好，放松！完全放松！

体会双手放松后微微发热、发酸的感觉。

现在，请抬起两臂向后弯曲，手掌向肩部摸去，使前臂和上臂的肌肉紧张。

好，使劲儿，绷紧！再绷紧！

很好，现在放松。

你感到两臂的肌肉变得酸软无力，松弛舒服。

好，再来一遍。

现在，请抬起两臂向后弯曲，手掌向肩部摸去，使前臂和上臂的肌肉紧张。

好，使劲儿，绷紧！再绷紧！

很好，现在放松。

你感到两臂的肌肉变得酸软无力，松弛舒服。

这个简短的肌肉紧张放松训练指导语可以在短短几分钟内使当事人放松下来。

（3）想象放松训练

危机事件后，多数当事人可能存在睡眠质量下降的问题，放松训练是一种很好的改善睡眠的干预方法，其中以想象放松训练效果尤为显著。该训练是在训练中加入一些积极的暗示，因此效果会比较好。做想象放松训练时，引导当事人回忆一个曾带来强烈愉悦感的场景，可以是海边、草原、高山等，用自己的多个感觉通道，如视觉、听觉、触觉、嗅觉、运动觉等，去感受、回忆。想象放松训练的指导语有主动和被动两种，干预者可以自行选择使用哪种方式。

基本步骤：

①首先是导入阶段，请当事人舒适地坐好或躺好，先进行深呼吸放松或肌肉放松训练，目的是帮助当事人进入意识转换状态，为下一步的想象放松做准备。

②如果是被动式想象放松训练,那么干预者可以通过指导语带着当事人进入某个情境画面,引导当事人去看、去听、去感受;当事人可以根据指导语进行多感官体验。

③如果是主动式想象放松训练,那么干预者可以用语言暗示某个场景,将当事人带入那个情境中,当事人根据指导语指示的方向进行自由联想。在自由联想的过程中,当事人可以说出自己想象的内容,干预者的任务就是按照当事人想象的内容来深化和推动。如果当事人没有按照干预者指示的方向进行联想,干预者要跟随当事人的想象往下走。

④在主动式想象放松训练中,干预者可以适当询问当事人想象的细节,细节越丰富,意味着当事人进入想象的世界越深入,同时还要适当询问当事人的情绪感受和躯体感受。注意观察细节,随时调整引导方向。

在进行想象放松的时候,如果能加上以放松舒缓为基调的背景音乐,效果会更好。

指导语范例一——大海场景想象放松训练

现在,请你选择一个舒适的姿势坐好或躺好,请做几次深呼吸,慢慢地吸气—慢慢地呼气—吸气—呼气—吸气—呼气。

想象一下,你现在静静地躺在沙滩上,周围没有其他人,有蓝天、白云、湛蓝的大海、微微的海浪;岸边是高大的椰树,身下是绵绵的细沙,阳光温柔地照在你的身上,你感到无比的舒畅。

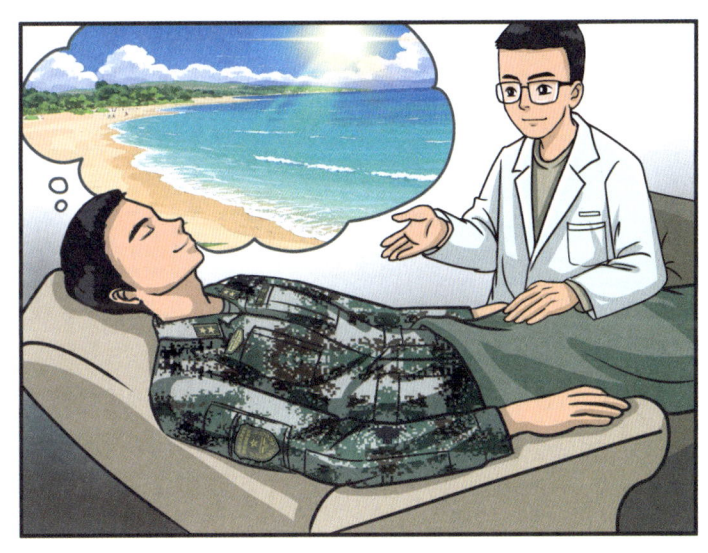

微风带着一丝大海的味道,轻轻地拂过你的脸颊,你静静地聆听着海浪歌唱,阳光照得你全身暖洋洋的,你感到一股暖流顺着头部流进你的右肩,让你感到温暖而沉重;

你的呼吸变得越来越慢、越来越深,这股暖流又流进你的右臂,再流进你的右手,整个右臂、右手也感到了温暖、沉重;

现在,这股暖流又流回你的右臂,从后面流进脖子,脖子也感到温暖、沉重;

你的呼吸变得更加缓慢深沉,这股暖流又流进你的左肩,左肩感到温暖、沉重;

你感到越来越轻松,这股暖流又流进你的左臂,再流进你的左手,左臂、左手也感到温暖、沉重。

现在,这股暖流又流回你的左臂,左臂感到温暖、沉重;

你变得越来越轻松,心跳变慢了,心跳更有力了!

现在,这股暖流又流进你的右腿,右腿也感到温暖、沉重;

你的呼吸缓慢而深沉。

这股暖流流进你的右脚,整个右脚也感到温暖、沉重。

现在,这股暖流又流进你的左腿,左腿也感到温暖、沉重;

你的呼吸缓慢而深沉。

这股暖流流进你的左脚,整个左脚也感到温暖、沉重;

你的呼吸越来越深,越来越轻松。

现在,这股暖流流进你的腹部,腹部感到温暖、沉重;

这股暖流流进你的胃部,胃部感到温暖、轻松;

这股暖流最后流进你的心脏,心脏也感到温暖、轻松;

此时,你的心脏又把暖流送到了全身,你的全身都感到了温暖而沉重,舒服极了。

你的整个身体都十分平静,你也十分安静,已经感觉不到周围的一切了,周围好像没有任何东西,你安然地躺在海边,非常轻松,十分自在。

指导语范例二——美丽花园想象放松训练

请轻轻闭上眼睛,我们先来做几次深呼吸,随着每一次的呼吸,你会越来越放松,越来越放松。

现在,想象一下你正站在属于自己的美丽花园中,你感觉非常放松、宁静;

在这里,每件东西都沉浸在柔和的阳光里;

你看到许多色彩缤纷的蝴蝶在空中飞舞,还有散发着香气的花朵在随微风轻轻摆动,在你的花园里,一切都那么美好、宁静、令人放松;

现在,你可以躺在花园中的草地上,阳光照在全身暖洋洋的,你闻到了花草的芬芳,那么清新、那么舒爽;

你的整个身体都特别放松,你感到心胸特别宽广;

现在,请让自己全身心地去体验这舒适、放松的感觉。

(4)放松训练注意事项

①在进行放松训练时,首先要让当事人感觉舒适、安全。在第一次放松训练的时候,干预者应给当事人做示范,以减轻当事人的顾虑,并提供能模仿的信息。

②放松训练中可以使用的放松方法有多种,可以单独使用,也可以联合使用,但一般以一两种为宜,不宜过多。

③需向当事人说明,放松训练的关键是放松身心,既强调身体、肌肉的放松,更强调精神、心理的放松,干预者要帮助当事人体验身体放松后的感觉。

④练习时,应集中精力,全身心地投入,排除杂念,避免各种干扰,确保训练的效果。

⑤放松训练的指导语可以用录音，也可以现场口述。初次训练时，采用口头语引导更便于当事人接受和掌握。干预者应保持语速缓慢、语调平稳流畅。

⑥指导语应遵循简单、重复和可预期的原则。语言尽量简单，这样可以让当事人的注意力从干预者的语言上转移到对自己躯体的感受上，反复使用同样的词语，可以增强预期性，提升安全感。

⑦放松训练结束时，注意不要让当事人突然清醒和睁开眼睛，要注意逐步唤醒。

⑧放松疗法对想象力强、容易受暗示的当事人效果较好，对独立性强而想象力差的当事人可能效果不显著，此时可以使用其他方法。

⑨使当事人领悟，放松训练最重要的目的是能够让当事人在日常生活中做到随时放松，并运用自如。

⑩经历创伤事件不久的当事人情绪和心理还没有稳定下来，正处于应激反应期，此时不建议使用想象放松训练，因为他们通常在理性状态中还能够自行控制情绪，但是意识一旦转换状态后，很可能情绪失控，容易对其造成二次创伤。

2. 安全岛技术

稳定和安全是人性的需要，心理学家荣格指出，安全感是人的第一愿望。因为降生并非我们自己的选择，所以有先天的被动感，这决定了心灵上与生俱来的不安，这也使安全感成为最令人期盼的愿望。从本质上说，安全感就是可以掌控一切的感觉，而失控就成为夺走我们安全感的罪魁祸首。经历了创伤事件的当事人是没有安全感的，所以才出现了各种负面情绪，因此建立安全感对当事人来说是至关重要的。安全岛技术就是一种尝试，让当事人逐渐拥有掌控感。安全岛技术是稳定化技术中最常见的一种。它是一种用想象法改善当事人情绪的心理学技术，当压力造成负面情绪时，找到一个仿佛是世外桃源的地方暂避一时，可以缓解当事人紧张焦虑的状态，稳定情绪。

这个世外桃源被我们称为安全岛。所谓安全岛，就是一个自己感觉最安全、最舒适的地方。这个地方可以是真实存在于现实世界中的，可以是在当事人的内心深处的，也可以是当事人曾经到过的地方，如家中的沙发床、户外的丛林、沙滩、海岛等，甚至可以是任何一个当事人能想象出来的地方，完全由当事人自己构建营造，没有人能够打扰。当一个人碰到灾难、面对突如其来的事故时，脑海里可以不断回想自己身处安全岛时候的心情，想象自己并没有在经历痛苦，而是身处一个保护性的、充满爱意的、安全的地方。通过这样的方式，当事人的焦虑、恐惧及压抑等情绪可以得到一定程度的缓解。安全岛受到了很好的保护，未经当事人的允许，其他人是不能进入这个地方的。当然，如果当事人感觉很孤独，也可以带一些有用的、友好的物件或小动物进入。但是，不能是人，亲人朋友也不可以，因为只要涉及人与人之间的关系，就有可能产生压力感，而在安全岛上是不应该有任何压力存在的，这里只有好的、保护性的、充满爱意的东西。

（1）安全岛技术程序

①一般性准备，向当事人解释放松训练的原理及操作步骤；

②先做肌肉放松训练，让当事人平复情绪，进入放松状态；

③进行安全岛想象训练。

（2）注意事项

人在遭遇了危机事件后，情绪上会有剧烈的波动起伏，通过安全岛技术，可以重建内心的安全感，并调节情绪。想象的画面并不重要，想象中的体验才是最重要的，安全岛技术就是强化这种体验。

在进入正式的安全岛想象训练时，干预者一定要确认当事人是否已进入放松状态，因为任何的疑惑都会使当事人敏感的神经绷紧，同时要注意指导语描述得越详细越好。

在做练习时，需要花上一点时间，直到某一个属于自己的安全岛慢慢在自己的内心清晰明确起来。

如果有愿意搭档的朋友或伙伴，可以相互帮助，帮助对方构建自己的安全岛。当事人也可以请自己的好朋友或父母等可靠的人来读指导语，帮助当事人构建自己的安全岛，也可以将这样的指导语用录音机或MP3之类的设备录制下来，然后放给自己听，直到完成内在安全岛的构建。如果当事人很认真地、明确地完成了自己内在安全岛的构建，就可以在自己情绪状况不好的时候加以使用了。比如，当你很伤心、难过、愤怒、焦躁时，可以让自己进入内在的安全岛，从而重新获得愉悦、平静。

（3）安全岛的指导语

这个地方只有你一个人可以进入，当然，如果你在进入这个地方时会产生强烈的孤独感，你也可以携带任何物品，除了人。这个地方应受到良好保护并有明确边界，确保你能阻止任何未受邀请的外来者进入。真实的人，即使是好朋友，也不要邀请到这个地方来，因为人际关系可能造成压力，在这个安全岛上不应该有任何压力存在。

指导语范例

现在，请你在内心世界里找一找，有没有一个安全的地方，在这里，可以让你感受到绝对的安全和舒适，它可能是你曾经去过的地方，也可能存在于你的想象世界里，也可能就在你的附近，也可能它离你很远，无论它在这个世界或者这个宇宙的什么地方，只要你觉得它是安全的就可以。

好，现在，你可以给这个地方设置一个边界，这里只属于你一个人，这个地方只有你一个人能够进入；你也可以随时离开，没有你的允许，谁都不能进来。如果你觉得孤单，你可以带上一些友善的、可爱的东西来陪伴你、帮助你；你能够决定，哪些东西允许被带进来，但注意那是一些东西，真实的人不能被带到这里来。

别着急，慢慢考虑，找一找这么一个神奇的、安全的、惬意的地方，直到这个安全岛慢慢在自己的内心清晰、明确起来。

或许你看见了某个画面，或许你感觉到了什么，或许你只是在想着让这么一个地方出现，无论出现的是什么，就是它啦。

如果在你寻找安全岛的过程中，出现了不舒服的画面或者感受，别太在意，而是告诉自己，现在你只是想发现好的、愉快的画面，处理不舒服的感受可以等到下次再说。现在你只是需要找一个只有美好、使你感到舒服、有利于你改善心情的地方。

肯定有这样一个地方，你只需要花一点时间，有一点耐心。

有时候，要找一个这样的安全岛还有些困难，因为还缺少一些有用的东西。但你要知道，为找到你内心的安全岛，你可以动用一切你能想到的资源，如交通工具、日用工具、各种材料，当然还可以使用魔力。总之，一切有用的东西都可以使用，你也有能力使用。

当你找到了自己内心的安全岛时，就请告诉我，如果你愿意，你可以向我描述这个地方的样子；如果你对此一言不发，也没关系。

（在当事人描述其内心活动的过程中，干预者应伴随其左右，通过多次提问而使其想象中的画面更加清晰起来。）

现在，请你环顾左右，看看是否真的感到非常舒服、非常安全。这是不是一个可以让自己完全放松的地方。请你确认一下，有一点非常重要，那就是你应该感到完全放松、绝对安全和非常惬意，请把你的安全岛想象成这个样子。

请你仔细地环顾你的安全岛，仔细看看岛上的一切，你的眼睛看到了什么，你所见到的东西让你感到舒服吗？如果是，就留在那里；如果不是，就变换一下或让它消失，直到你真的觉得很舒服为止。

你能听见什么吗？你感到舒服吗？如果是，就留在那里；如果不是，就变换一下，直到你真的觉得很舒服为止。

那里的气温是不是很适宜？如果是，那就这样；如果不是，就调整一下气温，直到你真的觉得很舒服为止。

你能不能闻到什么气味儿？舒服吗？如果是，就保留原样；如果不是，就变换一下，直到你真的觉得很舒服为止。

看看这里是否还需要添加什么东西，才会让你感觉非常安全和舒适。请仔细观察。

好，把你的小岛装备好了以后，请你仔细体会，在这样一个安全的地方，都有哪些感受？

你看见了什么？

你听见了什么？

你闻见了什么？

你的皮肤感觉到了什么？

你的肌肉有什么感觉？

呼吸怎么样？

腹部感觉怎么样？

请你尽量仔细地体会现在的感受，这样你就知道，在这个地方的感受是什么样的。

如果你在这个小岛上感到绝对的安全，就请你用自己的躯体设计一个特殊的姿势或动作，用这个姿势或动作，你可以随时回到这个安全岛来。以后，只要你摆出这个姿势或者一做这个动作，它就能迅速地将你带回到这个地方来，并且让你感觉到舒服。比如你可以握拳，或者把手摊开，可以设计成别人一看就明白的样子，也可以设计成只有你自己才明白的样子。

请你带着这个姿势或动作，全身心地体会一下，在这个安全岛的感受有多美好。

现在，撤掉你的这个姿势或动作，平静一下，慢慢睁开眼睛，回到自己所在的房间，回到现实世界中。

3. 保险箱技术

保险箱技术也是稳定化技术的一种。保险箱技术是一种很容易学会的负面情绪处理技术，也是靠想象方法来完成的。它早先被用于处理严重心理创伤，用来有意识地对心理创伤进行隔离封存，从而使个体在比较短的时间内，从压抑的状态中解放出来。

它的操作方法是让当事人为自己设计一个只属于本人的"保险箱"，干预者指导当事人打开箱子，把所有给他带来压力的东西、创伤或由丧失导致的负面情绪，全部放入想象中的容器里，锁好箱门，把钥匙收好，再请当事人把保险箱放到一个他认为合适的地方，平时所有人都碰不到它（包括当事人自己）。通过将心理创伤的各种负面反应"打包封存"，减少当事人的痛苦，以实现个体正常心理功能的恢复。而保险箱的钥匙由当事人自己掌管，并且他可以自己决定是否打开及何时打开保险箱的门，来重新触及那些负面情绪，探讨相关的内容。

保险箱技术属于哀伤辅导技术的一种，它只能处理处于哀伤中的当事人的一部分问题，即情绪困扰。而社会支持，即一些亲友或支持性团体的主动帮助对当事人是很重要且有效的。分享相关体验、提供实际的建议及讨论应对方式能够帮助当事人更快地从丧失事件中走出来，开始新的生活。此方法可以在较短时间内缓解当事人的负面情绪，但事实上，这一技术不仅可以用于严重的心理创伤处理，还能有效地处理人们平常的一般压力和情绪困扰。

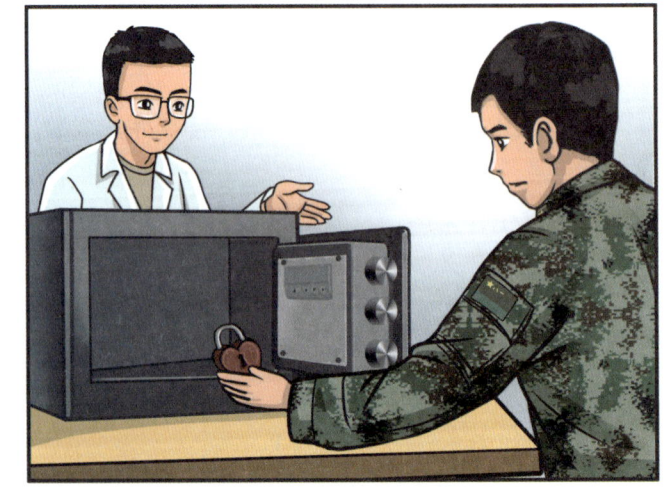

保险箱技术另一种做法是，干预者指导当事人将已丧失的

美好记忆锁入一个想象的保险箱里，钥匙由自己掌管，并且可以由自己决定是否打开及何时打开保险箱的门，来重新触及那些记忆及探讨相关事件。

可以将这种技术看成想象练习的"第一堂课"，因为第一次接触它就很容易学会，有助于当事人掌控自己的创伤性经历，或有意识地对之进行管理，从而使自己——哪怕是短时间的——从压抑的念头中解放出来。

（1）使用保险箱技术的程序

①一般性准备，向当事人解释保险箱技术的原理及操作步骤；

②运用肌肉放松训练让当事人平静下来；

③进行保险箱想象训练。

（2）注意事项

对保险箱及为保险箱配置的锁和钥匙的描述越详细越好，包括大小、形状、质地、颜色等。

指导语范例

请想象一下，在你面前有一个保险箱，或者某个类似的东西。

现在请你仔细地看着这个保险箱：

——它有多大、多高、多宽、多厚？

——它是用什么材料做的？

——是什么颜色的？

——壁有多厚？

——这个保险箱分了格，还是没分格？

——仔细观察保险箱：箱门好不好打开？开关箱门的时候，有没有声音？

——你会怎么关上它的门？

——锁是什么样的？钥匙是什么样的？

（必要时可以帮助当事人展开想象：是密码锁、挂锁、转盘锁，还是同时有多种锁型？针对年轻人，或是对技术感兴趣的当事人，应该允许他们对"新型的"锁开展想象。）

好，现在，请你看着这个保险箱，并试着关一关，你觉得它是否绝对可靠？如果不是，请你试着把它改装到你觉得百分之百的牢靠。然后，你可以再检查一遍，看看你所选的材料是否合适，保险箱的箱壁是否足够结实，锁是否足够牢固。

现在，请你打开你的保险箱，把所有给你带来压力的东西，统统装进去。

（有些当事人需要帮助，因为他们不知道如何把感觉、可怕的画面等装进保险箱。此时，我们应该帮助当事人把心理负担"物质化"，并把它们放进保险箱。）

具体来说，有以下内容。

感觉：包括对死亡的恐惧、躯体不适、疼痛，给这种感觉设定一个外形，如巨人、章鱼、乌云、火球等，尽量使之变小，然后把它们放进一个小盒子或类似的容器里，再锁进保险箱。

念头：在想象中，将某种念头写在一张纸条上，比如，使用某种看不见的神奇墨水，只能用某种特殊的东西才能使之显形，然后将纸条放进一个信封封好，再锁进保险箱里。

图片：激发与图片有关的想象；必要时可以将之缩小、去除颜色、使之泛黄等，然后装进信封或其他容器，再放进保险箱。

内在电影：将相关内容设想为一盘录像带的内容，必要时将之缩小、去除颜色、使之泛黄等，把录像带倒回开始的地方，再把录像带放进保险箱。

声音：想象一下，把相关的声音录制在磁带上，将音量调低，倒回到开始的地方，放进保险箱。

气味：可以将气味吸进一个瓶子里，用软木塞塞好，再放进保险箱锁好。

味觉：将不适的味觉想象成某种颜色和形状，尽可能使之缩小，然后再放进一个可以封闭的罐子或玻璃瓶里。

锁好保险箱的门，想想看，你想把钥匙（根据不同类型的锁，可以分为写有密码数字的纸条、遥控器等）藏在哪儿。

（最好不要把钥匙或者其他锁具藏在治疗室，也不要把它扔掉或弄丢。）

请把保险箱放在你认为合适的地方。不应该太近，应该尽可能远一些，并且以后你想去看这些东西的时候，就可以找到。原则上，所有的地方都是可以的，比如，可以把保险箱沉入海底或放到某个陌生的星球等。但有一点很重要，就是如何能再次找到这个保险箱，如使用特殊的工具或某种魔力等。保险箱同样也不适合放在治疗室，也不要放在别人能找到的地方，尤其是自己讨厌的人那里。

如果完成了，就请你集中注意力，回到这间屋子。

（二）寻找内心的正性资源技术

军内的调查研究结果显示，适用于军人危机干预的"寻找内心的正性资源技术"有：内在智者技术、遥控器技术、内心花园技术等。这几项技术具有操作简便、容易掌握的特点。

1. 内在智者技术

内在智者技术也是稳定化技术的一种。内在智者技术旨在帮助当事人构建一种内心积极的力量，获得安全感和控制感，这种力量可以由一个人或一个物体来代表。内在智者技术操作的主要方法是让当事人想象一个充满无穷力量的人物或物件，只要想到他（它），当事人就会变得强大，没有恐惧；同时，设计一个只有当事人自己知道的肢体动作来代表他的"内在智者"，在以后的日子里，每当当事人需要的时候，只要他一做这个动作，他的"内在智者"就会立即出来帮助他，给他力量，解决一切问题，让当事人感到安全，获得掌控感。

（1）内在智者技术程序

①一般性准备，向当事人解释内在智者技术的原理及操作步骤；

②运用肌肉放松训练让当事人平静下来；

③实施内在智者想象训练。

（2）注意事项

在操作中，干预者要尽力做到让当事人完全相信"内在智者"的力量，并相信"内在智者"在任何时候都会无条件地帮助当事人。

指导语范例

请把注意力从外部转向你的内部，仔细观察一下你自己丰富的内心世界。

现在，请你和自己的内在智者建立起联系，这听起来似乎有些抽象，但你与自己的内在智者一定打过交道，或许你只是没这么叫过他／它。

只有当你的注意力非常集中的时候，才会察觉到内在智者的存在。他／它能客观地观察和评论此时此刻正在发生的事情，可以说，内在智者是一个不会撒谎的裁判，他／它会告诉你什么是对的、什么是好的、什么是真的。

如果暂时想不到，你可以回想一下，是否曾经在做完某件事情之后，懊悔地想"天呐，我刚才都做了些什么？"这些都是内在智者发出的声音。

内在智者可以是人，也可以是物，他／它永远都在你的心里，当你需要的时候，他／它就会全力帮助你。

请让所有的感觉自由地延伸，看一下你的内在智者是什么样子的，你听到了什么，感觉到了什么。请开启你所有的感官，让他／它自由地出现，然后留住他／它。

如果有什么让你不舒服的东西出现，请告诉它，它不受欢迎，然后把它送走，你现在只想遇见对你有帮助的东西。至于其他的东西，只有在你想跟它打交道的时候，它才可以出现。

（在进行个别干预时可以对当事人说：如果你想告诉我一些关于你内在智者的事情，那你现在就可以告诉我；如果你不想分享，也可以。）

如果你能建立这种关系，你就可以让这位智者为你提供一些建议和帮助。请你想一想，你有哪些重要的问题要问他／它，或者想请他／它提供哪些帮助或支持。

请提出你的问题或要求,尽可能详细一些,请你对每一种回答敞开心扉,不要做出太多的评价。

如果你已经得到一些答案,请你对这种友好的帮助表示感谢。你也可以经常请这位内在智者来到自己身边,让他/它经常陪伴在你身边。

如果你希望结果是这样,但到现在还没有和内在智者建立联系,就请你常常做这个练习。总有一天,这种联系会建立起来。

现在,请你集中注意力,回到这间房子。

2. 遥控器技术

如果某些事情让人感到不能控制,并有可能产生危险,就会让人感到非常焦虑、紧张与不安,因此,帮助他们建立掌控感是非常重要的。有了掌控感,当事人就会产生稳定的情绪。而遥控器技术就是通过在内心构建一个由自己掌控的遥控器,从而对危机事件后可能经常闪回的"图像"进行控制。遥控器技术常常和保险箱技术一起使用,无论是用来强化资源,还是用来处理创伤,都可以这样进行。当然,前提条件是,当事人对遥控器的使用必须有足够的信任,通过遥控器,他可以控制屏幕上出现的图像。首先要对遥控器进行建构,其次要对其性能进行全面的测试,开始可以先呈现积极的画面,然后再呈现不太舒服的画面,其主观痛苦感觉单位量表(subjective units of distress scale,SUDS)至少应达到4,这个练习既不需要准备,也不需要放松引导。

主观痛苦感觉单位量表,也称为主观困扰单位量表,是一个0～10级的量表,用以测量个人当前体验的痛苦或困扰的主观强度。

10= 感觉难以忍受。除自我感之外,像神经衰弱一样失去控制、不知所措、智穷力竭。你可能会感到非常不安,以至于不想说话,无法感觉到自己的存在。

9= 感到绝望。大多数人所说的10级实际上是9级。感觉极度恐惧,以至于觉得几乎无法忍受,害怕自己可能会做些什么。感觉非常糟糕,失去了对情绪的控制。

8= 吓坏了。开始有疏离感。

7= 开始发狂。处在一些绝对坏情绪的边缘。但对自己的情绪还有控制能力。

6= 感觉不好。在这种程度上,你开始认为应该对自己的感受做些什么。

5= 中度不适,不舒服。但不愉快的情绪可以通过努力得到控制。

4= 有些心烦意乱。你不能轻易忽略一个不愉快的想法。你还是可以处理这些,但感觉不好。

3= 轻度沮丧。你能够注意到担心、困扰的情绪。

2= 有点沮丧,但不明显,除非你仔细觉察自己的情绪感受和现实,然后认识到,"是的",是有些事情在困扰着我。

1= 没有急性痛苦,感觉基本良好。如果你特别仔细去感受,你可能会感受到一些不愉快的事,但并不多。

0= 和平，宁静。对任何特定的问题都没有任何忧虑。

指导语范例

回想一下，当你在家里看电视的时候，一定会使用遥控器换台，换到你喜欢看的节目或画面；当你在电脑或手机上处理一些图片或照片的时候，也一定会对其进行技术处理，如使画面闪现或消失、将画面拉长和缩短等。

请你设想一下，现在你的手上拿着这样的一个遥控器，你可以按照自己的意愿使用这个遥控器，通过它来调整静止和动态的画面或图像。

想一想这个遥控器的样子，当然，你也可以自己设计一个新的款式。下面我们来设计一下你的这个遥控器。

它是什么样的？

是用什么材料做成的？

什么颜色？

那些按钮是什么颜色？

上面的按钮是多还是少？

按下按钮时的感觉是什么？是那种软橡胶的还是硬塑料的？

遥控器被拿在手上的感觉是什么样的？很轻还是有点重？是否很合手？

还有什么地方需要做改进？拿在手上是很舒服的吗？还是你想换换别的材料？

在你的想象里，怎么做都可以。

现在请你再把它拿在手上，感受一下，看看你对它是不是满意？

是否你还想做一些调整？如果想调整的话，那就再花一点时间调整一下。

如果你已经比较满意了，就可以欣赏一下你自己设计的遥控器。

好，现在遥控器的设计已经完成了，但是从功能上它还需要完善，也就是说，你还要在技术性能上再花一点时间。

现在，为你的遥控器设置一些你喜欢的和需要的功能，如果你对技术不太在行，我可以提供一些线索帮助你设置：是否应该有电源，是否有开启和关闭按钮、快进和快退按钮，是否能让画面停顿或暂停，是否有使画面更亮或更暗的功能、让对比度更高或更低的功能，是否有变焦效果及静音等功能。

每一次都找出一个特定的功能，留意观察，看看它是否能很好地对画面进行调控。

不要着急，在你练习使用各种画面调节功能时，一定要有足够的耐心（根据当事人的情况，可以将指导语说得更加具体，比如，请按下停止键，看看发生了什么？按下开始键，又发生了什么？在画面进行的过程中，按下暂停键，发生了什么？现在，把焦距调近一点，发生了什么？）

如果你愿意，你还可以在你的遥控器上设置一些特殊的功能，比如：

是否需要有快进功能或后退功能；

是否有黑白和彩色性能调整功能；

是否需要有自动定时关机功能；

是否需要有缩小和模糊画面的功能；

是否有多画面显示功能；

是否有正色、负色功能等。

不用着急，慢慢把你的遥控器设计到你满意为止。

好，遥控器设计完成了。

现在，请你找出一段美好的内容回忆，可以是一个小的场景，就像电影里的一个小的片段。找到这一幕以后，请你来调节你的遥控器，使用各种功能。每一次都找出一个特定的功能，留意观察，看看它是否能很好地对画面进行调控。

好，现在请你把这段影片定格，或倒回到最美的一幕，再把这张图片或这一幕处理成常规的尺寸，使之能装进一个小巧精美的相框，仔细观察，把它挂在你家里最漂亮的一个地方，再次仔细观察它、品味它。

好，接下来再截取一幕对你来说不太舒服的画面，尽管这一幕没多大关系（此处画面SUDS值至少为4。）

看到这一幕，同样还是请你用手上的遥控器对它做一些调整，使得画面不那么流畅清晰，从而也就不那么使你感到难受，如快进、降低对比度、使这个画面模糊等。

请把让你不太舒服的那一幕，再倒回到开始的地方，取出录像带，把它放进你的保险箱里或其他不太妨碍你、但又能找到的地方。

（如果是一个保险箱，就锁好箱门，使之不会弄丢，直到你想和我一起来看它们的时候为止。检查一下你的锁具是否完好，好好考虑你要把钥匙藏在哪里，或者密码记好了没有。）

请你再次走到挂在你家最漂亮的地方的那个相框前，再看一下刚才截取的最美的画面，仔细观察一下，直到你能再次清晰地体验到这张画所带来的积极情绪为止。

请你把这种良好的情绪保留一会儿。好，再把注意力集中到这个房间里。

3. 内心花园技术

在快节奏的现代生活中，人们常常感到心灵无处安放——情绪如浮萍般漂泊，记忆如碎片般散落。内心花园技术为此提供了一种独特的应对方式：它将抽象的心理状态转化为具象的意象空间，让个体能够以更直观、更柔和的方式梳理自己的情感与思维。

当事人被引导在想象中构建一座专属的花园，其中的每一处景观都对应着某种心理状态——茂盛的植物可能象征蓬勃的生命力，干涸的池塘或许映射情感的枯竭，而杂草丛生的角落则可能代表未被处理的焦虑或创伤。与传统的语言分析不同，内心花园技术通过空间化的表达，绕过理性的防御，直接触及深层情感。荣格的积极想象理论为此提供了理论基础，但内心花园技术更强调个体在当下语境中的创造性表达，而非对集体无意识的依赖。

在临床实践中，这一技术尤其适用于那些难以用语言精确描述内心体验的当事人。例如，一位经历丧失的个体可能会在花园中种下一棵纪念树，既承载哀伤，也寄托怀念。干预者的角色并非解释象征，而是陪伴当事人探索这座花园，帮助当事人理解自己的"园艺风格"，这些往往反映了个体的心理模式。

指导语范例

首先考虑一下你的花园大小。

现在，我想邀请你完全按照自己的意愿想象出一个花园。

想象有一片土地，人类从未涉足过，有着新鲜的土壤，充满了能量。

它或许只是一块像阳台那么大的地方；但是也或许你喜欢大一些的地方，把它变成一个花园也可以。

给你一会儿时间，让你确认一下这个地方的大小，以及你喜欢的风景。

这个地方找到了吗？好，现在，你需要给这个花园设定一个边界，用你喜欢的东西就可以，如栅栏、树篱、墙、树……

如果你喜欢，你也可以把你的花园建设成开放性的，不设任何边界。想象一下，哪种方式是你更喜欢的。

好，现在开始布置你的花园。可以在你的花园里种植你喜欢的植物。

如果稍后可能会改变或重新建构你的花园，那么你可以在花园的一个角落里建造一个肥料堆，你可以把你不想在花园里种植的所有东西都放在这个肥料堆里，这个肥料堆将会变成肥沃的土壤。

如果你喜欢，你可以进一步构建你的花园，比如建造一片水域、一个池塘或是一条小河。

如果你喜欢，你可以建造一个可以坐的地方，比如在花园里搭一个葡萄架，在葡萄架下摆上桌椅等。

或许你想让你的花园里有些动物，如果是这样，你喜欢什么动物呢？

在任何时候，如果你觉得还需要什么，你都可以随时改变你的花园。

一旦你按照自己的意愿构建好了自己的花园，你就可以在一个美丽的地方坐下来，观赏和享受你的花园。

现在，看看你的周围，你看到了什么？

你听到了什么？

你闻到了什么？

在这个地方你的身体感觉如何？

你可以邀请你喜欢的人到你的花园来，但是要确保这个人欣赏你的花园，并愿意与你一起维护这个花园。

好，你要记住，当你有需求的时候，你可以回到这个花园，去感受你为这个花园所做的一切，你也可以对它做一些改变，只要你想。

好，现在，请你集中注意力，回到这个房间。

在心理危机干预的过程中发现，危机当事人的很多心理问题和情绪是由生活或工作中的现实问题所引发的。有些人之所以出现情绪失控现象，是因为过去某些经历留下的创伤没有得到及时处理，这些创伤被埋藏在内心深处，一旦触碰便会爆发。因此，可能还要加强对心理问题的关注，加大有关心理咨询的宣传力度，重视心理建设。

心理危机干预工作有其自身的时段性，应分期、分阶段地开展，急性期后还可能会出现其他新问题，应根据重大事故对人类的心理影响规律，随时注意观察，警惕之后一两个月内部分人员发生创伤后应激障碍（PTSD）的可能性，一旦发现问题应及时处理，避免造成不良后果。

二、紧急事件应激晤谈技术

紧急事件应激晤谈技术（critical incident stress debriefing，CISD），也叫小组晤谈技术。CISD 是 Mitchell 于 20 世纪 70 年代提出的一种最基本的心理危机干预技术。军人心理危机干预的小组晤谈是 CISD 在特殊情况下的改良。

（一）CISD 概述

紧急事件应激晤谈源于第一次世界大战。当时，指挥官在主要战役之后会听取下属的汇报，目的是通过分享战斗中发生的事件来鼓舞士兵的士气。此种小组晤谈的方法在第二次世界大战中也被美军采用，直至今日以色列军队仍在应用。CISD 目前广泛用于缓解消防队员、警察、军人、急诊医疗工作人员和其他处于危机事件人员，即创伤事件人员的应激反应。

  CISD 是一种系统的，通过交谈来减轻压力的方法，是危机干预中经常采用的心理干预方法，在国际上应用比较广泛。紧急事件可以是任何使人体验到异常强烈情绪反应的情境，可潜在影响人们的正常心理功能。紧急事件造成应激是因为当事人的应对能力因该事件而受损。许多人在经历了重大创伤后，会出现与创伤相关的症状，少数发展成为急性应激障碍、创伤后应激障碍（PTSD）。CISD 可以减弱精神创伤事件对个体的损害，减少个体应激反应甚至 PTSD 的发生。在大型灾难中，对于幸存者、灾害救援人员、急性应激障碍的当事人，可以按不同的人群分组进行 CISD。

  CISD 是一种心理服务的方式，是一种支持性的团体干预方法，而非正式的心理干预。CISD 主要针对遭受危机事件影响的群体，对于减轻各类事故引起的心灵创伤、保持内环境稳定、促进个体躯体疾病恢复有重要意义。CISD 最初用于急救人员，如自然灾害的救援人员、消防员、警察、军人、急诊医疗工作人员等。目前认为其对一级受害者，即直接暴露于创伤的人同样有益，可用于商业、学校、医院和军队等不同场所。实践表明，CISD 是一种非常有效的心理干预方式。

  紧急事件应激晤谈最好在危机事件发生后的 24～48 小时进行，尽量安排在 72 小时内，如果危机已过去 3 周以上，可以考虑采用个别干预方式进行干预。CISD 的目标是围绕危机事件，在小组内引导大家公开讨论内心感受，以获得支持和安慰，帮助当事人在心理上，即认知上和感情上消化创伤体验。这样可以筛查出高危人群，从而有针对性地进行干预工作，消解心理上的创伤。

  目前，建议紧急事件应激晤谈以小组晤谈的形式实施，人员构成为危机事件中涉及的人员，以自愿参加为主，一般 6～20 人为一组最佳，若总人数超过了 30 人，可分组进行晤谈，分组要依据同质性原则。紧急事件应激晤谈由受过训练的干预者在现场进行危机干预，干预分6期进行，整个过程需要1~3小时。

（二）CISD的技术要点

①CISD通常由专业心理干预者、心理咨询师、社会工作者指导或主持，干预者必须对应激反应综合征有很好的理解，也必须对急性应激障碍和小组干预有广泛的了解。

②要注意在灾难事件发生后24小时内不能进行CISD。危机发生后的24~48小时是进行CISD最理想的时间。如果危机持续，可以在几周内进行，但一般认为在危机过后的第6周开展CISD，其效果就微乎其微了。

③灾难事件中涉及的所有人员都应该参加CISD。

④CISD要求在一个安静的房间中进行，相对封闭，一般需要持续进行1~3小时，中间不休息。

⑤CISD大多以小组的方式进行，当事人和干预者组成一个CISD小组，呈环形围坐。

⑥在一个CISD小组中，有条件的情况下可以设置3名干预者，其中一名为组长、一名为副组长、另一名为助手。组长由专业心理干预者等专业人员担任。组长要把控整个CISD干预全过程，负责有策略的引导和鼓励当事人说出他们的感受，观察哪些当事人需要进一步的帮助；副组长协助组长工作，注意当事人的各种反应，负责随访工作；助手负责照应临时出去的当事人回到会场。如果没有条件设置3名干预者，也可以由一名干预者完成，但要注意的是，若有当事人中途临时离开，则要指定临时人员负责照应其回到小组来。

（三）CISD的操作程序

CISD一般分为6期，前一期结束再进行下一期，每期的操作程序及注意事项如下。

（1）介绍期

介绍期也可以叫导入期，这一阶段是相互认识、建立良好互动关系的时期，包括以下几个方面。

①干预者向小组成员进行自我介绍，如姓名、职业、单位等，以及对事件的了解。

②介绍CISD的规则、程序、所用时间及此次晤谈的目的，解释CISD是一种缓解由创伤事件所致的正常应激反应的方法，以减少阻抗，取得危机当事人的合作。

③详细解释保密原则，当事人可以随时提问，干预者回答当事人所提出的问题，强调严格的保密性，不准录音，出门后不要传播，既要尊重自己，也要尊重别人。介绍CISD的规则：CISD不是调查研究，不能记笔记，要把纸笔放在椅子下。

④告诉小组成员在晤谈的过程中，当事人可以说自己的事情，也可以说其他人的反应；人人平等，不要评判别人；一个人说话时，其他人要注意听，尊重每位说话的人，营造一个温馨、安全的晤谈气氛。

⑤如果谈话引起当事人痛苦、焦虑等情绪，干预者需帮助其放松；当事人有权利不

讲话，谈什么内容、谈多少完全自愿，可以用点头或摇头的方式表示回答。

⑥某些人觉得不需要小组晤谈，觉得自己能应对应激事件，可能确实如此，但干预者可以做适当的心理教育工作，可以告诉当事人相互交流有助于更好地应对，也可能对别人有帮助。

⑦介绍创伤事件属于非常事件，经常会把人击垮，但经过小组晤谈后，能使当事人更快地应对，更好地生活和工作。

⑧如果有人离开，则要鼓励其回到组内。

⑨当确定每位成员对如何进行晤谈没有异议时，就请每位成员开始相互做简短的自我介绍，可以说："你能用一两句话介绍一下自己吗？"

（2）事实期

此阶段主要请当事人描述危机事件发生过程中，关于他们自己及事件本身的一些实际情况。让小组成员自由谈论自己是怎么知道这一消息的，询问当事人在这一严重事件过程中的所闻、所见、所嗅和所为，以便把整个事件呈现在干预者面前。由当事人逐一回顾事件的情景和细节，但不要强迫叙述灾难细节，说出当时的所见所闻及自己认为发生了什么，后来又发生了什么等。引导每位成员发言，当事人谈话不分先后，但必须是轮流来谈，在一个人谈话的时候，其他人不要随意插嘴，每一位当事人都尽量发言，每个人都有机会增加事件的细节，使整个事件得以重现，最后当事人会感到整个事件真相大白。在这个过程中，干预者要关注不想发言和比较沉默的成员，针对这一情况，要进一步强调保密原则，使之增加对团体的信任，再引导其发言。但对还是不想说的成员不能勉强，更不能批评指责，目的是让小组成员在一个相对安全的支持性环境中，公开表达自己所经历的事情。用这种方式整理整件事的过程，让成员彼此验证、确认已经发生的事实。若有人员伤亡，则为成员能够表达自己对逝者的情感奠定基础。干预者在这一阶段以引导和倾听为主，不必给予很多的回应。

这一阶段的交流技巧为：

①"你在事故现场看到了什么？听到了什么？闻到了什么？采取了什么行动？"

②当一位当事人谈完时，干预者可以说："谢谢你讲的这些""谢谢你和我们一起分享这些信息""我知道谈这些东西让你很难过，但真的谢谢你"。

③在让下一位当事人谈时，可以使用"请问您能不能回忆一下……""能不能麻烦您讲一下……"等语言，在这一时期要经常提醒大家谈的是事实。

④每个人的谈话时间为2～5分钟。

⑤干预者要注意打消当事人的顾虑，当事人如果觉得在小组内讲话不舒服，可以保持沉默，选择沉默也适用于其他步骤。

（3）感受期

在完成前两期的任务后，干预者开始引导成员表达得知严重事件之时和之后的感受。此阶段主要要求当事人说明他们在事件发生之后至出现情绪反应之前的认知活动，因为这一时期小组成员的情绪变化比较大，这些认知过程是产生情绪反应的基础。干预者要敏锐地观察小组成员的关系，及时处理情绪失控引发的各种问题。干预者询问当事人事件发生时的感受，现在对事件的感受，以及过去生活中是否有过类似感受。若有成员没有准备好，允许保持沉默。充分发挥小组成员的力量，为其他成员提供心理支持，在成员们进行了充分的情绪宣泄和表达后，进入下一个阶段。

询问参与者危机事件发生之时或发生之后有关自己感受的问题：

①事件发生时你有什么感受？你目前有什么感受？以前你有过类似感受吗？

②对你来说，事件中最不幸的是什么？

③你有觉得自己做得不够的时候吗？你是否认为自己做错了什么？

④你觉得自己对不利的后果要承担什么责任吗？

⑤这些感受对你的社会功能及人际关系有什么影响？

……

要用日常语言，尽量少用专业术语。

（4）症状期

此阶段主要是干预者引导小组成员重点谈论自己在听到这个噩耗后的生理、心理症状，要求当事人进一步描述自己的应激反应症状及综合征的表现，如睡眠、饮食、工作状态、注意力、记忆力等躯体及情绪和认知等方面的问题，注意是否有失眠、食欲不振、脑子不停地闪现事件、注意力不集中、记忆力下降、决策和解决问题的能力减退、易发脾气、易受惊吓等症状。可以请成员们谈论听到这一消息后出现的不寻常体验，如有的成员就谈到走路时听到逝者叫自己的名字，回头看时根本没有人；还有的人谈到在马路上把其他人误看成逝者等。以上这些体验，对他们的工作和生活造成了影响，这一阶段的主要工作是使小组成员能够将自己的变化与所遭遇的创伤事件进行联系，不断修复认知、情感与行为之间的联系，修复逝者意外死亡给成员带来的心理创伤，使他们能够接受事实，但不要将成员描述的不适病理化，避免使用"障碍"等用语。小组成员还可以讨论外出活动时怎样规避危险，怎样做一个负责任的人等问题。

在询问事件过程中，当事人有何不寻常的体验时可以问以下事情：

①在紧急事件发生过程中，体验到了什么不同寻常的事情？

②现在正在体验什么不同寻常的事情？

③紧急事件发生之后，当事人的生活发生改变了吗？

④请当事人讨论经历紧急事件后，其家庭、工作和生活发生了什么变化？

如果当事人认为自己的问题是正常的，他们会自然地说出来，但是有些当事人会觉得自己的问题可能只有自己才有，因此不敢讲出来。这时干预者可以举出一些有关例子，帮助当事人表达他们存在的问题，当事人也可以用举手的方式来表达他们存在的问题。

干预者询问当事人是否有躯体或心理上的症状，如果有，识别是否为创伤事件所导致的。如果当事人已经充分地讨论了他们的问题，则可以进入下一阶段。

（5）辅导期

辅导期也可以称为指导期，此阶段主要是干预者要帮助当事人应对前阶段出现的问题，针对上述晤谈中发现的问题给予指导。首先请小组成员谈论参加这次晤谈的体会，从而获得一些反馈信息，对本次晤谈的效果有一个把握。当所有成员都表达了对这种晤谈方式的肯定后，帮助当事人区分合理反应和过度反应，介绍正常的反应和正常的应激反应表现，说明成员所表现出的反应是正常的，并非是病态的。从情感层面肯定他们所谈到的所有感受都是在得知严重危机事件的消息后产生的正常反应，从认知层面使他们能接受听到逝者叫自己或看错人等现象，能将此看成受到心理创伤的一种正常反应。干预者尽量说明以上症状及感受是对紧急事件的正常反应，当事人会很容易谈到如何应对这些问题、哪些问题是正常的，目的就是帮助当事人采取积极的应对方式度过难关。小组成员还可以就平时的工作态度和生活态度进行讨论，在既为自己负责也为家人和周围人负责、要珍爱生命等方面达成共识。

此阶段的注意事项有以下几点。

①介绍正常的反应；
②提供准确的信息，讲解事件、应激反应模式；
③将应激反应正常化；
④鼓励自身和团队资源互相支持，强调适应能力；
⑤讨论积极的适应与应对方式；
⑥提供有关进一步服务的信息；
⑦提醒可能的并存问题，如吸烟、饮酒等；
⑧依据成员自身实际情况，提出减轻应激反应的策略；
⑨学会自我识别症状。

干预者可以教授当事人一些危机反应的基本知识、放松疗法、应对方式等，要嘱咐当事人不要饮酒、注意饮食、加强锻炼、多与他人交往等。在指导步骤结束的时候，要询问当事人有没有注意到危机中有一些事情使其感到快乐和有希望，这样可以引导当事人积极看待问题。

（6）恢复期

恢复期也称再入期、资源动员期，是最后一期。经历了上述5个阶段，小组成员的情绪逐渐平静下来，并且也能正确认识自己及他人的反应，内心也有了成长。因此，这一阶段的目标是解决创伤事件，干预者总结小组晤谈中涵盖的内容，澄清、回答一些成员们提出的可能被忽略或者不清楚的问题，评估哪些人需要随访或转介到其他服务机构。让当事人说出刚才谈论的事情及还想谈论什么事情。干预者需在回答当事人的问题、解决尚未解决的问题、提供合适的指导之后，与他们讨论制订未来的行动计划，最后每个人说一句共勉的话，结束本次CISD。

此阶段要做的事情为以下几个方面。

①澄清和总结小组晤谈过程中的内容；
②回答成员提出的问题，并提供保证；
③重申共同反应；
④寻找可利用的资源；
⑤强调小组成员的互助支持；
⑥干预小组的成员要一起交流或者进行督导；
⑦讨论行动计划；
⑧干预者进行总结。

（四）开展CISD的注意事项

①处于抑郁状态的人或以消极方式看待小组晤谈的人，可能会给其他当事人增加负面影响。

②建议小组晤谈与特定的民族文化背景相一致，有时民族传统仪式可以替代小组晤谈，如哀悼仪式。

③对于处在急性应激期的人，如家中有亲人去世，一般不适宜参加CISD，因为高度创伤者可能给同一小组的其他人带来灾难性的创伤。

④不要强迫当事人叙述灾难细节。

⑤如果成员在8人以下，只要一个人带队就好；如果在8人以上，最好有两人带队。至于是轮流带队还是一主一副，要看现场的情况与两个人的配合而定。小组不超过20人，否则容易照顾不过来。

⑥关注小组中的沉默者，可能他们是最受伤害的人；注意小组中的拒绝者，如果小组中有成员出去，要派助手跟随他们，并尽量使他们回到小组中来。

⑦CISD必须与心理危机干预的其他方法加以整合包括后续的心理服务，才能更好地为创伤事件的受害者提供帮助。

⑧在当事人小组晤谈结束以后，危机干预团队要组织成员进行急性团队晤谈，以缓解干预者的压力。

⑨在部队心理危机干预实际操作时，会遇到时间短、无法完全展开正式的小组晤谈的情况，因此在实际操作时，可以将CISD六期合并成3个阶段进行，这3个阶段分别是：介绍期、事实感受症状期、辅导恢复期。

实例

应用紧急事件应激晤谈对抗震救灾官兵开展心理疏导

摘要：某部队连续5天执行从废墟中搬运遇难群众尸体的任务，官兵心理受到了不同程度的影响。为了保障官兵的心理健康，心理救援分队深入部队提供心理疏导服务，晚上进入连队帐篷对官兵开展紧急事件应激晤谈。紧急事件应激晤谈每次约1小时，基本分为6个阶段：介绍期、事实期、感受期、症状期、辅导期和恢复期。晤谈中并未刻板地坚持"六阶段"，而是注意把握晤谈氛围和互动过程的流畅性，特别注意辅导期的正面引导，使官兵通过紧急事件应激晤谈不仅疏解了负面情绪，而且升华了认知，取得较好效果。

案例情况：某部队连续5天执行从废墟中搬运遇难群众尸体的任务，官兵心理受到了不同程度的影响。为了保障官兵的心理健康，心理救援分队深入部队提供心理疏导服务，晚上进入连队帐篷对官兵开展了集体心理疏导。

晤谈过程：心理专家一进帐篷就主动坐于年轻官兵们中间，与他们亲切交谈起来。首先，从心理专家到官兵都做了简短的自我介绍。专家与官兵亲切交谈，热情真诚的态度很快就让开始有些拘谨的官兵松弛下来。接下来，心理专家请每位官兵讲一讲执行救灾任务以来自己印象最为深刻的一段经历。

官兵小李（化名）首先发言，他一下子就说到了给遇难群众遗体消毒和抬运的情况，他说自己搬运的第一具尸体的样子至今历历在目。排长小蒋接着说，以前见到死人总是想法躲开，可是这次是执行任务，党员干部要带头上，所以当时顾不了那么多，只想赶快把遇难者挖出来运走，可是晚上睡觉前，那些遇难者的惨状总在眼前出现，挥之不去。话头一开，官兵们纷纷发言。官兵小瞿说，他连续两天都被噩梦惊醒，梦里总出现同一具尸体，用眼睛瞪着自己，醒来一身冷汗。官兵们你说完了我接上，有的还不止一次地踊跃发言。有的谈到晚上搬运尸体到十一二点钟从漆黑的路上返回营地时的感觉，有的描述了看到惨不忍睹的尸体后的情绪反应和躯体感觉。

心理专家不时插话，引导他们叙述事实，谈论感受，疏泄情绪。每个人都发过言之后，心理专家话锋一转，又提出了一个新问题——"大家在执行任务中都有过什么想法？"在专家的启发下，大家说起了自己对执行这次任务的认识。官兵小赵说："刚接触尸体时心里确实害怕，既怕死人，也怕染病，后来接触多了就好了一些，但是让我产生转变的最主要原因是，我看到了在废墟旁等待我们挖出亲人遗体的那些人的急切的表情，特别是看到他们扑在亲人遗体上紧紧拥抱失声痛哭的场面，我心里替他们难过，同时也想到原来害怕尸体主要是没有从心里把遇难者视为自己的亲人，看作是亲人就不害怕了。"官兵小王接着说："确实如此，后来我和战友们从废墟中抬运遗体，经常走在崎岖不平的路上，有时尸体残缺不全的头颅就在自己脸旁，但我想到他是不幸死去的亲人，我要赶快把他从废墟里救出，让他安息，我就一点都不怕了。"官兵小张接下来讲了一段故事，他说那天在救灾现场，一位妇女哭着哀求他们将埋在废墟下的姐姐挖出来。由于他们当时另有别的任务，无法满足这位妇女的要求，为此他直到现在内心还感到自责和内疚。讲这些话的时候小张眼里闪着泪花。

心理专家不失时机地指出："战友们，你们在这次救灾活动中出色地完成了一项非常特殊的任务，搬运尸体对你们这些20岁上下的年轻人来说毫无疑问是十分严峻的挑战。

刚才大家的叙述,清楚地反映出你们在完成任务过程中心理所受到的影响。在特殊情境下面临重大刺激时,出现这些情绪和躯体反应是完全正常的,因为我们也是人。以往我们回避谈论,试图快速遗忘这些经历,可是它仍存留在我们内心深处,如不及时加以处理,它就有可能以后出来作祟,会扰乱我们的情绪,破坏我们的饮食、睡眠,最终影响我们的工作和健康。如何处理这种心理影响?最简单的办法就是在大家面前说出来,通过事实陈述与情感表达实现负面情绪宣泄,而且通过相互交流,我们可以明白这是处于这种情境中的每个人都可能出现的正常反应,使自己的感受正常化。"心理专家停顿片刻,接着说:"其实,感受与想法紧紧相连,刚才几位战友的感受充分说明这一点。面对遇难者尸体,大家从害怕、躲避到争先恐后地靠前消毒搬抬,甚至不能去做时还会感到内疚不安,是因为同志们越来越能做到视群众为亲人,充分说明信念决定感受,大家的思想在升华,心理在成长!"

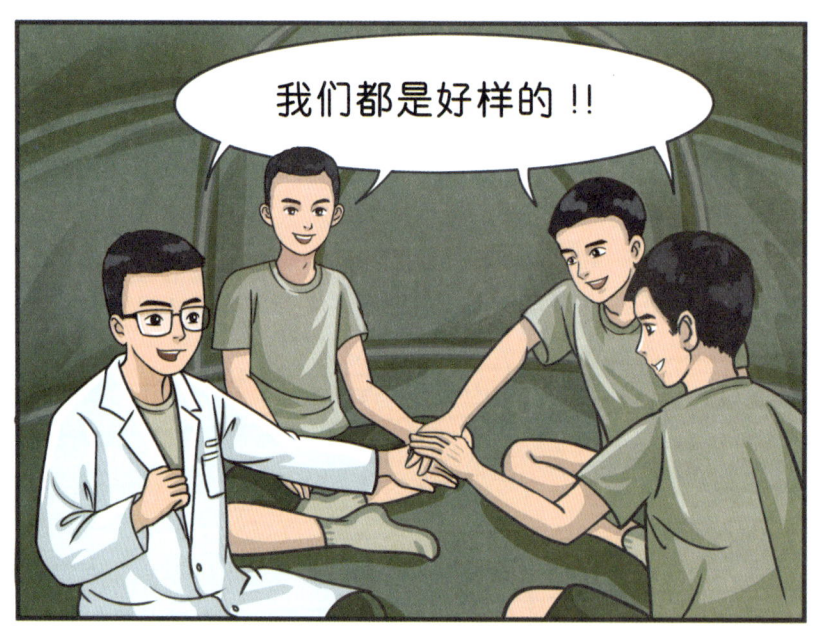

心理专家在发言中,对官兵们进行了耐心细致的辅导,介绍了心理应激反应的特点和规律,讲授了放松训练等简易自我心理调节方法,强调了社会支持系统的重要作用,倡导大家多多交流心理感受,及时得到有效的相互支持,必要时要主动向心理医生求助。

心理专家提出的最后一个问题是:"这次抗震救灾任务中您最大的成就感是什么?"官兵们异口同声地谈到灾区群众对子弟兵的感激与关爱。有的官兵谈到大妈端水给他喝时讲的感谢话;有的官兵说起一次执行任务走山路脚被扎伤,一位老乡追出好远为他送药……官兵们纷纷表示,他们最大的成就感是参加了此次抗震救灾,在祖国和人民最需要的时候尽了自己的本分。

一个多小时的时间不知不觉过去了，官兵们的脸上绽放着笑容，在集体疏导结束时，他们伸出右手，与心理专家的手叠放在一起，齐声高呼："我们都是好样的！"

讨论：特大地震灾害发生后，大量调查研究结果证明，一线的抗震救灾人员确实是心理危机干预的对象。为了克服一线救灾官兵的急性心理应激反应，预防创伤后应激障碍的发生，根据救灾现场的现实条件，紧急事件应激晤谈是行之有效的心理干预方法之一。

紧急事件应激晤谈，是专业人员通过对创伤事件的询问，让受到创伤事件影响而造成心理压力的人员走出困境，以透视的角度重新审视该事件，促进其人格的健康发展。针对易怒、失眠等身心症状，以及社会适应、性格特质等影响因素进行病理机制阐释，使早期症状有良好的转变。

紧急事件应激晤谈通常分为6期：介绍期、事实期、感受期、症状期、辅导期和恢复期。首先进行自我介绍，然后对参加者讲述我们主要是应激处理的服务，不是心理治疗；组织者请每位参加者依次描述事件发生时的所见所闻，目的是帮助每个人从其自身的角度来描述事件，使整个事件真相大白；询问有关感受；确定个人的痛苦症状，从心理、生理、认知、行为各方面进行描述；介绍正常的反应及应激反应模式，强调适应能力，讨论积极的适应与应对方式，给出减轻应激反应的策略；总结晤谈过程，强调小组成员的相互支持，提供有关进一步服务的信息。

从我们对救灾官兵的晤谈案例中可以看到，有些官兵受到了外界的刺激引起个体的心身紧张，进而产生了生理、心理反应。虽然这种心身紧张状态取决于个体对外界刺激的主观评价，不同的人可能会有不同的反应，但是对于一线救灾官兵来说这种身心紧张状态具有普遍性。因此，紧急事件应激晤谈是在当时条件下比较适用的心理干预方法。

在实际晤谈过程中，有两点体会：一是6个阶段的划分不必过于刻板，在晤谈中可能出现事实期、感受期与症状期交叉融合的情况，也是允许的，不会影响晤谈效果；二是应使晤谈在积极的正性氛围中结束，可产生较好的疏导和激励作用。

三、眼动脱敏与再加工

（一）简介

眼动脱敏与再加工（eye movement desensitization and reprocessing，EMDR）由 Francine Shapiro 于 1987 年创造，最初命名为眼动脱敏（EMD），1991 年发展为眼动脱敏与再加工，包括 8 个阶段的干预过程，整合了目前多种干预流派的技术，其中 EMD 阶段仅是 EMDR 中双侧刺激的一个成分，而双侧刺激是 EMDR 操作中众多方式的一部分，Francine

Shapiro 提议改名为重建治疗。整个干预过程关注过去、现在和未来 3 个时间点，其基础理论为信息处理模型。

心理干预工作者通过一边让当事人讲述或沉浸在过去的创伤情境里，一边注意在干预现场模仿做梦时的快速眼动过程，从而消除源自创伤的某些心理和生理症状，将创伤情结消融并且用积极的认知体系替代，促使人格转化。EMDR 是一种整合的心理干预方法，它借鉴了控制论、精神分析、行为、认知、生理学等多种学派的精华，建构了加速信息处理的模式，帮助当事人迅速降低焦虑，并且诱导积极情感、唤起当事人对内的洞察、观念转变和行为改变及加强内部资源，使当事人能够达到理想的行为和人际关系改变。这种疗法的特点是经济快速、效率高。在一般心理干预中，只要找到根源情结，使用这种疗法将事半功倍。而在灾后心理危机干预中，创伤是显而易见的，不需要费力寻找，只要建立好咨访关系，能引导当事人倾诉，就可以使用 EMDR 来快速进行干预。因此，建议投入心理危机干预的人员学习这种疗法。

EMDR 现被国际公认为是进行心理创伤干预的比较新的短程快速心理干预方法之一，限于人类对脑神经系统的探索技术能力，目前还无法完全说清楚这种疗法为什么如此有效，但已有的结果比较支持这样的猜想：由于当事人被要求同时将注意力保持在过去事件和当下干预情境，使得当事人的认知脑和情感脑之间由于创伤形成的隔离被强行贯通了。在感到安全的情况下，触碰情绪时，旧的创伤情结得以释放。记忆中的痛苦释放之后，虽然记忆的内容还在，但当事人已经有能力面对和接纳了。

普通人通过梦境、新的生活事件的刺激等方式，偶尔也能完成对创伤的接纳而自愈，但很罕见，并且可能要耗费很多年。更多的人是靠意志力压抑情绪，让自己保留在当下的认知系统里，其创伤记忆被隔离，部分心理功能处于封闭状态，在某些条件下，被隔离的创伤有可能被激活，从而引发心理问题，如 PTSD。这种治愈是假性的，很多行为疗法就是靠假性治愈支持而有效的；精神分析系列的疗法耗费多年做的工作就是让被阻隔的情结进入意识，即所谓的"哀伤工作"；而 EMDR 可能只需要数十分钟或者数次。当事人或许无法达到通过精神分析获得的对生活的领悟深度，但对支持其积极生活来说足够了。由此，这种疗法对文化素养相对比较低的人群效果会更好。有资料表明，对儿童的疗效要明显高于成人，因为在干预中儿童眼动脱敏引发的联想比较单纯，对文化程度较低人群的疗效较好也是这个道理。

心理干预工作者在使用这种疗法的时候，最重要的是咨访关系要建立好，要有比较高的信任度。在实际干预中，干预者不需要说很多的话，只需要对当事人的叙述和情绪表达持完全的包容态度，当事人内在的心理动力会让变化自动发生。有些当事人原有的良好信念被巨大灾难完全摧毁的情况下（可以向当事人了解），需要植入新的信念，并通过眼动疗法逐步强化。

在危机事件中，需要心理危机干预的人群是大量的，遇难者家属和幸存者、各类救援人员都有可能需要心理危机干预。在应激状态下，丧失活力的人只是一部分，不少人还能维持积极的活动，但当大局基本定下来的时候，疲劳感开始释放，一些人就会开始出现创伤后应激障碍的症状，或者也可能并发抑郁症、恐惧症等病症，此时需要较大规模的团体心理干预。事件后的心理危机干预将从第一时间开始一直延续半年甚至数年，高效的 EMDR 疗法是非常必要的，也容易学习，甚至一看就明白，建议加强有关方面的培训。

（二）对干预者的要求

EMDR 必须由经过专门训练的心理干预工作者来实行，而且要接受足够的督导。接受过培训的心理干预工作者应具备如下能力。

①能为当事人建立一定的支持，使其感到安全，以至于敢在心理干预工作者的避风港内重新经历痛苦的往事；

②迅速发现、准确确认并同当事人协商制定加工信息的扳机点；

③保持敏锐的洞察力、判断力，及时采取行之有效的技术在信息加工中为当事人提供支持；

④使用适当的心理干预技术和反应模式；

⑤操作需保持灵活，因单次干预需要 90～120 分钟，程序僵化易使干预双方身心疲惫。

（三）心理创伤 EMDR 干预的作用机制

所有的心理疾病都有生理成分存在，EMDR 干预创伤就是建立在这一假设的基础之上。创伤能够引起脑神经生理的变化，随后与之相应的神经症状就会出现（Pavlov,1927）。当创伤事件发生时，信息加工必要通道的兴奋-抑制平衡机制将被破坏。EMDR 的工作假设是适应性信息处理模型，因为记忆网络系统是知觉、态度和行为的基础，而记忆节点是指生物学意义上被储存的未经完全加工的记忆体验，处于记忆网络的中心，它们是干预的目标。未经加工的创伤记忆是功能失调行为和被损害的自我知觉的基本要素。当现实知觉与既有记忆网络联结时，当前体验将被非适应性渲染，非适应性的记忆会丰富这些知觉的内容。打个比方，节点就好像是被冻在记忆系统中的记忆，而通过信息加工系统（information processing system）把障碍转变成适应性解决。

创伤痛苦事件是心理病理性的原始基础，使得当事人的信息加工系统受到干扰，导致信息未经加工或者储存错误。创伤事件引起的神经症状使信息固结在创伤产生时的焦虑状态，并整合事件发生时的表象记忆，形成消极的自我评价机制。由于冻结的信息不能及时有效地被加工，所以仍然停留在 PTSD 的症状之中。

EMDR 通过重新建立兴奋与抑制之间的平衡，对冻结的信息进行脱敏、加工、有选择的整合，展现并评估创伤引起的生理变化。当下事件的知觉和记忆网络发生联结时，多种以前未处理的记忆成分被体验到，尤其是情绪、躯体感觉、思维/信念，当 EMDR 以一种特殊的方式被有效利用时，EMDR 的出现为治疗 PTSD 带来了新的方法。

进入这些体验让意识和信息储存处建立连接，躯体信息加工系统和其他躯体系统一样，会关闭伤口，开始疗愈过程，向健康状态转化，未加工的记忆会朝适应性解决的方向转变。很明显，EMDR 促进了整个信息加工过程，并使这些信息在创伤情景中得以扩散，再加工（reprocessing）的产物包括脱敏、领悟、躯体和情绪反应的改变，进而实现认知重组。通过进入目标信息、激活信息加工系统，再通过运动朝适应性解决问题方向发展，其再加工就等于学习，信息加工通过所有可进入的记忆网络通道转换信息，当事人被储存的记忆信息包括感觉（图像、声音、味道、触觉、视觉等）、对有关事件的思维、情绪、躯体感觉、信念等，这些信息一旦被整合和加工，将不再触发消极认知。

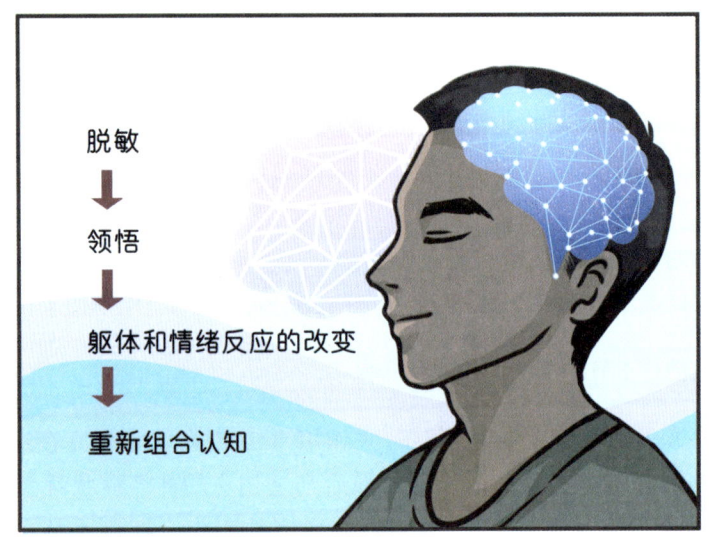

（四）EMDR 的总体实施步骤

总体来说，EMDR 可以总结为以下 8 个阶段。

1. 第一阶段：诊断性访谈，了解来访者的既往史

在初始访谈阶段，干预者要先了解当事人所经历的危机事件，评估当事人的准备程度，提出一个辅导计划，评估及制定疗效目标，干预者在选择目标时要能找出相同的类型，找出一个最具代表性的事件来处理，而不需要将每一个去功能化记忆都设为目标。这一阶段的目的是确定当事人是否适合做 EMDR，明确 EMDR 的潜在目标，制订一个综合的干预计划。对当事人记忆和认知进行干预的前提是当事人必须具备一种或多种意识。现在生活中对过去体验产生的病理反应的基础机制是目标所属的记忆网络，目标决定了需要处理什么样的缺陷并且决定当事人健康所需要的技能和行为，要考虑当事人是否能够进入体验并且允许加工发生。

病史采集阶段包括以下几个方面。

①采集干预所需病史，提供信息给当事人，评估当事人的准备程度；

②考虑当事人是否适合做EMDR，适合做哪一种EMDR，提供EMDR的信息给当事人，制订一个干预计划、评估及评定疗效计划，并排定优先顺序；

③图象记忆，需要加工的记忆；

④消极的自我评估状态；

⑤不合理的认知信念；

⑥现在对心理失调有影响的因素：行为、情绪、负性信念、身体反应、感觉反应；

⑦情绪困扰相关的具有病理学基础的既往事件、现在的扳机点、未来的需要等；

⑧识别潜在的干预目标（过去/现在/未来）——过去：基础记忆；现在：当下扳机点；未来：未来期望达到的状态；

⑨时程——最近一次表现是什么；

⑩反应模式——问题现在如何表现，如何能够适应未来；

⑪稳定性——当事人是否能够进入正性状态。

2. 第二阶段：准备

（1）目的

是为适合做EMDR的当事人加工创伤目标做准备。当事人的情绪稳定性与授权，以及稳定干预关系的建立是准备阶段基本的要素。干预者首先要向当事人介绍干预原理及干预目标，为了保证干预的顺利进行，还需教会当事人自我控制及放松的技术，以消除对加工的恐惧、干预中的痛苦和干预间隔中的情绪处理。

（2）干预方法

确认当事人的适应情况，并且演示干预方法：干预者与当事人相距约1米，相对而坐，引导当事人平视前方，用并拢的食中二指在其视野内有规律地左右晃动（间距30～40厘米，频率约每秒晃动一次），要求当事人始终注视着干预者的手指，眼球左右转动，要保持头部不动。对于干预者与当事人之间的距离、手指晃动间距及频率做相应调整，当建立连接后加快手的晃动速度，手指移动的最佳距离在32厘米左右，以当事人感到合适为准。除了手指晃动的方法，也可以使用弹指或声响的方式。

要让当事人充分理解和同意干预包括以下成分：与EMDR有关的"记忆的本质"、记忆图像可能会减弱或消失，叙述事件的时候当事人可能会不再有强烈的情绪，也可能会回忆起更多的信息；在加工过程中可能出现强烈的情绪或者未曾预料到的记忆；以前的其他问题可能被EMDR激活。

（3）需要注意的问题

①安全地带用来帮助当事人准备好再加工过程，或者关闭不完全的会面。对部分当事人来说，仅仅使用安全地带就可以激发痛苦情绪，当事人创伤记忆会被提前诱发；某些当事人使用安全地带后情绪较稳定，但这不等于治愈。

②患有引起眼内压升高疾病的当事人不适合使用 EMDR，出现眼痛时需要立即停止。可以换其他方式的 EMDR。

③有癫痫病史的当事人不宜用此方法，有可能出现癫痫发作。

④对脑部受损者有可能无效。

⑤物质滥用者需要先戒除滥用物质，要注意 EMDR 有可能引起复发。

⑥干预室里要准备好足够的所需物品，如水、纸巾、垃圾桶等，还要做好隔音措施。

（4）指导语的使用

"一件让人难受的事情发生后，原始的图像、声音、想法、感情和身体感觉会被锁在大脑里。EMDR 看起来会刺激这些信息，让大脑加工这些体验。这就和 REM 或者睡觉做梦的情况是一样的，这是你自己的大脑在做干预的工作，而且你是控制这一切的人。"

"为了帮助你'只是注意'体验，你可以想象你坐在火车上，那些感觉、想法等，只是窗外路过的图像。"

（5）安全地带方案

①图像：当事人找到一个让他感觉平静和安全的地方，可以是真实的也可以是幻想的。

"我希望你现在想一个地方，一个对你来说安全或平静的地方，也许是坐在海滩边或者山上。"（稍停一下）"你会到什么地方去？"

②情绪和感觉：让当事人集中注意力到与安全地带有关的图像、情绪和躯体感觉。

"当你找到安全地带的时候，注意你现在看到了什么、听到了什么、感觉到了什么。"（暂停）"你注意到了什么？"

③强化：干预者口头强化这些正性体验。

"注意你的安全地带，它的样子、声音、气味及你身体上的感觉。""告诉我你注意到了什么？"

④双侧刺激（4～6次）。

"想象离开那个安全地带的图像"；

"注意你的身体什么地方感觉到愉悦，允许你自己享受这种感觉"；

"现在注意这些感觉并且跟随我的手指动"；

（双侧眼动刺激4～6次）"你现在感觉如何？"

（如果正性，重复眼动）"你现在注意到什么？"

⑤引导词：让当事人用一个词或一句话来代表其安全地带。

"可以用一个词或一句话来代表你的安全地带吗？"

"想着（代表安全地带的一个词或一句话），注意当你想到这个词的时候你的正性体验。"

"现在注意这些感受和引导词，跟着我的指头。"

（4～6次眼动）"现在感觉如何？"

重复这个程序几次，通过眼动强化正性感受。

⑥自我引导：让当事人自己重复整个过程。

"现在我希望你自己说那个词，并且注意你的感受。"

⑦在困扰情绪中引导：让当事人回想近期的、中度困扰程度的事情，然后引导他们进入安全地带，并且注意他们感觉的不同。引导当事人经历整个过程，直到他们体验到积极的情绪。

"现在想一件让你有些小小烦恼的事情，并且注意感觉如何。"

（暂停）"现在想象离开你的安全地带（引导词），并且注意你身体上的改变。"

⑧在困扰情绪中自我引导：当事人自己进行上述步骤。

"现在你可以想一下烦恼程度为中度的事情，并且自己带出你的安全地带。"

"特别要注意当你进入安全地带的时候你身体上的变化。"

⑨强化：让当事人闭眼，进行体验，干预者缓慢交替叩击当事人膝盖6次。同时，布置家庭作业。

"我希望在我们这次和下次会面期间，当你感觉烦恼的时候，你能够使用你的安全地带。"

"注意记录有什么变化，下次我们见面的时候可以讨论。"

3. 第三阶段：评估

干预者需要确认目标并建立参照标准，旨在通过激活记忆原始部分，锁定 EMDR 加工目标。评估的目的是找到当事人和干预者都同意的和创伤事件直接相关的记忆。评估要有结构、有步骤地进入目标记忆，即干预者首先要协助当事人选择其最想要处理的图像、记忆、情绪、躯体感觉、负性认知/正性认知等。干预者可以使用认知效度量表（VOC）和主观痛苦感觉单位量表（SUDS）。

认知效度量表（validity of cognition，VOC）：当你想到那个记忆/表象/画面的时候，你现在觉得它们的可信度或者说真实性如何？可以对其进行打分，1 表示你感觉是完全错误的，7 表示你感觉是完全正确的。

这两个量表均用于评估当事人对该事件、图像的负性认知与困扰程度，以建立参照标准。干预者协助当事人确定对该事件、图像的负性认知与困扰程度，以及会引起身体的哪些部位紧张。

（1）情绪和认知

对当事人情绪和认知的评估通常可以采用 SUDS，此量表应用于系统脱敏疗法，针对与回忆有关的症状进行评估；0 表示没有症状，10 表示症状很严重，由 0 到 10 表示症状依次加重。用 SUDS 进行评估主要考察当事人的基本情况。

①症状发生的频率、时间、具体的刺激；

②反应形式：认知、情绪、行为。

（2）认知信念

对当事人认知信念的评估通常采用 VOC。

（3）图像画面

①代表性事件或图像："哪一幅图像最能代表那个事件？""当你想到那个事件的时候，什么样的画面在你头脑中出现了？"

②最痛苦的图像："什么图像代表那个事件最糟糕的部分？""什么画面代表那个事件中最糟的或最困扰你的部分？"

③如果没有图像："当你想到那件事情的时候，你脑海中出现了什么？"

④负性认知："当你想到那幅图像的时候，你对自己的负性评价是什么？"

· 负性认知的特点：负性的、非理性的、自我指向的信念（"我"陈述）；当前保持的信念（当聚焦于图像/事件时）；准确地聚焦于当事人当前的事件；会泛化到其他相关的领域；和当事人的情绪相协调。

· 以下信念不符合负性认知：

对情景的准确描述。

在处理上可以问："当你想到……（对情景的描述），你对你自己的看法是什么？"

对情绪的简单描述。

在处理上可以问:"伴随着这种情绪的时候,你对你自己的看法是什么?"

⑤正性认知:"当你想起那幅图像的时候,你现在希望对自己的看法是什么?"

·正性认知的特点:正性的自我指向的陈述("我"陈述);准确聚焦于当事人渴望改变的方向;是可接受的,往往指向一个有希望达到的目标。

注意:正性认知不是对负性认知的否定;避免"总是""绝对"等陈述。

(4)采集当事人的病史

①包括行为、情绪、认知的症状;

②注意具体的对图象的认知和评估;

③与当事人一起找到问题的根源;

④这些问题对现在的影响程度如何;

⑤思考是否有与过去相关联的事情;

⑥对干预效果的期待。

(5)注意事项

①了解清楚当事人的生活条件;

②关注当事人的自我力量;

③采集当事人的人际关系情况;

④了解当事人目前的社会支持系统;

⑤注意以当事人的年龄是否适宜做 EMDR;

⑥仔细考察创伤的类型以便更好地制订干预计划;

⑦观察症状的稳定性等。

4. 第四阶段:双侧刺激或眼动脱敏

这一阶段涵盖所有反应,包括引起洞察与创伤有关的感觉经验的变化、联想和增加自我功能。这一阶段的主要目的是快速处理信息,保证当事人在处理过程中觉得安全和可控制,对结果可以接受。一旦认知、情绪和身体上有明显的改变,就要重新评估,此时不使用 SUDS 来评估,而是根据当事人所说的图像、思考过程、声音和感觉的改变来评估,直到当事人表示在存取记忆内容中没有困扰,才做主观困扰评估。脱敏就是再加工目标记忆网络,再加工所有和联想有关的通道,完成干预的任务,目标是加工体验形成适应性解决,适应性信息加工,进入目标,记忆网络被充分加工,在目标记忆和更加适应性的网络发生联结后,出现信息加工过程,即学习过程,在每套双侧刺激后反馈加工的变化情况,最后回到目标,确保干预进入了所有通道,所有通道的信息都得到了加工。SUDS 的评估值应该降到 0 或者 1 的水平,此阶段任务完成。

(1)流程

①确定需要加工改变的认知:个人的记忆中所存在的认知;当事人报告的图像、画面的变化;当事人对某些事物的认知及其领悟的变化;当事人的情绪状态的变化;躯体

感觉是否有释放、转移；记忆网络的链接是否打通。

②双侧刺激：注意双侧刺激的速率；进行必要的身体语言或非言语交流，可以事先约定好加工过程的交流方式。

③每次双侧刺激后的反馈："好，请清空，深呼吸，现在有什么变化吗？你注意到哪些变化？"

④回到原始目标（目标记忆）：在一个通道处理的最后回到目标记忆（出现正性反应）；检查当事人的进步；识别另外的通道；识别 SUDS 值。

注意：回到原始目标可能会激发其他通道的联想，所以时间不够的时候，应该推迟到下一次干预中。

（2）具体的指导语举例

"我希望你带出图像，那些负性的画面（重复负性认知），并且注意它在你身体上的感觉，然后眼睛跟着我的手指移动（或者交替刺激）"

"接下来我们做个检验，我想尽可能清晰地知道你现在的状态。事情总是捉摸不定，有时候变化，有时侯不变化。我会问你有没有其他的事情出现，也就是说某些事情将要出现或不出现。而这个过程中没有可能……"

"我们要做的事情就是检查一下你正在体验到的是什么，我需要从你那边尽可能地得到清晰的反馈，有时候体验会改变有时候不会，我会问你的感受，从 0～10 打分，或许有时候这个分数会改变，或许有时候不会。我可能会问是否有些新东西出现，或许有时候出现，或许有时候不会出现，在整个加工过程中没有"应该"这种说法，所以你只要给我准确的反馈，告诉我正在发生了什么就行，而不要判断是否某件事情应该发生还是不应该发生。无论出现什么，就让它出现，我们会做手指眼动（叩击、弹指），做一阵子之后我们再讨论。"

（3）变化过程

提示加工的改变：大多数情况下当事人遵循指导时，就会体验到有效再加工。

知觉记忆改变：经过加工，当事人可能报告图像逐渐远去、越来越模糊、不太清晰、失去颜色、变小或者消失了。

情绪改变：当事人可能报告从一种情绪转变为另一种情绪，或者情绪强度的降低。

躯体感觉改变：当事人可能报告从一个部位到另一个部位感觉的改变，或者躯体反应强度的减弱。

信念改变：当事人可能报告其负性自我评价改变了，对其经历有了更具适应性的想法、洞察或新的观点。

注意：回到原始目标可能会激发其他通道的联想，所以时间不够的时候，应该推迟到下一次干预中。在一个通道处理的最后回到目标记忆（出现正性反应），检查当事人的进步，当事人 SUDS 值为 0～1 时脱敏阶段完成。

5. 第五阶段：植入

植入就是再加工并且提高和正性认知网络的连接，目标是检查原始正性认知的效度值，完全整合正性情绪，和原始目标事件联结。这个阶段强调用正性认知取代负性认知，并逐步增加正性认知的有效性。提高和正性认知网络的连接，可通过创伤影像与未来期望的认知配对强化正性认知，取代负面、悲观的想法。这阶段的效果可由 VOC 测量得知，VOC 值增加到 6 或 7 就可停止。通过指导语对当事人植入正性自我陈述和光明希望，取代负面悲观的想法。

选择目标性事件时注意以下几个方面。

①选择能代表事件的重要图片；

②找到消极的自我评价；

③提高联想网络的泛化效应，包括检查初始的正性认知。例如：当你想起原来那件事情，你原来的看法"我是……"是否仍然适合，或者你有其他的想法吗？

④植入积极的认知，探讨渴望达到的某一种状态；

⑤植入认知直到它不再变化为止，VOC 值为 6 或 7 时，表示干预完成；

⑥如果 VOC 值少于 7，需要与当事人讨论"是什么阻碍你达到 7 分？"，注意具体的情绪反应；

⑦ SUDS 值为 1 或 0；

⑧关注躯体感觉。

6. 第六阶段：身体扫描

这个阶段用于关注并加工任何剩余的身体感觉。请当事人从头到脚扫描全身，并将该认知与身体部位关联区域的感觉描述出来。例如，当事人可能会说这种感觉出现在他的腹部，他感觉到腹部把原有的灾难情况画面和后来植入的正性自我陈述及光明想法，在脑海中连接起来，想象练习以新的力量面对旧有的创伤。

①引导当事人放松。

②反馈：

"还有没有其他的东西出现？"

"你现在在关注什么？"

"你现在感觉怎么样？"

③重组认知：将期望的认知状态与原发事件联系起来（VOC 值应该在 6 或 7）。

④身体扫描。

目标：完成和目标事件相联系的残余的创伤或痛苦材料的加工。

过程：进行躯体扫描，回忆那个场景或情绪；感受失调的储存材料经常通过躯体的哪个部位体现出来；适应性信息加工；再加工所有残留的躯体或身心的记忆；如果没有达到目标可以重复扫描；目标记忆 / 正性认知 / 躯体扫描；再加工 / 身体感觉；直至最终完成干预目标,即流畅的躯体扫描。

⑤注意:

躯体扫描需要在有足够时间的情况下进行;

如果时间充足,进行双侧刺激加工;

不适感应该被消除;

可能会有新的联想出现,需要得到完整加工;

直到躯体扫描时不再出现负性感受,加工才算完成;

如果出现了正性感受,应该通过短的刺激完成。

7. 第七阶段:结束

准备结束治疗,在随后的加工过程中保持并且回到平衡状态,以确保当事人在一次EMDR干预结束后到下一次干预期间的稳定性。在准备结束阶段,若有未完全处理的情形,可再以放松技巧等方式来弥补,并说明预后及如何后续保持。在此阶段,可告知当事人之后如果有与该事件图像有关的任何领悟、想法、记忆和梦境,都可以将这些材料记录下来,作为与干预者讨论的材料。告知将结束干预,解答当事人的疑问,并要求当事人做干预后的记录。如果需要,约好下一次干预时间。

(1)目标

保证每次EMDR干预结束时当事人的稳定性。

(2)指导语

"今天我们所做的加工可能在干预后还会继续,你可能注意到一些新的想法、记忆和梦境,也可能不会注意到。请尽量关注你所体验到的东西,包括你看到的、感觉到的、想到的,并且把这些材料记录下来,下一次我们可以使用这个新的材料,同时请记住每天使用一次自我控制技术,在你完成了日志记录后也使用一次自我控制技术。"

用于时间所限等因素造成的不完整会面的关闭,可以和当事人协商停止干预,鼓励当事人:

"你今天做得很好,感觉如何?"

"你今天体验到什么正性想法或者有新的领悟吗?"

如果是后者,干预者要准备好一些正性陈述以备当事人想不起来的时候使用。

如果当事人在进行眼动脱敏与再加工技术干预过程中不能完成任务,即由于某些原因无法进行下去,则可以先做稳定化技术,让当事人在会面间隔期进行以下技术:

①安全地带;

②放松练习。

让当事人集中注意力于难受的身体部位,"如果这种难受有(形状、大小、颜色、温度、声音),会是什么样的?"

"你最喜欢的和治愈有关的颜色是什么?"

"想象这种颜色的光芒正从你的头顶进来,把这种光芒指向你身体上那个难受的形状(三角形),让我们想象光来自宇宙,源源不断,你用得越多,你拥有得越多。光自己指向形状(三角形)并且开始振动,在里面振动并围绕三角形振动。此时,三角形的形状、大小或颜色有什么变化?"

如果当事人的回馈是形状有改变,就继续,直到形状消失。感觉良好之后,把光线带到当事人全身每个部位,积极正性暗示,然后倒数5个数让他回到现实。

8. 第八阶段:再评估

再评估有利于重新进入干预目标,检查本次工作,总结干预过程的得失,根据当事人报告、进展记录和日志,干预者和当事人双方都得到及时的反馈,并修订下次的干预目标。

再评估过程包括以下内容。

(1)信息加工

①适应性信息加工;

②在两次干预之间加工仍在进行;

③在一次干预中并不是所有相关的通道都可以进行;

④新体验会激活以前占主导地位的网络;

⑤新信息需要被整合以完全发挥功能。

(2)需要重点关注的内容

①个人的目标完全达到了吗?是否有阻抗,如果成功的话会发生什么?

②必须强调的相关事件都被激活了吗？

③是否所有的必要目标都被再加工，让当事人能够对过去感到平静，对现在感觉有力量，对未来能够做出选择？

④是否能适当地融入健康的社会系统？

（3）注意

①注意当事人生活中的重要他人是否和痛苦记忆有关；

②注意过去的原发事件，即在病史采集阶段或者在干预过程中报告的10～20个痛苦的回忆；

③对于过去的事件，抓住每个负性认知并且扫描其他未解决的回忆，根据历史时间对一生进行扫描，发现其他未解决的记忆；

④现在有哪些条件、情况或者人物会诱发回避性或者非适应性行为或情感体验；

⑤在处理原发目标的进展过程中其他事件有可能出现，这时候需要回头重新评估这些原发记忆；

⑥注意身体感觉或病理情况可能成为不适应性行为的诱发原因；

⑦构建正性未来模板需包含：发现隐藏的恐惧和负性认知，发现不合适的反应，使用行为预演，新的目标、新的技能、掌握感、新的身份认同；

⑧相关的记忆集中在一起，在干预中需要对它们进行完整识别，注意哪些记忆没有得到处理，从而影响了干预效果。

（4）结束

①结束之前的重新评估；

②系统评估；

③寻找新的事件、新的记忆、负性信念、所需的技能。

（五）注意事项

1. 宣泄的处理

要注意若当事人情绪激动说明是信息正在释放，而不是当事人再次经历创伤。

宣泄包含开始、中途和结束3个阶段。

大多数情况下，宣泄在加工的过程中出现，干预者要保持分离的同情态度，提高安全性，给予关爱、同情、支持。观察当事人的非言语线索，决定改变的负性情绪峰值，在必要的时候先暂停干预，并考虑是否需要合并其他的干预方法。

对宣泄的非特殊处理：

继续进行双侧刺激，可考虑改变刺激方式，如把眼动变为叩击的方式，保持双重觉知，不断提醒当事人"就这样，很好，继续"。必要时支持当事人或者进行对话。

比喻：火车比喻，电影比喻。"这都是过去的信息了。""看着它们走远，别被它们带走了。"

2. 闭锁的处理

看到当事人在双侧刺激后无反应或者反应不佳的状态时，不应立即停止加工，而应该考虑遇到了闭锁。宣泄是过度反应，闭锁是反应不足。有些当事人会在宣泄和闭锁之间摆动。

3. 高情绪（宣泄）的减速策略

首先，看是否提高刺激的速度和强度会引起更快的加工过程。其次，看是否聚焦于身体反应会有帮助，特别是在当事人被过多的图像或想法淹没的时候。如果上述无帮助，则继续双侧刺激，并且考虑下述策略。

（1）机制策略

改用触觉或听觉刺激来减缓加工速度；

改变眼动的方向或者减慢速度；

如果当事人闭眼，告诉他睁开眼睛以保持和干预者的接触；

和当事人说话，给予支持和同情。

注意：任何时候干预者要改变刺激时，都应该告诉当事人为什么要改变。

（2）改变图像、认知或者情绪的干预策略

建议当事人把彩色图像变成黑白的；

让当事人看着施害者的静止的、不会运动的图像，这样可以控制记忆对当事人的影响程度；

使用层级渐进，让当事人在远离痛苦事件的地方观看，然后越来越近，在加工的时候，想象有一道看不见的屏障保护当事人，使其只看到记忆的一小部分，随着加工的深入，逐渐去掉这个屏障。

提醒当事人现实性，比如说"这已经过去了"。

在当事人感觉太多、快被淹没的时候，告诉他一次只集中于一个感觉；

情绪太多的时候，也是一次只集中于一种情绪。

4. 闭锁的加速策略

（1）初始策略（在开始改变图像、认知或者情绪的干预策略之前使用）

①加多眼动或提高速度，看是否可以解锁或者产生更多的情绪反应；

②仅仅聚焦于躯体感觉；

③改变双侧刺激的方式，如将眼动变为叩击；

④检查是否存在青春期或者成人期的支流记忆。

（2）改变图像、认知或者情绪的干预策略

①回到目标事件，建议当事人扫描寻找可以引发更大反应的新的视觉资料；

②检查是否存在喉部的紧张感,这提示"没有说出来的话",让当事人在双侧刺激的过程中说话;

③检查是否存在肌肉的紧张,这提示运动或行动的需要,让当事人在双侧刺激的时候做这些行动;

④检查目标事件看是否有痛苦的声音;

⑤检查目标事件看是否有令人痛苦的对话;

⑥重新定位负性认知以进入更多的痛苦情绪;

⑦给黑白图像加上彩色,或者叫当事人给这张图提高亮度,从而提高情绪强度;

⑧想象一个没有做动作的迫害者在做动作;

⑨让当事人在视觉上想象接近创伤事件;

⑩移动当事人的椅子或者做一些其他的行为刺激,让当事人能够更加主动地体验原始事件;

⑪让当事人一次聚焦于几种身体感觉或情绪体验。

注意:确保所有的目标都重新进入并且加工,且没有歪曲;所有刺激形式的改变都需要首先告诉当事人,在征得当事人同意后开始。

5. 和闭锁、宣泄相关的内容

（1）支流记忆

支流记忆即未打开的与当前功能失调和闭锁有关系的早期记忆。

如果在加工当事人的青春期或者成人期记忆时发生闭锁,就要调查是不是出现了支流记忆。

（2）闭锁信念

不成功的加工经常导致信念的闭锁。通常主观单位的焦虑程度评分量表 SUDS > 0, VOC < 7。

通过访谈了解闭锁信念。例如,可以问"是什么阻碍你的评分变为 0（或 7）?""你从哪里学会的这个信念?"

闭锁信念有可能自然地得到加工,也有可能需要单独加工。

（3）闭锁与阻抗

表现可能是害怕,害怕自己崩溃,害怕最糟糕的结果发生,害怕失去干预者对自己的尊重,害怕失去和干预者的联系。

6. 可选择的哀悼加工目标

导致丧失的现实事件;侵入性画面;噩梦画面;当前扳机点。

（六）EMDR 工作表

指导语：

在今天 EMDR 的过程中，请告诉我你当前的体验。在加工过程中，我会停顿，并需要你尽可能清楚地告诉我，在这个过程里，你的脑中出现了些什么。有的时候这些东西会变化，有的时候不会。在这里无所谓"应该如何如何"这种说法，所以，你只需要尽可能完整地描述正在发生的事情，不管那是什么。

干预者不要忘记告诉当事人代表停止的手势：别忘记了，正如以前说过的，整个加工过程都是由你来控制的，如果你觉得不想继续加工的话，请举手表示停止。

议题、问题或记忆：那么，请告诉我，今天我们要用 EMDR 加工什么？

（记录目标事件的基本情况。）

_____

画面：什么样的记忆／表象／画面代表了这件事情最坏的部分？

_____

消极认知：当你想到那个记忆／表象／画面的时候，什么词表现了现在你对自己的消极信念或者想法？

_____

积极认知：当你想到那个记忆／表象／画面的时候，你现在愿意或者希望如何看待自己？

_____

VOC（认知效度）：当你想到那个记忆／表象／画面的时候，对这些积极的词汇（重复上面提到的积极认知），你现在觉得它们的可信度或者真实性如何？你可以用一个量表标注一下，1 表示你觉得是完全错误的，7 表示你感觉是完全正确的。

完全错误　1　2　3　4　5　6　7　完全正确

_____

情绪／感受：当你想到那个记忆／表象／画面，还有那些词（重复消极认知）的时候，你现在有什么感觉？

_____

SUDS：在一个 0～10 的量表上标注一下对这个事件你现在感到有多痛苦，0 表示没有痛苦，10 表示你所能想象的最严重痛苦。

没有痛苦　0　1　2　3　4　5　6　7　8　9　10　最严重痛苦

_____

身体感觉的定位：你的感觉位于身体的哪一部分？

脱敏：我希望你回忆一下那个记忆／表象／画面，和那个消极的词（重复消极认知），并且注意你在身体的哪个部位感受到它，跟着我的手指移动。

- 缓慢地开始眼动，接近24轮；
- 当你停止移动手指时，对当事人说："请深呼吸、清空思绪、顺其自然。"
- 然后问当事人，"你注意到什么变化？"

- 不管当事人反馈什么，接着说："继续"，开始眼动。
- 继续眼动和暂停的交替，并记录每轮眼动后当事人报告的关键内容。
- 继续眼动和暂停的交替，直到当事人报告内容发生了改变。

（在下面简要记录每轮眼动后当事人报告的关键内容）

- 1.
- 2.
- 3.
- 4.

如果当事人连续两轮眼动后都报告中性或者积极的改变，那么在第2次中性或者积极报告后，可以问当事人："当你想起那件事情的时候，你现在有什么感觉和想法？"

- 不管当事人反馈什么，都进行一轮眼动。

1.
2.
3.
4.
5.
6.
7.
8.

9. _____

10. _____

・如果当事人报告了中性或者积极的材料，问："当你想到最初让你痛苦的那件事情时，你现在有什么感觉，在0（没有痛苦）～10（最严重痛苦）的量表上标出"。

没有痛苦　0　1　2　3　4　5　6　7　8　9　10　最严重痛苦

・如果SUDS值大于1，继续进行数轮眼动

1. _____
2. _____
3. _____
4. _____
5. _____
6. _____
7. _____
8. _____
9. _____
10. _____

・如果SUDS值为0～1，询问当事人："是什么让它不能到0？"

・对当事人报告的任何负性感受进行眼动，直到当事人报告为0停止（或者你认为目前的SUDS是生态适宜的）

1. _____
2. _____

如果SUDS值为0，进入植入阶段。

植入：联系期望的积极认知与最初的记忆/表象/画面。

"那些词（重复积极认知）还合适吗？或者还有其他的积极陈述你觉得会更合适。"

"回忆那个事件和那些词（重复积极认知），1（完全错误）～7（完全正确）选择一下，你觉得它们有多正确？"

"注意这个想法。"做一轮眼动。然后说:"这些词(积极陈述)有多正确,在一个1～7的量表上表示。"

完全错误　1　2　3　4　5　6　7　完全正确

1. _____
2. _____
3. _____
4. _____
5. _____
6. _____
7. _____
8. _____
9. _____
10. _____

继续植入:直到材料变得越来越具有适应性和积极性。如果当事人报告了一个6,询问当事人:"什么东西可以继续使它变成7?"

再次做眼动以加强积极的加工,然后继续询问,直到再也无法加强。

1. _____
2. _____
3. _____
4. _____
5. _____
6. _____
7. _____
8. _____

9. _____

10. _____

如果当事人报告的是 6 或者比 6 小,并且没有任何变化,就检验适宜性,评估是否存在一个阻碍信念,这可能需要额外的再加工来解决。

当植入阶段完成时(VOC 值为 7),开始做躯体扫描。

完全不真实　1　2　3　4　5　6　7　完全真实

_____

躯体扫描:"闭上眼睛,集中精力于那个事件和你对自己的积极想法,把你的注意力放到全身各个部位,从头到脚,如果任何地方感觉到紧张或异常就请告诉我。"

如果当事人报告了积极或者舒服的感觉,进行眼动强化。如果此过程中报告不舒服的感觉,就进行再加工,直到不舒服的感觉消退。

躯体感觉:

_____

_____

结束:简要说明一下以上练习:"今天我们所做的加工可能在干预后还会继续。你可能注意到一些新的想法、记忆和梦境,也可能不会注意到。请尽量关注你所体验到的东西(包括你看到的、感觉到的、想到的扳机事件是什么),并且写日志。下一次我们可以使用这个新的材料。同时请记住每天使用一次自我控制技术,在你完成了日志后也使用一次自我控制技术。"

_____

重新评估:在下一次干预时,干预者需进行重新评估。

_____

结束不完整干预的程序:

一次不完整干预指的是当事人的材料仍有部分没有解决,也就是说,当事人明显仍然沮丧,或者 SUDS 值大于 1,VOC 值小于 6。

下面是结束不完整干预的步骤,目的是给当事人确认他们已经完成的东西,帮助他们在离开治疗室之前调整好。

步骤:

①请求当事人同意停止干预并解释原因。"我们已经没有时间了,需要很快结束这次干预。现在停止干预的话你的感觉是不是还可以呢?"为他所做的一切给予鼓励和支持。

"你做得非常好，我非常欣赏你的努力，你现在感觉怎么样呢？"

②取消积极认知的植入和躯体扫描（因为仍有一些材料需要处理）。

③做一个稳定化练习，"我建议在干预停止之前先做一个稳定化练习（如放松技术、安全岛、光流等），你希望做哪个？"

④向当事人交代上面的结束语，做一个简单的总结。

第四节　军人心理危机干预的步骤

心理危机干预的主要目标是降低重大创伤所带给当事人的剧烈刺激反应及形成创伤的风险，减少心理危机和创伤的直接严重后果，促进个体从危机和创伤事件中恢复。心理危机干预的突出特点是对危机当事人帮助的及时性，有效的行动是危机干预成功的关键。为了达到上述目标，更好地指导实践，有必要建立一个实用的危机干预程序。

一、危机评估阶段

危机干预的第一步是要从当事人的角度，确定和理解当事人所面临的问题是什么？当前存在的主要问题是什么？有何诱因？什么问题必须首先解决？然后再处理什么问题？是否需要家属和战友参与？有无严重的躯体疾病或损伤？干预者与当事人可以自由讨论对创伤事件的各种印象、感觉和行为反应。要想实现与危机当事人建立信任关系，必须非常迅速地确定引发危机的核心问题是什么。

分析必须完全基于当事人视角进行，且要确定和理解其所认识的危机问题。不同的人对同一事件的反应会受个性、文化、价值观等因素的影响。如果危机干预人员所认识的危机境遇并非当事人所认同的，即使危机干预人员的认识并不错，其干预都很难达到预期效果。因此，特别需要干预者使用积极的倾听技术，对当事人表示同情、理解、接纳及尊重，既注意当事人的言语信息，也注意其非言语信息。

对多数当事人来说，他们的危机往往由多个错综复杂的问题交织而成，干预者必须设身处地地感知和理解，为当事人清晰地界定每一个问题，否则他所采用的任何措施都无法取得满意的效果。干预者应当以共情、尊重、积极关注的态度，与当事人建立起良好的关系，取得对方的信任，在此基础上，全面了解当事人遭遇应激事件的诱因和时间，以及寻求心理帮助的动机。另外，还必须评估当事人自杀或自伤的危险性，如果有严重的自杀和攻击倾向，可考虑就诊于精神科门诊和住院治疗。

二、制订干预计划

与当事人共同制订行动计划来矫正其情绪的失衡状态。帮助当事人做出现实的短期计划,确定当事人可理解的、自有的、可操作性强的行动步骤,将变通的应对方式以时间表和行动步骤的形式列出来。制订计划要充分考虑当事人的自控能力和自主性,行动计划的制订应该让当事人充分地参与,使他们感到自己的权利、尊严没有被剥夺。

根据军人心理危机干预的系统程序,当当事人从干预计划中获得了支持、找到了新的应对方式时,危机干预工作者就要与当事人共同制定行动步骤。要针对当时的具体问题,以及当事人的功能水平和心理需要来制订干预计划。同时还要考虑到文化背景、社会生活习惯及家庭环境等因素,制订的计划一定是现实、具体、实用和灵活可变的,并且如果有可能应尽量有利于后续的追踪随访。

一般来说,危机干预的计划应该满足以下两点。

①确定有其他的个人、组织、团体或相关机构能够及时提供支持。

②提供的应对机制必须是当事人现在能够采用的、具体的、积极的,根据当事人的实际情况,干预计划应切实可行,有助于当事人解决问题。

在制订计划的过程中,干预者既要帮助当事人拟定一个短期的行动计划,以帮助其走出当前的危机,还要拟定一个长期的行动计划,培养当事人掌握更积极、恰当的应对方式。

制订干预计划的关键在于让当事人感到干预者没有剥夺他们的权利,让当事人感到这是他自己的计划。有些当事人可能并不会反对干预者决定他们应该做什么,但此时,这些当事人往往过分关注自己的危机而忽略自己的能力,他们甚至会认为将计划强加给他们是应该的。让受情绪困扰的当事人接受一个强加给他们的善意计划往往很容易。因此，在计划制订过程中的主要问题是当事人的控制性和自主性，让当事人将计划付诸实施的目的是恢复他们的自制能力和保证他们不依赖于干预者。

三、治疗性干预阶段

（一）保证当事人安全

在整个危机干预的过程中，当事人的安全问题自始至终都应该得到重视，保证当事人的安全是首要目标。所以首先应帮助当事人尽快脱离灾难现场或创伤情景，尽快脱离危险。评估危机的严重程度，确定需要紧急处理的问题，保证当事人对自身和对他人的生理与心理危险性降低到最小。安全感对处于心理危机之中的个体来说，是最核心的需要。

1. 帮助离开危机情境

保证安全意味着要保证当事人能够相对安全地脱离外界危险，如地震幸存者应离开危险的建筑物等。否则当事人生命尚处于风险之中，不会有足够的心理资源参与到心理干预过程中。因此，当危机依然存在，或者还存在潜在危险时，干预者必须首先聚焦于当事人的安全。当然，对于当事人来说，不仅需要确保现实的安全，而且还要能够感知到自己是安全的。但是这常常会是一个问题，因为危机会导致过度警觉，经历过危机的人会预期危险，安全的环境也会被认为是危险的环境。因此，在当事人获得安全感之前，让当事人回述创伤过程是不妥的。在一些干预案例中，可以引导当事人关注一些有关安全保障的陈述，如"你现在正在和我在一起，在这间屋子里你很安全"。

2. 提供和保持稳定

稳定是一种持续的生理和心理状态，稳定感可以使人不致因破坏性的内在和外在刺激而陷入崩溃感。应激性事件会使当事人陷入不稳定的状态，更容易出现应激反应，因此，稳定性工作在危机干预中对当事人来说是至关重要的一个环节，包括保持当事人生命稳定和情绪稳定两个方面。生命稳定是指一般性的生活稳定状态，对经历创伤并缺乏生命资源的人来说，需要的干预措施常常是社会工作，如保障生命安全、给幸存者提供实际的帮助、妥善安排食宿等。

在实施具体的干预措施之前，除保持当事人的生命稳定以外，还要让当事人具备基本的心理平衡，这意味着在心理干预之前，如果发现精神病性症状、高自杀风险、严重焦虑和抑郁的当事人，需要一些其他的干预措施，包括恰当地使用药物等。

3. 提供信息

及时提供关于当事人生命安全危机事件的信息，如何正确应对应激反应的信息。以地震幸存者为例，干预者应主动提供当事人所关心的准确信息，包括地震灾害的信息、抗震救灾的进展情况、未来可能出现的危险、当事人亲属的下落，以及有关当事人躯体治疗的信息，以弥补当事人的认知缺乏和信息不足造成的极度不安全感。

4. 评估危险

对当事人的应激程度及当事人的情境进行评估，如对当事人躯体和心理安全的威胁程度、当事人失去能动性的可能性和严重性。评估的同时，要保证当事人了解代替冲动或自我毁灭性行动的解决方法。

（二）给予支持

给予支持，强调干预者与当事人的沟通和交流，使当事人了解干预者是完全可以信任的，是能够给予其关心帮助的人。当然，作为处于危机情境下的当事人来说，很难轻易相信干预者是值得信任的人，干预者必须以尊重、无条件、积极关注的方式接纳当事人，无论当事人的态度如何。提供支持，就是提供这样一个机会，让当事人相信，这里有一个人确实很关心他，如当事人处于极度孤独的状态下，干预者可以说"这是一个很特殊的状况，我很愿意为你提供帮助，如果你愿意可以随时联系我"。

不管当事人遭遇的是天灾、人祸，还是因自己的过失所致，也不管当事人当前的感受可以理解还是不合常情，一律不予评价。应该提供机会，通过沟通与交流，让当事人表达和宣泄自己的情感，给当事人同情、支持和鼓励。

提供支持不仅包括干预者对当事人的无条件支持，还包括全方位启动当事人的社会支持系统，如来自父母、战友、领导、老师、同学、朋友等的支持，以及来自救援系统的支持。这种支持不仅指心理和情感支持，也包括一些实质的救助行动。

支持技术的目的在于尽可能解决当事人当前面临的情绪危机，使当事人的情绪得以稳定。主要的方法包括以下两个方面。

1. 倾听技术

在心理干预会谈中，干预者首要的是给当事人以肯定支持和保证，积极与当事人共情，耐心倾听并热情关注，真诚接纳当事人所有的心理反应。提供宣泄机会，鼓励其将自己的内心情感表达出来，认可当事人表露出的任何情绪和情感，不要试图说服他们改变自己的感受。

2. 提供具体支持

通过语言、声调和躯体语言向当事人表达干预者是以关心、积极、接受、不偏不倚的态度来处理危机事件的。

（三）寻找可替代的应对方式

此时当事人的思维往往处于被抑制状态，很难判断什么是最佳选择，要让当事人认

识到有许多变通的应对方式可供选择。可建议当事人从不同的途径思考变通方式。

①对外开发环境资源,引导当事人从身边的亲朋好友中寻找支持和帮助。例如,有哪些人现在或过去关心当事人?能在行为或心理上予以支持和陪伴,如妈妈的关心、陪伴,朋友给予的帮助。

②对内开启心理资源,尝试新的、积极的、建设性的思维方式,可以用来改变自己对问题的看法并减轻应激反应与焦虑水平。干预人员要帮助当事人认识到有许多变通的应对方式可供选择,帮助当事人探索自己可以利用的替代解决方法,促使当事人积极地搜寻可以获得的环境支持、可以利用的应付方式,发掘积极的思维方式。如果当事人能够从这几个方面客观地评价各种可变通的应对方式,干预者就能够给感到绝望和走投无路的当事人以极大的支持。

这一步骤是干预双方常易忽视的环节,在多数情况下,当当事人遭受心理创伤而失去主观能动性时,思维处于混沌的状态,不能恰当地判断什么是最佳,或者说做出更适宜的选择。有些处于危机的当事人甚至认为无路可走了,所以,危机干预者应引导当事人认识到有许多变通的应对方式可选,应该从多种不同途径进行思考。

①环境支持。这是提供帮助的最佳资源,让当事人知道哪些人关心自己,目标是帮助幸存者与主要的支持者或其他的支持来源,在组内和组间共享各种可利用的资源,增强团体支持力、稳定性和凝聚力,建立短暂的或长期的联系。

②应对机制。随时准备应对当事人可能发生的各种症状和反应,通过清楚地了解各种事故和行为反应,促进认知结构的建立,给当事人提供可以用来战胜目前危机的行动或行为指导。

③积极关注。通过分享,减少孤独感和异常行为反应,当事人积极的、建设性的思维方式可改变自己对问题的看法,减轻应激反应与焦虑水平,达到正常状态。

通过各种可变通的应对方式,能够给当事人极大的支持。

例如,在自然灾害和其他重大创伤事件发生过程中,当事人可能会觉得自己无法被他人理解和接纳,造成心理孤独感和社会隔绝感,可以让其确认自己的社会支持网络,如家人、朋友、战友的相关资源等,明确自己能够从哪里得到怎样的具体帮助,如情感支持、建议和信息、物质方面等。

再如,与当事人讨论,在危机发生后,都采取了哪些方法来应对?要多跟亲友、战友和熟悉的人待在一起,积极参加各种活动,尽量保持以往的作息时间,做一些切实可行的事情、对改善现状有帮助的事情等。避免不好的应对,如自伤、自杀等。要多采用开放式提问方法,启发当事人尽可能多地想出不同的方案,然后再加以补充。例如,"我突然想到一个办法,你是否可以在近期到你的朋友家住上一段时间?或许你可以考虑一下。"为了找到最恰当的方案,可与当事人讨论在过去类似的情境中,哪些方法是有效的。通常当事人都能从过去的经验中想出好的解决方案。

虽然有许多可变通的方式能应对当事人的危机,但干预者只需与当事人讨论其中的几种，因为处于危机之中的当事人不需要过多选择，他们需要的是当前境遇下切实可行的选择。此外，值得注意的是，分析可供选择的方案时，应尽可能与当事人合作，最好的方案是当事人能接受的方案。要注意的是，无论这个方案有多么完美，干预者都不能将自己的选择强加于当事人。

（四）获得承诺

获得承诺是帮助当事人承诺采取确定计划的积极步骤，并且是从当事人那里得到会按照计划行事的保证。同样，控制性和自主性问题也存在于这一过程中。如果制订干预计划这一步完成得较好的话，则"获得承诺"这一步就比较容易。多数情况下，保证这一步比较简单，让当事人复述一下计划，然后问当事人："所以告诉我，我们要做些什么？"

在获得承诺的任务中，倾听技术也同样重要，要用理解、同情和支持的方式来进行询问和确认。这些计划和行动步骤必须是当事人同意的，从现实的角度是可以完成的或可以接受的，以便当事人会坚持按照预定计划和方案行事。一个强加于当事人的承诺是没有作用的，如果当事人对于实施计划的承诺表现出任何一点犹豫或不理解，干预者都应该做进一步追问和澄清。

四、危机解决和随访阶段

一般经过 4～6 周的危机干预，绝大多数的当事人会度过危机，情绪症状得到缓解，这时应该及时中断干预性治疗，以减少依赖性。在结束阶段，应该注意强化学习新习得的应对技巧，鼓励当事人今后面临或遭遇类似应激事件或挫折时，学会举一反三地应用以便解决问题和危机，调整自己的心态，提高自己的心理适应能力和承受能力。

总而言之，干预者实际上起到拐杖的作用，帮助和支持那些心理失去平衡的人，一旦他们学会自我解决和处理问题的技能，就应该让他们"扔掉拐杖"，让他们自己面对生活，真正走向人格独立。

短期的危机干预不能解决当事人的所有问题，对当事人进行持续性的心理援助至关重要。原中国科学院心理研究所所长张侃曾指出，对灾区的心理援助应持续 20 年。在军队，心理危机干预工作受上级统一指挥调度，有时干预工作的持续时间会受到多方因素的影响，但危机干预团队应坚持随访制度。即使短期干预后工作团队已撤离干预地点，干预者也应与重点干预对象及其责任领导互留联系方式，及时对其进行随访和干预效果评估。

资料显示，美军的干预后随访工作可能会延续至危机干预结束后 6 个月或更长时间。一份关于美军的军用直升机事故干预案例分析表明："事故后 6 个月的随访显示，机组成员、技术人员、管理人员已快速恢复，重新投入日常工作中，恢复了先前的工作状态；搜救工作者中，有一名相关人员因创伤应激障碍接受了治疗；在家属群体中，事故后 1

个月,救助者不再有新的诉求;在医务工作者中,有一名医务人员经历了近3个月的困难期。"

第五节 军人心理危机干预的组织实施

一、组建团队

为了及时、有效展开心理危机干预工作,应建立一支包含多学科领域工作人员的综合性团队(分队),以相互合作与提供支持,确保行动系统化,实现救援效能最优化。军队参与心理危机干预工作的专家认为,在理想条件下,危机干预团队应包含精神科医生、心理学专家、内外科医生、机关工作人员及其他志愿者。其中,精神科医生、心理学专家不可或缺,主要负责心理和药物干预;内外科医生可以帮助排除和处理躯体疾病;机关工作人员及其他志愿者则负责联络沟通和做一些辅助工作。在实际行动中,我军心理危机干预团队常由军队心理卫生专家或精神卫生专家组成,与干预对象所在单位的机关工作人员(含上级机关工作人员)、体系医院卫勤力量(如有需要)相互配合。

当大型公共危机事件发生后,救援组织到达现场,开始采取具体干预行动时,可分散为多个工作小组,相互沟通协调,必要时辅助开展工作,各干预小组的成员人数以2~3人为宜。在危机现场工作人员应保持合作、互相交流见解、了解各自的想法,同时保持思想的统一。对团队成员的具体要求如下。

（一）知识结构

团队成员应具备丰富的心理学知识，并且熟悉社会学、伦理学、教育学、军事政工学等方面的知识。成员中的心理咨询治疗专业人员作为主要心理干预实施者，应遵从《卫生系统心理咨询与心理治疗工作者条例》，系统掌握心理治疗理论及普通心理学、发展心理学、神经病学、变态心理学（或精神病学）、人格心理学、会谈及心理诊断技术、心理测量等方面的知识，经过心理治疗或危机干预正规培训。其他小组成员应当补充心理学基础知识。

（二）工作实践

心理危机干预工作与一般的咨询和治疗工作既存在共性，又有独特的目的和方法，需要从业人员具有一定的临床心理治疗及危机干预工作的实践经验。宋华淼、张鹏在《军人心理疏导理论与方法》中提及："符合上述学历或职称要求的心理咨询治疗人员需要在有经验的专业工作者指导下，从事心理咨询与心理治疗的临床实践至少半年以上，方可独立从事此项工作。"因此，在干预小组划分时，要充分考虑小组成员专业背景和工作经验，尽量按照精神科医生、心理学专家、工作人员（包含志愿者）与内外科医生协同编组，采用经验梯度编组原则（资深—骨干—新手）。

（三）职业道德

一是要热爱本职工作，秉持职业使命感与奉献精神，能够全身心投入工作，尽最大可能帮助干预对象走出心理危机。二是尊重服务对象的人格，遵守职业道德，替当事人保守秘密。三是钻研心理学业务，保持开放进取的心态，不断提高心理救援工作水平，总结经验，能够从实践中不断学习。四是具有合作精神，团结队友，理解团队合作的价值和意义，不搞个人英雄主义。

（四）专业素养

具有良好的共情能力、沟通能力、问题解决与临床处置能力。

二、危机干预预案的制定

心理危机干预预案的制定应在充分理解心理危机干预的目标，遵守危机干预基本原则的基础上进行。对于军人心理危机干预工作来说，在制定预案时还应充分考量当事人所在部队的实际情况和政治因素，与相关部门做好沟通协调工作。

（一）危机干预工作的时间把握

一般认为，心理危机干预的最佳时间是遭遇创伤后 24～72 小时。避开危机后前 24

小时，一是考虑到危机发生后前 24 小时尚属生命救援黄金期，应将资源和时间让给生命救援工作；二是因为创伤事件刚发生，创伤程度和范围尚不清晰，且当事人处于惊吓期，对外界感知力下降，干预效果可能会受到影响。这个观点得到了一部分军队心理危机干预专家的支持，但更多的军队心理危机干预专家倾向于军队心理危机干预工作应本着"及时"原则，在条件支持的情况下，越早开展越好。

分析原因，可能是由于军队的心理危机干预工作往往由后勤卫生部门部署，与医疗卫生工作联合开展，受上级部门的统一指挥和调动，与生命救援等任务的执行并不冲突。同时，军队心理危机干预专家强调了前期的工作内容应以支持、陪伴为主，尽早与干预对象建立关系，以防止心理问题的扩大和变性。因此，在制定心理危机干预现场工作方案时，不应拘泥于展开时间，而应将重点放在明确各阶段主要目标、与各部门如何做好沟通、如何相互配合开展工作上。

危机干预工作者应对每次干预工作需要的时长、展开频率及整个干预任务的周期有大致把握。这样做的目的在于能更好地向指挥协调部门争取时间来完成干预目标。一般来说，每次心理危机干预工作的持续时长为 1～2 小时，以便完成关系建立、问题评估、情绪宣泄、认知重构等重要步骤；同时，当事人的接受程度、精力恢复情况等也是考量的要素。军人心理危机干预的频率应遵循先密后疏原则，在进行初期干预工作（一般第 2～3 天）后，应该评估当前干预效果，并视情况在未来一段时间内对当事人进行干预或回访，帮助其顺利度过"危机发展过程"。苗丹民、刘旭峰认为，一般在经过 4～6 周的危机干预后，绝大多数当事人会度过危机，情绪症状得以缓解，可以此时结束干预工作，并鼓励当事人今后面临或遭遇类似应激事件或挫折时，学会灵活应用多种方式和原理。在美军事故后的干预报告中可见，事故发生后 6 个月、12 个月……相关部门仍然在对危机当事人进行随访。

与一般心理危机干预工作不同的是，军人心理危机干预的时长、频率、周期等不仅取决于当事人需求，还取决于上级下达的任务安排、部队整体工作计划和有关部门的支持程度。有时候，军队的心理危机干预者不得不在时间紧迫的情况下进行危机干预工作，此时的危机干预目标应以稳定当事人，使其尽早恢复正常生活为主，要帮助其了解自己处于何种状态、可能会面临什么状况、如何处理、何时需要求助，以及求助的方式方法。但对经过初期干预，仍评估为"高危（有自伤或伤人倾向）""可能无法恢复正常生活"等的当事人，要及时提出进一步的高度关注、送诊建议，确保其能够获得后续的帮助。

（二）对需求的评估和有效沟通

接到危机干预任务或到达危机干预现场时，要向联络人员或分管领导详细了解危机事件具体情况、涉及人员数量、结构分布等，根据需求来安排和部署干预团队的具体工作。对需求的评估往往还应该包括当事单位的简要介绍，如是否发生过类似事件、当时的影响和处理情况、部队当前重点任务、时间安排和领导诉求等。

军人心理危机干预必须获得上级的支持，在统一领导下与其他部门协同工作。无论是危机干预团队的组建，还是执行具体任务的计划建议，都应该和有关部门（包括干预任务下达部门和需要进行心理危机干预的部队）领导做好请示汇报工作，及时沟通任务执行情况、干预的目的和具体需求，争取相关部门的配合。能否获得行政支持，关系到政令是否畅通、是否有物质保障、是否能够顺利调动人员开展工作，以及后续持续性援助工作的展开，这是干预工作成败的关键。

（三）危机干预对象及干预方法的确定

危机干预对象的确定应参考相关理论，并结合现场评估工作和部队实际诉求。以某次重大飞行事故（二级）后危机干预工作为例，干预对象包括：

①事故飞行员本人；
②事故飞行员家属及好友；
③参与搜救工作的场站工作人员、医务人员等；
④事故飞行员所在飞行大队全体飞行员及主要责任领导；
⑤事故飞行员所在单位中原先经历过飞行事故的飞行员，包括亲历者和目睹者；
⑥事故飞行员所在单位中主动要求干预的个体；
⑦由于时间和任务安排，并未涉及事故调查组成员，但对事故调查组有需要的人员进行了简单咨询服务。

危机干预的具体方案可以根据干预对象的分级和每级需要干预的人员数量来组织，

如一、二级干预对象采取个别心理干预的方式,三级干预对象采取团体心理咨询、心理健康讲座等干预方式,四级以上干预对象采取心理健康讲座、发放宣传资料等干预方式。干预工作也可根据心理危机的评估结果分级组织,对无明显心理行为问题者,进行心理健康教育;对一般心理行为反应者,进行团体咨询;对严重心理行为问题者,开展个别心理干预;对精神障碍当事人,应根据症状特点提出诊断,进行相应治疗,有需要时转入精神病专科进行治疗。在现场工作中,这两种组织方式往往结合进行,通过运用关系建立技术来接触和评估干预对象,筛选出重点对象进行个别干预。对有潜在伤害性行为的个体,在重点干预的同时,还应及时通知其领导和所属单位做好看护工作。

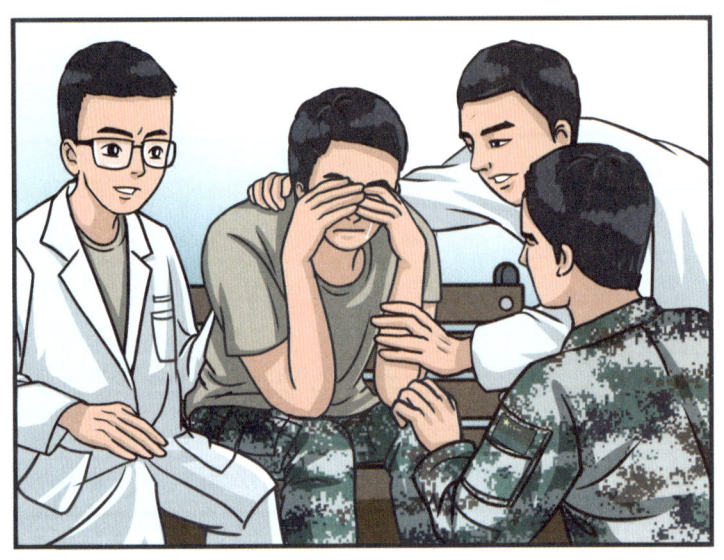

(四)工作预案的制定

工作预案的内容应包括:
①根据干预目标人群及人数,决定危机干预团队的分组及分工;
②定出干预工作的日程表;
③根据事件性质和干预对象类别,选择合适的宣传教育资料;
④根据事件性质、干预对象数量等因素,选择合适的评估工具;在正式制定具体干预方案前,可对干预服务对象整体先进行一次全面的评估工作;
⑤根据不同的目标人群确定主要干预预案;
⑥需与上级部门沟通的事宜,包括工作预案、时间安排、需要协调解决的问题、危机事件处置的心理学建议。

制定工作预案时需要注意的问题包括:
①在确定团队编组时,应充分考量成员的资历、年龄、性别、教育及职业背景等特点,

尽量做到新老搭配、优势互补。

②危机现场的工作环境、能够得到的资源和支持程度应是制定方案的重要考虑依据。

③为突发状况预留一定的机动时间（至少半天），在与上级部门沟通时应说明。

三、出发前准备

（一）专业训练

军人心理危机干预团队应适时开展专业训练，时刻保持昂扬的斗志和专业能力，为突发任务做好技能准备。

1. 训练方式

在职训练：团队成员在各自岗位上进行训练，训练内容包含"基本理论""基本技能""体能训练"。

集中训练：心理危机干预团队应在熟悉掌握军人心理危机的特点、部队常规作业情况、常见突发事件等的基础上，制定各类危机后的心理干预预案，并集中时间进行预案的演练，明确各项预案的目的，熟练掌握预案的要求，做到实战时能够准确运用预案方法，与成员配合做好心理干预工作。

强化训练：积极参与各项军事演习任务，与野战部队一起拉动，与部队同吃、同住、同训练。集中对心理危机干预队员的政治素质、业务能力、体能及生存能力进行强化训练，突出在复杂环境下的适应能力、专业技术能力的发挥。

2. 训练内容

理论训练：深入研究和学习心理危机干预相关理论，着力研究各种不同形式的危机干预技术，如心理评估技术、团体心理训练辅导技术、心理晤谈技术、自杀危机干预技术、哀伤辅导技术等，熟练掌握相关技术流程，注重对技术的实用性和实战效果进行探索，具备能在执行非常任务时，展开立体交叉方式的全方位心理干预的能力。

模拟演练：依据任务布置，制定演练预案，定期组织团队成员进行模拟演练，演练应包含任务下达、任务前会议、拉动、展开、转场、收队等流程，以熟悉战场或非战争军事行动中心理救援的全过程。

（二）相关物资准备

因为突发事件的类型不同，执行危机干预任务时的客观条件不同，所以需要准备的物资也有所差别。一般心理危机干预团队应考虑准备的物资有以下几个方面。

①军需生活物资：心理危机干预团队的成员应准备自己的单兵生活物资和必要救生物品，标准应根据任务情况确定，一般以满足单兵在伴随保障情况下生活两周以上，独

处环境下生存3天为标准。

②通信联络工具：应符合相关保密要求，满足执行任务过程中队员之间相互联络、向上级请示汇报相关任务情况的需求。

③必要药品：包括急诊常规用药、针对战斗性心理疾病的精神科用药，如黛力新、安定、帕罗西汀、阿普唑仑等。

④宣传教育资料：出发前应根据突发事件及波及范围的人员类型，有针对性地印制相关的心理健康教育资料，有条件时可携带便携打印机，根据需求现场印制。平时应注意宣传教育资料的积累和分类。

⑤危机干预相关工具：准备充足的，较为齐全的心理危机评估、干预所需技术工具，如各类评估量表、心理压力调控仪等。

⑥相关技术手册：如行动预案、各类技术指导手册等。

（三）工作制度的制定

1. 组织领导制度

执行任务期间，每个危机干预工作者的活动都应该在上级的统一规划和指导下进行，坚决反对个人英雄主义。当接到的任务完成后，应及时总结并向上一级部门汇报；遇到问题时及时请示报告。干预团队每年至少应召开一次工作会议，总结当年工作情况，分析军人心理状况和部队心理危机干预工作形势；根据上级机关指示要求，部署下年度工作任务和学习训练计划；围绕相关工作内容展开研讨交流。

2. 现场工作制度

制定危机干预现场工作制度，内容包括工作规范、总结讲评、工作报告、转诊和回访、后勤保障措施等。

工作规范：现场工作应做到"统一组织、统一指挥、统一评估工具、统一工作流程、统一干预技术、统一宣教资料"6个统一。每名团队成员都应该遵守团队规定的内务制度，包括合理作息时间等，以保证自身安全和战斗力的发挥。对干预对象要按统一规范做好干预记录，以便统一汇报和查验相关资料。

总结讲评：当天工作结束后，由各工作小组记录、汇总工作内容，向上一级（如心理危机干预分队）汇报相关情况。包括宣教资料发放情况、干预人数、处理技术、访谈人数、心理应激反应人数、需重点关注案例等。由分队每晚组织召开会议，对当天工作进行汇总分析、组织总结讲评，并部署第二天工作。

工作报告：心理危机干预团队每天以简报形式向上级指挥部门发布当天工作情况。任务结束后要上报专题总结。

转诊和回访：与符合条件的相关医院建立合作机制和转诊制度，以便及时转诊当事人或获得技术支援；建立回访制度，确保每一个接受危机干预的单位、每一名重点干预（一对一干预）对象得到定期回访。

3. 保密制度

遵守部队相关保密规定和心理咨询基本保密原则。危机干预过程有关信息的发布应由团队领导负责把关，经统一途径向外发布，与危机事件有关的信息应严格保密，听从上级指挥机关的统一安排部署。严禁团队内的个人随意向不相关人员或媒体发布有关信息。

4. 值班备勤及工作轮休制度

心理危机干预团队成员应建立二级值班制度，日常设立值班首长1人，由团队中的领导担任；团队值班员1人，由团队成员轮流担任。节假日期间，应加强战备值班，设置团队值班员1～2人，全员要确保通信畅通，控制人员外出比例，保障队伍在发生突发性任务时能够快速反应。图5-1显示的是心理危机干预团队的备勤反应流程。

团队应保持一定的日常在位率，以保证在接到上级下达的任务要求后，队伍能够根据命令要求及时收拢并展开工作。一般规定进入三级战备状态时，队长及一个小组人员收拢；进入二级、一级战备状态时，全员收拢；本单位执行突发事件任务时，根据命令要求确定收拢对象。团队日常应建立任务暗语制度，在团队通知任务、收拢队伍时使用，如作战任务为"1号事件，速归"；飞行事故为"2号事件，速归"；自然灾难为"3号事件，速归"；刑事案件为"4号事件，速归"。

当执行任务时间较长时，在一线执行任务的小组成员原则上遵守2周一换班的轮休制度。

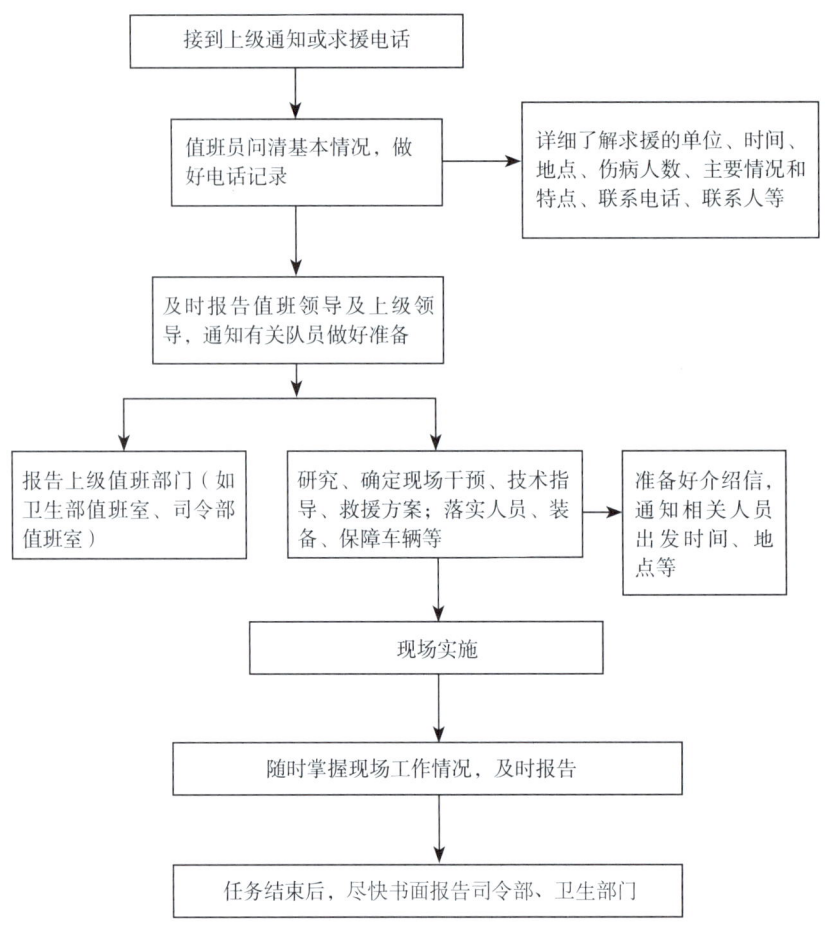

图 5-1 心理危机干预团队的备勤反应流程

5. 物资装备管理制度

对分队战备物资实行"三分"（携行、运行、后留），"四定"（定人、定物、定车、定位）工作方法，分类存放，分类保管，严格专物专用，不得擅自出借、挪用。

对战备物资应定期检查，每年至少2次，尤其是使用后和季节变化时，要做好装备检查和维护，对发现的问题要及时处理。对战备药材要进行有效期登记，及时轮换更新。管理实行责任制，对物资进行定人保管、定人保养、定人保修，建立使用、维护、保养登记机制。在使用物资装备时，严格遵守使用手册，保证装备性能良好。当管理人员离开危机干预团队时，应严格办理交接手续。

（四）宣传教育资料编印

宣传教育资料是指向危机当事人提供的，帮助他们了解危机后自己及周围人在心理上可能发生什么变化、应该怎样应对等事宜的资料。资料类型可以是书刊、宣传画、小册子，也可以是录像、录音资料（光盘）。宣传教育资料的内容必须与危机事件密切相关，突出针对性，才能起到良好的宣传干预效果，按理应在执行干预任务前，根据任务情况编制印刷。但在实际操作中，由于军人心理危机干预的紧迫性，干预团队在接到任务后，往往没有充足的时间来进行资料搜集和编制。因此，宣传教育资料的编制工作应归入组织实施阶段，以日常搜集整理资料为主，在接到任务时，可根据任务情况，从资料中选取相关部分。

宣传教育资料在编制上应该直击问题，重点突出，通俗易读，对有关问题可分条逐项列出，针对不同人群可分类进行宣传指导。宣传教育资料应该包括以下几个方面内容。

①突发事件可能会给我们带来的心理影响及症状表现；

②如何识别自己（及周围人）的心理症状；

③自己可以做什么，如何进行自我调节；

④当他人面临危机、出现应激反应时，能为他人提供什么有效帮助；

⑤专业援助触发条件与路径，以及寻求帮助的方式（如提供危机干预团队的联络方式等）。

四、现场工作流程

（一）危机现场工作要务

根据马斯洛需求层次理论，人类需求像阶梯一样从低到高分为5种，分别是生理需求、安全需求、社交需求、尊重需求和自我实现需求（图5-2），只有低层次的需求得到满足后，人类才可能出现更高级的、社会化程度更高的需求。对危机后当事人的需求调查也显示，在重大灾难后，当事人最渴望得到的是生活保障、安全保障、医疗保障、信息传递与心理安慰，这就是危机事件发生后救援与干预工作的要务。对危机干预而言，安全保障是重中之重。

当危机干预团队到达现场之后，应寻找或搭建能够确保安全的生存和工作环境，保障当事人、危机干预工作者及其他人员的生命安全，有时也包括财产安全。危机干预工作者在搭建工作环境时，要充分考虑当事人出现自杀、攻击行为、意外伤害、医学急症的可能性，尽量避免危险性因素，如在干预现场不放置利器、易燃易爆品和其他危险物品，在地震灾害现场进行干预时要避免高置重物坠落，附近应具备医疗急救条件等。

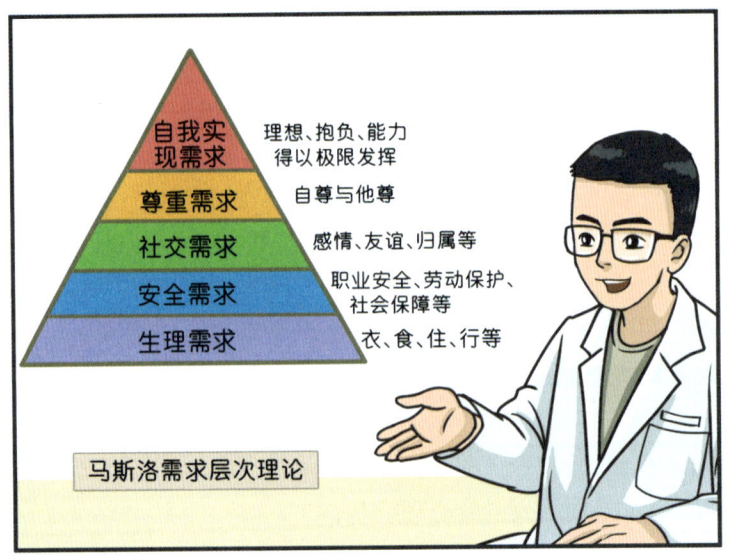

图 5-2 马斯洛需求层次理论

（二）危机现场人员分工

危机现场的干预团队可按照分队—小组—组员的结构划分行政关系，并明确组织领导体系，进行任务分工。每个分队可根据成员人数，设置队长 1 人，副队长 1～2 人（可不设），每个小组设组长 1 人，工作职责分别如下。

1. 分队队长职责

①对分队人员定岗定位，明确职责分工；
②制定分队行动方案；
③与上级机关、任务部队、保障单位等进行方案对接；
④在危机现场进行指挥协同工作，为分队工作提供有利条件保障；
⑤处置突发情况，参与技术支援；
⑥平时制订分队训练计划，组织完成训练任务；
⑦进行任务总结与效果评估。

2. 分队副队长职责

协助队长做好相关工作。

3. 组长职责

领导全组在队长的指导下开展工作。
①参与训练方案和行动方案的制定；

②提出小组成员分工建议；
③负责行动现场的联络工作，上传下达；
④组织开展具体工作；
⑤进行小组工作总结汇报与效果评估。

4. 组员职责

①在组长的领导下，开展具体工作；
②进行总结汇报工作。

（三）现场评估和干预

对当事人的心理评估是贯穿危机干预过程始终的重要步骤。评估的结果是制定具体危机干预策略的重要依据，也是评估心理干预效果的实用方法。现场心理危机评估工作应遵循"快速、有效、可信"等基本要求，评估的方法应根据具体情况而定，包含自然访谈记录分析、标准化问卷及即时访谈评估。干预的效果可以采用前后对比、个体和当事人反馈等方法进行评估。

现场干预工作应遵守由危机干预团队讨论形成的工作制度，按照制定好的心理危机干预方案组织开展。如遇特殊情况，应及时向团队（分队）领导（队长）请示报告。

（四）提出心理学建议

危机发生后，负责危机处理的指挥部门的做法将深刻地影响危机当事人。危机处理方式不当，可能会引起当事人激烈的情绪反应，引发当事人与指挥部门的矛盾，造成信任危机，甚至会将本该共度危机的当事人与指挥部门推向对立面，给部队今后的指挥管理带来严重负面影响。干预团队在进行危机评估后，应当向负责危机处理的指挥部门提出心理学方面的建议。建议内容包括以下几个方面。

①群体心理危机现状与演变预测；
②减缓群体心理危机的主要措施；
③应重点关注和救援的人群；
④异常的表现及处置措施；
⑤对信息传播途径的指导和规范。

（五）工作总结和随访

根据危机干预团队工作制度，每次危机干预工作后，负责人员应对此次干预工作的重点进行记录备案。每天现场危机干预结束后，小组都应该进行工作总结讲评，对重点案例和处置困难的案例，要在小组中讨论备案；对疑难案例，要报告分队进行讨论处理，或申请有关专家进行技术支援。整个危机干预工作结束后，队长应汇总整体任务情况，对工作进行讲评，并向上级部门做出报告。

随访指的是在危机后的几分钟、几小时或者几天内所进行的观察和评估，以确保计划正在进行，以及当事人和其他相关人员的安全。

（六）关注工作人员

危机干预工作者本身的状态也值得关注。在心理救援的过程中，危机干预工作者对危机当事人的共情与支持使他们暴露在替代性创伤中，而在干预过程中可能遭遇当事人阻抗（不信任咨询师、不接受咨询、对干预工作有误解、求医动机弱等），或相关部门配合程度不高等困难，对危机干预工作者的身心都是巨大的消耗。

在进入现场开始干预工作的过程中，干预工作者应注意以下几个方面。

1. 建立和维护好社会支持系统

强调危机干预工作应以小组方式进行的目的亦在于此，战友间的相互帮助能够使干预者及时地将自己的感觉和经验与同事讨论分享。在危机干预中，应建立督导制度，以帮助干预者建立自信、寻求同行帮助、集思广益解决问题。同时，干预者在执行任务期间，也应尽量保证与家人和朋友的良好沟通，保证自己有一部分相对正常的生活，这可以在一定程度上缓解灾后心理救援工作带来的消极影响。

2. 理解替代性创伤，接纳不良心理反应

要理解替代性创伤的发生，不要有自责、羞愧或羞耻的心理，不要质疑自己的职业选择和能力，应尝试了解自己出现替代性创伤的原因，接纳并处理这种创伤。

3. 限制暴露

危机干预工作者在帮助当事人时,要尽量减少自己在创伤资料下暴露,以保护自己。虽然倾听当事人的创伤经历是很重要的救援环节,但是也不必因此而承担额外的痛苦或过于惨烈的、不必要的创伤资料。在干预个案时,如有特别可怕或是超出自己承受范围的创伤治疗,干预者要允许自己通过"退后一点点"的处理方法来保护自己。另外,干预者应尽量避免去惨烈的现场,不看恐怖的画面,作适度的回避可以有效地保护自己,以便更好地进行心理援助。

4. 避免替代创伤

危机干预团队应持续关注干预者在救灾后的心理状况。有条件时，可以对干预者再进行一次筛查，以期尽早发现可能的替代性创伤者。

五、接受督导

每晚召集工作人员进行交流并总结当天工作，对工作方案进行调整，并计划次日工作。通过团体活动，进行团队内的互相支持。

总结结束后，接受专业督导。督导分为两种形式，可以选择一对一的督导，也可以选择小组督导。督导小组以4人为宜，配备督导师和助理各一人。通过督导为干预者提供专业性更强的支持。

（编者：杨蕾　郝垚坤）

参考文献

[1] RICHARD K J, BURL E. 危机干预策略 [M]. 高申春，译. 北京：高等教育出版社，2009：836-837.

[2] 罗显荣，杨璇，王真真，等. 基层部队官兵心理危机干预体系的构建研究 [J]. 华南国防医学杂志，2012，26（3）：244-246.

[3] 施剑飞，骆宏. 心理危机干预实用指导手册 [M]. 宁波：宁波出版社，2016.

[4] 张侃，王日出. 灾后心理援助与心理重建 [J]. 中国科学院院刊，2008，23（4）：304-310.

[5] 张康莉，辛阔林. 军人心理危机干预体系的构建 [J]. 实用医药杂志，2014，31（8）：726-727.

[6] 郑日昌. 灾难的心理应对与心理援助 [J]. 北京师范大学学报（社会科学版），2003（5）：28-31.

[7] 中华医学会精神病学分会. 中国精神障碍分类与诊断标准第三版（精神障碍分类）[M]. 济南：山东科学技术出版社，2001.

附录1
心理健康档案

档案编号：　　　　　　年　月　日

个人基本信息					
1 姓名		出生年月		性别	
2 证件类型		证件号码			
3 婚姻状况	未婚	已婚	离异	丧偶	其他
4 籍贯					
5 经济状况	富裕	工薪	困难	其他	
6 文化程度	专科	本科	研究生及以上	其他	
7 身体情况					
训练生活信息					
1 成绩等级	优秀	良好	合格	不及格	其他
2 训练态度	积极	平常心	消极	不愿参加	其他
3 训练动机	自我实现	健康	考核	被迫	其他
4 训练意志力	强	弱	薄弱	缺失	其他
5 担任职务					
6 饮食、睡眠					
7 心理状态					
人际关系					
1 与父亲关系	亲密	融洽	疏离	不融洽	其他
与母亲关系	亲密	融洽	疏离	不融洽	其他
2 与班排长关系	亲密	融洽	疏离	不融洽	其他
3 与战友关系	亲密	融洽	疏离	不融洽	其他
家庭情况信息					
	姓名	职业	文化程度	性格特点	相处方式
1 父亲					
2 母亲					
3 兄弟姐妹					
4 生长环境	随父母	随爷奶	随外公外婆	随其他亲人	其他
知情承诺：我处会为每一名官兵建立心理健康档案，同时在其基础上增加心理筛查、咨询、转诊等相关服务。 知晓：　　　　知晓不了解：　　　　不知晓：					

心理卫生健康档案（封面）

心理卫生健康档案

姓　名：_____

单　位：_____

联络人：_____

建档负责人：_____

建档时间：____年____月____日

明尼苏达多相人格测验

本测验由许多与你有关的问题组成,当你阅读每一道题时,请考虑是否符合你自己的行为、感情、态度意见等,答案没有好坏对错,请根据第一印象进行选择,现在开始吧!

1. 我喜欢看机械方面的杂志	是	否
2. 我的胃口很好	是	否
3. 我早上起来的时候,多半觉得睡眠充足,头脑清醒	是	否
4. 我想我会喜欢图书管理员的工作	是	否
5. 我很容易被吵醒	是	否
6. 我喜欢看报纸上的犯罪新闻	是	否
7. 我的手脚经常是很暖和的	是	否
8. 我的日常生活中,充满了让我感兴趣的事情	是	否
9. 我现在工作(学习)的能力,和从前差不多	是	否
10. 我的喉咙里总好像有一块东西堵着似的	是	否
11. 一个人应该去了解自己的梦,并从中得到指导和警告	是	否
12. 我喜欢侦探小说或神秘小说	是	否
13. 我总是在很紧张的情况下工作	是	否
14. 我每个月至少有一两次拉肚子	是	否
15. 偶尔我会想到一些坏得说不出口的事	是	否
16. 我深信生活对我是残酷的	是	否
17. 我的父亲是一个好人	是	否
18. 我很少有大便不通的情况	是	否
19. 当我干一件新的工作时,总喜欢别人告诉我,我应该接近谁	是	否
20. 我的性生活是满意的	是	否
21. 有时我非常想离开家	是	否

续表

22. 有时我会哭一阵笑一阵，连我自己也不能控制	是	否
23. 恶心和呕吐的情况使我苦恼	是	否
24. 似乎没有一个人了解我	是	否
25. 我想当一个歌唱家	是	否
26. 当我处境困难的时候，我觉得最好是不开口	是	否
27. 有时我觉得有鬼附在我身上	是	否
28. 当别人惹了我时，我觉得只要有机会就会报复，这是理所当然的	是	否
29. 我有胃酸过多的情况，一星期要犯好几次，使我苦恼	是	否
30. 有时我真想骂人	是	否
31. 每隔几个晚上我就做噩梦	是	否
32. 我发现我很难把注意力集中到一件工作上	是	否
33. 我曾经有过很特别、很奇怪的体验	是	否
34. 我时常咳嗽	是	否
35. 假如不是有人和我作对，我一定会有更大的成就	是	否
36. 我很少担心自己的健康	是	否
37. 我从来没有为了我的性方面的行为出过事	是	否
38. 我小的时候，有一段时间我干过小偷小摸的事	是	否
39. 有时我真想摔东西	是	否
40. 有很多时候我宁愿坐着空想，而不愿做任何事情	是	否
41. 我曾一连几天、几个星期、几个月什么也不想干，因为我总是提不起精神	是	否
42. 我家里人对我已选择的工作（或将要从事的职业）不满意	是	否
43. 我睡得不安，容易被惊醒	是	否
44. 我觉得我的头到处都疼	是	否
45. 有时我也讲假话	是	否
46. 我的判断力比以往任何时候都好	是	否
47. 每星期至少有一两次，我突然觉得无缘无故地全身发热	是	否
48. 当我与人相处的时候听到别人谈论稀奇古怪的事，我就心烦	是	否
49. 最好是把所有的法律全都不要	是	否

续表

50. 有时我觉得我的灵魂离开了我的身体	是	否
51. 我的身体和我的大多数朋友一样健康	是	否
52. 遇到同学或不常见的朋友，除非他们先向我打招呼，不然我就装作没看见	是	否
53. 一位牧师（和尚、道士、神父、阿訇等教士）能用祈祷和把手放在患者头上来治病	是	否
54. 认识我的人差不多都喜欢我	是	否
55. 我从来没有因为胸部痛或心痛而感到苦恼	是	否
56. 我小时候，曾经因为胡闹而受过学校的处分	是	否
57. 我和别人一见面就熟了（自来熟）	是	否
58. 一切事情都由老天爷安排好了	是	否
59. 我时常得听从某些人的指挥，其实他们还不如我高明	是	否
60. 我不是每天都看报纸上的每一篇社论	是	否
61. 我从未有过正常的生活	是	否
62. 我的身体的某些部分，常有像火烧、刺痛、虫爬、麻木的感觉	是	否
63. 我的大便正常，不难控制	是	否
64. 有时我会不停地做一件事，直到别人不耐烦为止	是	否
65. 我爱我的父亲	是	否
66. 我能在我周围看到其他人所看不到的东西、动物和人	是	否
67. 我希望我能像别人那样快乐	是	否
68. 我从未感到脖子（颈）后面疼痛	是	否
69. 和我性别相同的人对我有强烈的吸引力	是	否
70. 我过去经常玩"丢手帕"的游戏	是	否
71. 我觉得许多人喜欢夸大自己的不幸，以便得到别人的同情和帮助	是	否
72. 我为每隔几天或经常感到心口（胃）不舒服而烦恼	是	否
73. 我是个重要人物	是	否
74. 男性：我总希望我是个女的；女性：我从不因为我是女的而遗憾	是	否
75. 我有时发怒	是	否
76. 我时常感到悲观失望	是	否
77. 我喜欢看爱情小说	是	否

续表

78. 我喜欢诗	是	否
79. 我的感情不容易受伤害	是	否
80. 我有时捉弄动物	是	否
81. 我想我会喜欢干森林管理员那一类的工作	是	否
82. 和人争辩的时候，我常争不过别人	是	否
83. 任何人只要他有能力，而且愿意努力工作，就是能成功的	是	否
84. 近来，我觉得很容易放弃对某些事物的希望	是	否
85. 有时我被别人的东西，如鞋、手套等强烈吸引，虽然这些东西对我毫无用处，但我总想摸摸它或把它偷来	是	否
86. 我确实缺少自信心	是	否
87. 我愿意做一名花匠	是	否
88. 我总觉得人生是有价值的	是	否
89. 要使大多数人相信事实的真相，是要经过一番辩论的	是	否
90. 有时我将今天应该做的事，拖到明天去做	是	否
91. 我不在乎别人拿我开玩笑	是	否
92. 我想当个护士	是	否
93. 我觉得大多数人是会为了向上爬而不惜说谎的	是	否
94. 许多事情，我做过以后就后悔了	是	否
95. 我几乎每星期都去教堂（或常去寺庙）	是	否
96. 我几乎没有和家里人吵过嘴	是	否
97. 有时我有一种强烈的冲动，去做一些惊人或有害的事	是	否
98. 我相信善有善报，恶有恶报	是	否
99. 我喜欢参加热闹的聚会	是	否
100. 我碰到一些千头万绪的问题，使我感到犹豫不决	是	否
101. 我认为女的在性生活方面，应该和男的有同等的自由	是	否
102. 我认为最难的是控制我自己	是	否
103. 我很少有肌肉抽筋或颤抖的情况	是	否
104. 我似乎对什么事情都不在乎	是	否

续表

105. 我身体不舒服的时候，有时发脾气		是	否
106. 我总觉得我自己好像做错了什么事或犯了什么罪		是	否
107. 我经常是快乐的		是	否
108. 我时常觉得头胀鼻塞似的		是	否
109. 有些人太霸道，即使我明知他们是对的，也要和他们对着干		是	否
110. 有人想害我		是	否
111. 我从来没有为寻求刺激而去做危险的事		是	否
112. 我时常认为必须坚持那些我认为正确的事		是	否
113. 我相信法制		是	否
114. 我常觉得头上好像有一根绷得紧紧的带子		是	否
115. 我相信人死后还会有"来世"		是	否
116. 我更喜欢我下了赌的比赛和游戏		是	否
117. 大部分人之所以是诚实的，主要是因为怕被人识破		是	否
118. 我在上学的时候，有时因胡闹而被老师叫去		是	否
119. 我说话总是那样不快也不慢，不含糊也不嘶哑		是	否
120. 我在外边和朋友们一起吃饭的时候，比在家里规矩得多		是	否
121. 我相信有人暗算我		是	否
122. 我似乎和我周围的人一样精明能干		是	否
123. 我相信有人在跟踪我		是	否
124. 大多数人不惜用不正当的手段谋取利益，而不愿失掉机会		是	否
125. 我的胃有很多问题		是	否
126. 我喜欢戏剧		是	否
127. 我知道我的烦恼是谁造成的		是	否
128. 看到血的时候，我既不怕，也不难受		是	否
129. 我自己时常弄不清为什么会这样爱生气和发牢骚		是	否
130. 我从来没有吐过血或咯过血		是	否
131. 我不为患病而担心		是	否
132. 我喜欢栽花或采集花草		是	否

续表

133. 我从来没有放纵自己发生过任何不正常的性行为	是	否
134. 有时我的思想跑得太快都来不及表达出来	是	否
135. 假如我能不买票白看电影，而且不会被人发觉，我可能会去做的	是	否
136. 如果别人待我好，我常常怀疑他们别有用心	是	否
137. 我相信我的家庭生活，和我所认识的许多人一样幸福快乐	是	否
138. 批评和责骂都使我非常伤心	是	否
139. 有时我仿佛觉得我必须伤害自己或别人	是	否
140. 我喜欢做饭烧菜	是	否
141. 我的行为多半受我周围人的习惯所支配	是	否
142. 有时我觉得我真是毫无用处	是	否
143. 小时候我曾加入过一个团伙，有福共享，有祸同当	是	否
144. 我喜欢当兵	是	否
145. 有时我想借故和别人打架	是	否
146. 我喜欢到处乱逛，如果不行，我就不高兴	是	否
147. 由于我经常不能当机立断，因而失去许多良机	是	否
148. 当我正在做一件重要事情的时候，如果有人向我请教或打扰我，我会不耐烦的	是	否
149. 我以前写过日记	是	否
150. 做游戏的时候，我只愿赢而不愿输	是	否
151. 有人一直想毒死我	是	否
152. 大多数晚上，我睡觉时不受什么思想干扰	是	否
153. 近几年来，大部分时间我的身体都很好	是	否
154. 我从来没有过抽疯的问题	是	否
155. 现在我的体重既没有增加也没有减轻	是	否
156. 有一段时间，我自己做过的事情全不记得了	是	否
157. 我觉得我时常无缘无故地受到惩罚	是	否
158. 我容易哭	是	否
159. 我不能像从前那样理解我所读的东西了	是	否
160. 在我一生中，我从来没有感觉到像现在这么好	是	否

续表

161. 有时候我觉得我的头一碰就疼	是	否
162. 我痛恨别人以不正当的手段捉弄我，使我不得不认输	是	否
163. 我不容易疲倦	是	否
164. 我喜欢研究和阅读与我目前工作有关的东西	是	否
165. 我喜欢结识一些重要人物，这样会使我感到自己也很重要	是	否
166. 我很害怕从高处往下看	是	否
167. 即使我家里有人犯法，我也不会紧张	是	否
168. 我的脑子有点问题	是	否
169. 我不怕管钱	是	否
170. 我不在乎别人对我有什么看法	是	否
171. 在聚会当中，尽管有人出风头，但如果让我也这样做，我会感到很不舒服	是	否
172. 我时常需要努力使自己不显出怕羞的样子	是	否
173. 我过去喜欢上学	是	否
174. 我从来没有昏倒过	是	否
175. 我很少头昏眼花	是	否
176. 我不大怕蛇	是	否
177. 我母亲是个好人	是	否
178. 我的记忆力似乎还不错	是	否
179. 有关性方面的问题，使我烦恼	是	否
180. 我觉得我遇到生人的时候就不知道说什么好了	是	否
181. 无聊的时候，我就会惹事寻开心	是	否
182. 我怕自己会发疯	是	否
183. 我反对把钱给乞丐	是	否
184. 我时常听到说话的声音，而又不知道它是从哪里来的	是	否
185. 我的听觉显然和大多数人一样好	是	否
186. 当我要做一件事的时候，我常发觉我的手在发抖	是	否
187. 我的双手并没有变得笨拙不灵	是	否
188. 我能阅读很长的时间，而眼睛不觉得累	是	否

续表

189. 许多时候，我觉得浑身无力	是	否
190. 我很少头痛	是	否
191. 有时，当我难为情的时候，会出很多的汗，这使我非常苦恼	是	否
192. 走路时保持平稳，对我来说并不困难	是	否
193. 我没哮喘这一类疾病	是	否
194. 我曾经有过几次突然不能控制自己的行动或言语，但当时我的头脑还很清醒	是	否
195. 我所认识的人里不是个个我都喜欢	是	否
196. 我喜欢到我从来没有到过的地方去游览	是	否
197. 有人一直想抢我的东西	是	否
198. 我很少空想	是	否
199. 我们应该把有关"性"方面的主要知识告诉孩子	是	否
200. 有人想窃取我的思想和计划	是	否
201. 但愿我不像现在这样的害羞	是	否
202. 我相信我是一个被谴责的人	是	否
203. 假若我是一个新闻记者，我将喜欢报道戏剧界的新闻	是	否
204. 我喜欢做一个新闻记者	是	否
205. 有时我控制不住想要偷一点东西	是	否
206. 我很信神，程度超过多数人	是	否
207. 我喜欢许多不同种类的游戏和娱乐	是	否
208. 我喜欢和异性说笑	是	否
209. 我相信我的罪恶是不可饶恕的	是	否
210. 每一种东西吃起来味道都是一样的	是	否
211. 我白天能睡觉，晚上却睡不着	是	否
212. 我家里的人把我当作小孩子，而不把我当作大人看待	是	否
213. 走路时，我很小心地跨过人行道上的接缝	是	否
214. 我从来没有为皮肤上长点东西而烦恼	是	否
215. 我曾经饮酒过度	是	否
216. 和别人的家庭比较，我的家庭缺乏爱和温暖	是	否

续表

217. 我时常感到自己在为某些事而担忧	是	否
218. 当我看到动物受折磨的时候，我并不觉得特别难受	是	否
219. 我想我会喜欢建筑承包的工作	是	否
220. 我爱我的母亲	是	否
221. 我喜欢科学	是	否
222. 即使我以后不能报答恩惠，我也愿向朋友求助	是	否
223. 我很喜欢打猎	是	否
224. 我父母经常反对那些和我交往的人	是	否
225. 有时我也会说说人家的闲话	是	否
226. 我家里有些人的习惯，使我非常讨厌	是	否
227. 人家告诉我，我在睡觉中起来走路（梦游）	是	否
228. 有时我觉得我非常容易地做出决定	是	否
229. 我喜欢同时参加几个团体	是	否
230. 我从来没有感到心慌气短	是	否
231. 我喜欢谈论两性方面的事	是	否
232. 我曾经立志要过一种以责任为重的生活，我一直照此谨慎从事	是	否
233. 我有时阻止别人做某些事，并不是因为那种事有多大影响，而是在"道义"上我应该干预他	是	否
234. 我很容易生气，但很快就平静下来	是	否
235. 我已独立自主，不受家庭的约束	是	否
236. 我有很多心事	是	否
237. 我的亲属几乎全都同情我	是	否
238. 有时我十分烦躁，坐立不安	是	否
239. 我曾经失恋过	是	否
240. 我从来不为我的外貌而发愁	是	否
241. 我常梦到一些不可告人的事	是	否
242. 我相信我并不比别人更为神经过敏	是	否
243. 我几乎没有什么地方疼痛	是	否

续表

244. 我的做事方法容易被人误解	是	否
245. 我的父母和家里人对我过于挑剔	是	否
246. 我的脖子（颈）上时常出现红斑	是	否
247. 我有理由妒忌我家里的某些人	是	否
248. 我有时无缘无故地，甚至在不顺利的时候也会觉得非常快乐	是	否
249. 我相信阴间有魔鬼和地狱	是	否
250. 有人想把世界上所能得到的东西都夺到手，我决不责怪他	是	否
251. 我曾经发呆（发愣）停止活动，不知道周围发生了什么事情	是	否
252. 谁也不关心谁的遭遇	是	否
253. 有些人所做的事，虽然我认为是错的，但我仍然能够友好地对待他们	是	否
254. 我喜欢和一些能互相开玩笑的人在一起	是	否
255. 在选举的时候，有时我会选出我不熟悉的人	是	否
256. 报纸上只有"漫画"最有趣	是	否
257. 凡是我所做的事，我都指望能够成功	是	否
258. 我相信有神	是	否
259. 做什么事情，我都感到难以开头	是	否
260. 在学校里，我是个笨学生	是	否
261. 如果我是个画家，我喜欢画花	是	否
262. 我虽然相貌不好看，也不因此而苦恼	是	否
263. 即使在冷天，我也很容易出汗	是	否
264. 我十分自信	是	否
265. 对任何人都不信任，是比较安全的	是	否
266. 每星期至少有一两次我十分兴奋	是	否
267. 人多的时候，我不知道说些什么话好	是	否
268. 在我心情不好的时候，总会有一些事使我高兴起来	是	否
269. 我能很容易使人怕我，有时我故意这样做来寻开心	是	否
270. 我离家外出的时候，从来不担心家里门窗是否关好锁好了	是	否
271. 我不责怪欺负了自找没趣的人	是	否

续表

272. 我有时精力充沛	是	否
273. 我的皮肤上有一两处麻木了	是	否
274. 我的视力和往年一样好	是	否
275. 有人控制着我的思想	是	否
276. 我喜欢小孩子	是	否
277. 有时我非常欣赏骗子的机智，我甚至希望他能侥幸混过去	是	否
278. 我时常觉得有些陌生人用挑剔的眼光盯着我	是	否
279. 我每天喝特别多的水	是	否
280. 大多数人交朋友，是因为朋友对他们有用	是	否
281. 我很少注意我的耳鸣	是	否
282. 通常我爱家里的人，偶尔也恨他们	是	否
283. 假使我是一个新闻记者，我将很愿意报道体育新闻	是	否
284. 我确信别人正在议论我	是	否
285. 偶尔我听了下流的笑话也会发笑	是	否
286. 我独自一个人的时候，感到更快乐	是	否
287. 使我害怕的事比我的朋友们少得多	是	否
288. 恶心呕吐的问题使我苦恼	是	否
289. 当一个罪犯可以通过能言善辩的律师开脱罪责时，我对法律感到厌恶	是	否
290. 我总是在很紧张的情况下工作	是	否
291. 在我这一生中，至少有一两次我觉得有人用暗示指使我做了一些事	是	否
292. 我不愿意同人讲话，除非他先开口	是	否
293. 有人一直想要影响我的思想	是	否
294. 我从来没有犯过法	是	否
295. 我喜欢看《红楼梦》这一类的小说	是	否
296. 有些时候，我会无缘无故地觉得非常愉快	是	否
297. 我希望我不再受那种和性方面有关的念头困扰	是	否
298. 假若有几个人闯了祸，他们最好先编一套假话，而且不改口	是	否
299. 我认为我比大多数人更重感情	是	否

续表

300. 在我的一生中，从来没有喜欢过洋娃娃	是	否
301. 许多时候，生活对我来说是一件吃力的事	是	否
302. 我从来没有因为我的性方面的行为出过事	是	否
303. 对于某些事情我很敏感，以致使我不能提起	是	否
304. 在学校里，要我在班上发言，是非常困难的	是	否
305. 即使和人们在一起，我还是经常感到孤单	是	否
306. 应得的同情，我全得到了	是	否
307. 我拒绝玩那些我玩得不好的游戏	是	否
308. 有时我非常想离开家	是	否
309. 我交朋友差不多和别人一样地容易	是	否
310. 我的性生活是满意的	是	否
311. 我小的时候，有一段时间我干过小偷小摸的事	是	否
312. 我不喜欢有人在我身旁	是	否
313. 有人不将自己的贵重物品保管好因而引起别人偷窃，这种人和小偷一样应受责备	是	否
314. 偶尔我会想到一些坏得说不出口的事	是	否
315. 我深信生活对我是残酷的	是	否
316. 我想差不多每个人都会为了避免麻烦说点假话	是	否
317. 我比大多数人更敏感	是	否
318. 我的日常生活中，充满着使我感兴趣的事情	是	否
319. 大多数人都是内心不愿意挺身而出去帮助别人的	是	否
320. 我的梦有好些是关于性方面的事	是	否
321. 我很容易感到不知所措	是	否
322. 我为金钱和事业忧虑	是	否
323. 我曾经有过很特别、很奇怪的体验	是	否
324. 我从来没有爱上过任何人	是	否
325. 我家里有些人所做的事，使我吃惊	是	否
326. 有时我会哭一阵、笑一阵，连我自己也不能控制	是	否
327. 我的母亲或父亲时常要我服从他，即使我认为是不合理的	是	否

续表

328. 我发现我很难把注意力集中到一件工作上	是	否
329. 我几乎从不做梦	是	否
330. 我从来没有瘫痪过或是感到肌肉非常软弱无力	是	否
331. 假如不是有人和我作对,我一定会有更大的成就	是	否
332. 即使我没有感冒,我有时也会发不出声音或声音改变	是	否
333. 似乎没有人能了解我	是	否
334. 有时我会闻到奇怪的气味	是	否
335. 我不能专心于一件事情上	是	否
336. 我很容易对人感到不耐烦	是	否
337. 我几乎整天都在为某件事或某个人而焦虑	是	否
338. 我所操心的事,远远超过了我所应该操心的	是	否
339. 大部分时间,我觉得我还是死了得好	是	否
340. 有时我会兴奋得难以入睡	是	否
341. 有时我的听觉太灵敏了,反而使我感到烦恼	是	否
342. 别人对我所说的话,我立刻就忘记了	是	否
343. 哪怕琐碎小事,我也再三考虑后才去做	是	否
344. 有时为避免和某些人相遇,我会绕道而行	是	否
345. 我常常觉得好像一切都不是真的	是	否
346. 我有一个习惯,喜欢点数一些不重要的东西,像路上的电线杆等	是	否
347. 我没有真正想伤害我的仇人	是	否
348. 我提防那些对我过分亲近的人	是	否
349. 我有一些奇怪和特别的念头	是	否
350. 在我独处的时候,我听到奇怪的声音	是	否
351. 当我必须短期离家出门的时候,我会感到心神不定	是	否
352. 我怕一些东西或人,虽然我明知他们是不会伤害我的	是	否
353. 如果屋子里已经有人聚在一起谈话,这时要我一个人进去,我是一点也不怕的	是	否
354. 我害怕使用刀子或任何尖利的东西	是	否
355. 有时我喜欢折磨我所爱的人	是	否

续表

356. 我似乎比别人更难以集中注意力	是	否
357. 有好几次我放弃正在做的事，因为我感到自己的能力太差了	是	否
358. 我脑子里出现一些坏的常常是可怕的字眼，却又无法摆脱它们	是	否
359. 有时一些无关紧要的念头缠着我，使我好多天都感到不安	是	否
360. 几乎每天都有使我害怕的事情发生	是	否
361. 我总是将事情看得严重些	是	否
362. 我比大多数人更敏感	是	否
363. 有时我喜欢受到我心爱的人的折磨	是	否
364. 有人用侮辱性的和下流的话议论我	是	否
365. 我待在屋里总感到不安	是	否
366. 即使和人们在一起，我仍经常感到孤单	是	否
367. 我并不是特别害羞拘谨	是	否
368. 有时我的头脑似乎比平时迟钝	是	否
369. 在社交场合，我多半是一个人坐着，或者只跟另一个人坐在一起，而不到人群里去	是	否
370. 人们常使我失望	是	否
371. 我很喜欢参加舞会	是	否
372. 有时我常感到困难重重，无法克服	是	否
373. 我常想："我要能再成为一个孩子就好了"	是	否
374. 如果给我机会，我一定能做些对世界大有益处的事	是	否
375. 我时常遇见一些所谓的专家，他们并不比我高明	是	否
376. 当我听说我所熟悉的人成功了，我就觉得自己失败了	是	否
377. 如果有机会，我一定能成为一个人民的好领袖	是	否
378. 下流的故事使我感到不好意思	是	否
379. 一般来说人们要求别人尊重他们自己比较多，而自己却很少尊重别人	是	否
380. 我总想把好的故事记住，讲给别人听	是	否
381. 我喜欢搞输赢不大的赌博	是	否
382. 为了可以和人们在一起，我喜欢社交活动	是	否

续表

383. 我喜欢人多热闹的场合	是	否
384. 当我和一群活泼的朋友在一起的时候，我的烦恼就消失了	是	否
385. 当人们说我的班组人闲话时，我从来不参与	是	否
386. 只要我开始做一件事，就很难放下，哪怕是暂时的	是	否
387. 我的小便不困难，也不难控制	是	否
388. 我常发现别人妒忌我的好主意，因为他们没能先想到	是	否
389. 只要有可能，我就避开人群	是	否
390. 我不怕见生人	是	否
391. 记得我曾经为了不想做某件事而装过病	是	否
392. 在火车和公共汽车上，我常跟陌生人交谈	是	否
393. 当事情不顺利的时候，我就想立即放弃	是	否
394. 我愿意让人家知道我对于事物的态度	是	否
395. 有些时间，我感到劲头十足，以至于一连几天都不需要睡觉	是	否
396. 在人群中，如果叫我带头发言，或对我所熟悉的事情发表意见，我并不感到不好意思	是	否
397. 我喜欢聚会和社交活动	是	否
398. 面对困难或危险的时候，我总退缩不前	是	否
399. 我原来想做的事，假若别人认为不值得做，我很容易放弃	是	否

附录 3

卡特尔 16 种个性因素

本测验包括一些有关个人的兴趣与爱好等的问题，每个人对这些问题会有不同的看法，并没有好与坏、对与错之分。请您不必有任何顾虑，也不必对题目花太多时间去斟酌，看清题意就立即回答，现在让我们开始吧！（1—A；2—B；3—C）

1. 我很明了本测验的说明　　　　　　　　　　　　　　　　　　1　2　3
   A. 是的　　　　　　B. 不一定　　　　　　C. 不是的
2. 我对本测验的每一个问题，都能做到诚实回答　　　　　　　　1　2　3
   A. 是的　　　　　　B. 不一定　　　　　　C. 不同意
3. 如果我有机会的话　　　　　　　　　　　　　　　　　　　　1　2　3
   A. 我愿意到一个繁华的城市去旅行
   B. 介于 A、C 之间
   C. 我愿意游览清静的山区
4. 我有能力应付各种困难　　　　　　　　　　　　　　　　　　1　2　3
   A. 是的　　　　　　B. 不一定　　　　　　C. 不是的
5. 即使是关在铁笼里的猛兽，也会使我见了惴惴不安　　　　　　1　2　3
   A. 是的　　　　　　B. 不一定　　　　　　C. 不是的
6. 我总是不敢大胆批评别人的言行　　　　　　　　　　　　　　1　2　3
   A. 是的　　　　　　B. 有时如此　　　　　　C. 不是的
7. 我的思想似乎　　　　　　　　　　　　　　　　　　　　　　1　2　3
   A. 比较先进　　　　B. 一般　　　　　　　　C. 比较保守
8. 我不擅长说笑话、讲趣事　　　　　　　　　　　　　　　　　1　2　3
   A. 是的　　　　　　B. 介于 A、C 之间　　　C. 不是的
9. 当我见到亲友或邻居争吵时　　　　　　　　　　　　　　　　1　2　3
   A. 我总是任其自己解决　　B. 介于 A、C 之间　　C. 我总是予以劝解
10. 在群众集会中　　　　　　　　　　　　　　　　　　　　　　1　2　3
    A. 我谈吐自如　　　B. 介于 A、C 之间　　　C. 我保持沉默
11. 我愿意　　　　　　　　　　　　　　　　　　　　　　　　　1　2　3
    A. 做一个建筑工程师

B. 不确定

C. 做一个社会科学教授

12. 阅读时   1 2 3

A. 我喜欢读自然科学书籍

B. 不确定

C. 我喜欢读政治理论书籍

13. 我认为很多人都有些心理不正常，只是他们不愿意承认   1 2 3

    A. 是的   B. 介于 A、C 之间   C. 不是的

14. 我希望我的爱人擅长交际，无须具有文艺才能   1 2 3

    A. 是的   B. 介于 A、C 之间   C. 不是的

15. 对于性情急躁、爱发脾气的人，我仍能以礼相待   1 2 3

    A. 是的   B. 介于 A、C 之间   C. 不是的

16. 受人侍奉时我常常局促不安   1 2 3

    A. 是的   B. 介于 A、C 之间   C. 不是的

17. 在从事体力或脑力劳动之后，我总是需要有比别人更多的休息时间才能保持工作效率   1 2 3

    A. 是的   B. 介于 A、C 之间   C. 不是的

18. 半夜醒来，我常常为种种惴虑不安而不能再入睡   1 2 3

    A. 常常如此   B. 有时如此   C. 极少如此

19. 事情进行得不顺利时，我常常急得涕泪交流   1 2 3

    A. 从不如此   B. 有时如此   C. 常常如此

20. 我认为只要双方同意，就可以离婚，不要受传统观念的束缚   1 2 3

    A. 是的   B. 介于 A、C 之间   C. 不是的

21. 我对人或物的兴趣，都很容易改变   1 2 3

    A. 是的   B. 介于 A、C 之间   C. 不是的

22. 在工作中   1 2 3

    A. 我愿意和别人合作   B. 不确定   C. 我愿意自己单独进行

23. 我常常会无缘无故地自言自语   1 2 3

    A. 常常如此   B. 偶然如此   C. 从不如此

24. 无论是工作、饮食或外出游览   1 2 3

    A. 我总是匆匆忙忙，不能尽兴

    B. 介于 A、C 之间

    C. 我总是从容不迫

25. 有时我怀疑别人是否对我的言行真正地有兴趣   1 2 3

    A. 是的   B. 介于 A、C 之间   C. 不是的

26. 如果我在工厂里工作　　　　　　　　　　　　　　　　1　2　3
A. 我愿做技术科的工作
B. 介于A、C之间
C. 我愿做宣传科的工作

27. 在阅读时　　　　　　　　　　　　　　　　　　　　1　2　3
A. 我愿阅读有关太空旅行的书籍
B. 不太确定
C. 我愿阅读有关家庭教育的书籍

28. 本题下面列出的三个词，哪个与其他两个词不类同　　　1　2　3
A. 狗　　　　　　　　B. 石头　　　　　　　　C. 牛

29. 如果我能到一个新的环境，我要把生活安排得　　　　　1　2　3
A. 和从前不一样　　　B. 不确定　　　　　　　C. 和从前相仿

30. 在一生中，我觉得自己能达到我所预期的目标　　　　　1　2　3
A. 是的　　　　　　　B. 不一定　　　　　　　C. 不是的

31. 当我说谎时，总觉得内心羞愧，不敢正视对方　　　　　1　2　3
A. 是的　　　　　　　B. 不一定　　　　　　　C. 不是的

32. 假使我手里拿着一支装有子弹的手枪，我必须把子弹取出来才安心　1　2　3
A. 是的　　　　　　　B. 介于A、C之间　　　　C. 不是的

33. 多数人认为我是一个说话风趣的人　　　　　　　　　　1　2　3
A. 是的　　　　　　　B. 不一定　　　　　　　C. 不是的

34. 如果人们知道我内心的成见，他们会大吃一惊　　　　　1　2　3
A. 是的　　　　　　　B. 不一定　　　　　　　C. 不是的

35. 在公共场合，如果我突然成为大家注意的中心，我就会感到局促不安　1　2　3
A. 是的　　　　　　　B. 介于A、C之间　　　　C. 不是的

36. 我总喜欢参加规模庞大的晚会或集会　　　　　　　　　1　2　3
A. 是的　　　　　　　B. 介于A、C之间　　　　C. 不是的

37. 在学科中　　　　　　　　　　　　　　　　　　　　　1　2　3
A. 我喜欢音乐　　　　B. 不一定　　　　　　　C. 我喜欢手工劳动

38. 我常常怀疑那些出乎我意料的，对我过于友善的人的真实动机　　1　2　3
A. 是的　　　　　　　B. 介于A、C之间　　　　C. 不是的

39. 我愿意把我的生活　　　　　　　　　　　　　　　　　1　2　3
A. 安排得像一个艺术家那样
B. 不确定
C. 安排得像一个会计师那样

40. 我认为目前所需要的是　　　　　　　　　　　　　　　　　　1　2　3

A. 多出现一些改造世界的理想家

B. 不确定

C. 脚踏实地的实干家

41. 有时候我觉得我需要剧烈的体力活动　　　　　　　　　　　1　2　3

A. 是的　　　　　　　B. 介于 A、C 之间　　　　C. 不是的

42. 我愿意跟有教养的人来往，而不愿意同鲁莽的人交往　　　　1　2　3

A. 是的　　　　　　　B. 介于 A、C 之间　　　　C. 不是的

43. 在处理一些必须凭借智慧的事务中　　　　　　　　　　　　1　2　3

A. 我的亲人的确比一般人差

B. 普通

C. 我的亲人的确超人一等

44. 当领导召见我时　　　　　　　　　　　　　　　　　　　　1　2　3

A. 我觉得可以趁机提出建议

B. 介于 A、C 之间

C. 我总怀疑自己做错了事

45. 如果待遇优厚，我愿意做护理精神病患者的工作　　　　　　1　2　3

A. 是的　　　　　　　B. 介于 A、C 之间　　　　C. 不是的

46. 读报时　　　　　　　　　　　　　　　　　　　　　　　　1　2　3

A. 我喜欢读当前世界上的基本问题

B. 介于 A、C 之间

C. 我喜欢读地方新闻

47. 在接受困难任务时　　　　　　　　　　　　　　　　　　　1　2　3

A. 我总是有独立完成的信心

B. 不确定

C. 我总是希望有别人的帮助和指导

48. 在游览时，我宁愿参观一个画家的写生，也不愿听人家辩论　1　2　3

A. 是的　　　　　　　B. 不一定　　　　　　　　C. 不是的

49. 我的神经脆弱，稍有点刺激就会使我战栗　　　　　　　　　1　2　3

A. 时常如此　　　　　B. 有时如此　　　　　　　C. 从不如此

50. 早晨起来，我常常感到疲乏不堪　　　　　　　　　　　　　1　2　3

A. 是的　　　　　　　B. 介于 A、C 之间　　　　C. 不是的

51. 如果待遇相同　　　　　　　　　　　　　　　　　　　　　1　2　3

A. 我愿选做森林管理员

B. 不一定

C. 我愿选做中小学教员

52. 每逢年节或亲友结婚时　　　　　　　　　　　　　　　　1 2 3
　　A. 我喜欢赠送礼品　　B. 不太确定　　　　C. 我不愿相互送礼

53. 本题下面列的三个数字中，哪个数字与其他两个数字不类同　1 2 3
　　A. 5　　　　　　　　B. 2　　　　　　　　C. 7

54. 猫和鱼就像　　　　　　　　　　　　　　　　　　　　　　1 2 3
　　A. 牛和牛奶　　　　　B. 牛和牧草　　　　C. 牛和盐

55. 我在小学时敬佩的老师，到现在仍然值得我敬佩　　　　　　1 2 3
　　A. 是的　　　　　　　B. 不一定　　　　　C. 不是的

56. 我觉得我确实有一些别人所不及的优良品质　　　　　　　　1 2 3
　　A. 是的　　　　　　　B. 不一定　　　　　C. 不是的

57. 根据我的能力，即使让我做一些平凡的工作，我也会安心的　1 2 3
　　A. 是的　　　　　　　B. 不太确定　　　　C. 不是的

58. 我喜欢看电影或参加其他娱乐活动　　　　　　　　　　　　1 2 3
　　A. 比一般人多　　　　B. 和一般人相同　　C. 比一般人少

59. 我喜欢从事需要精密技术的工作　　　　　　　　　　　　　1 2 3
　　A. 是的　　　　　　　B. 介于A、C之间　　C. 不是的

60. 在有威望、有地位的人面前，我总是较为局促、谨慎　　　　1 2 3
　　A. 是的　　　　　　　B. 介于A、C之间　　C. 不是的

61. 对于我来说，在大众前演讲或表演，是一件难事　　　　　　1 2 3
　　A. 是的　　　　　　　B. 介于A、C之间　　C. 不是的

62. 我愿意　　　　　　　　　　　　　　　　　　　　　　　　1 2 3
　　A. 指挥几个人工作　　B. 不确定　　　　　C. 和同志们一起工作

63. 即使我做了一件让人笑话的事，我也能坦然处之　　　　　　1 2 3
　　A. 是的　　　　　　　B. 介于A、C之间　　C. 不是的

64. 我认为，没有人会幸灾乐祸而希望我遇到困难　　　　　　　1 2 3
　　A. 是的　　　　　　　B. 不确定　　　　　C. 不是的

65. 一个人应该　　　　　　　　　　　　　　　　　　　　　　1 2 3
　　A. 考虑人生的真正意义　B. 不确定　　　　C. 踏踏实实地工作和学习

66. 我喜欢去处理被别人弄得一塌糊涂的工作　　　　　　　　　1 2 3
　　A. 是的　　　　　　　B. 介于A、C之间　　C. 不是的

67. 当我非常高兴时，总有一种"好景不长"的感觉　　　　　　　1 2 3
　　A. 是的　　　　　　　B. 介于A、C之间　　C. 不是的

68. 在一般困难的情境中，我总能保持乐观　　　　　　　　　　1 2 3
　　A. 是的　　　　　　　B. 不一定　　　　　C. 不是的

69. 迁居是一件极不愉快的事　　　　　　　　　　　　　　　1　2　3
　A. 是的　　　　　　　　B. 介于 A、C 之间　　　　C. 不是的
70. 在年轻的时候，当我和父母的意见不同时　　　　　　　1　2　3
　A. 保留自己的意见　　　B. 介于 A、C 之间　　　　C. 接受父母的意见
71. 我希望把我的家庭　　　　　　　　　　　　　　　　　1　2　3
　A. 建成适合自身活动和娱乐的地方
　B. 介于 A、C 之间
　C. 成为邻里交往活动的一部分
72. 我解决问题时　　　　　　　　　　　　　　　　　　　1　2　3
　A. 多借助于个人独立思考
　B. 介于 A、C 之间
　C. 多借助和别人相互讨论
73. 在需要当机立断时　　　　　　　　　　　　　　　　　1　2　3
　A. 我总是镇静地运用理智
　B. 介于 A、C 之间
　C. 我总是紧张兴奋
74. 最近在一两件事情上，我觉得我是无辜受累的　　　　　1　2　3
　A. 是的　　　　　　　　B. 介于 A、C 之间　　　　C. 不是的
75. 我善于控制我的表情　　　　　　　　　　　　　　　　1　2　3
　A. 是的　　　　　　　　B. 介于 A、C 之间　　　　C. 不是的
76. 如果待遇相同　　　　　　　　　　　　　　　　　　　1　2　3
　A. 我愿做一个化学研究工作者
　B. 不确定
　C. 我愿做一个旅行社经理
77. 以"惊讶"与"新奇"搭配为例，我认为　　　　　　　1　2　3
　A. "惧怕"与"勇敢"搭配
　B. "惧怕"与"焦虑"搭配
　C. "惧怕"与"恐怖"搭配
78. 本题下面列出的三个分数，哪一个分数与其他两个分数不类同　1　2　3
　A. 3/7　　　　　　　　B. 3/9　　　　　　　　　C. 3/11
79. 不知为什么，有些人总是回避或冷淡我　　　　　　　　1　2　3
　A. 是的　　　　　　　　B. 不一定　　　　　　　　C. 不是的
80. 我虽善于待人，但常常得不到好报　　　　　　　　　　1　2　3
　A. 是的　　　　　　　　B. 不一定　　　　　　　　C. 不是的

81. 我不喜欢好强好胜的人 　　　　　　　　　　　　　　1 2 3
　A. 是的　　　　　　B. 介于 A、C 之间　　　C. 不是的

82. 和一般人相比，我的朋友的确太少 　　　　　　　　1 2 3
　A. 是的　　　　　　B. 介于 A、C 之间　　　C. 不是的

83. 不在万不得已的情况下，我总是回避参加应酬性的活动 1 2 3
　A. 是的　　　　　　B. 不一定　　　　　　　C. 不是的

84. 我认为对领导逢迎得当，比工作表现更重要 　　　　1 2 3
　A. 是的　　　　　　B. 介于 A、C 之间　　　C. 不是的

85. 参加竞赛时，我总是着重于竞赛的活动，而不计较其成败 1 2 3
　A. 总是如此　　　　B. 一般如此　　　　　　C. 偶然如此

86. 按照我个人的意愿，我希望做 　　　　　　　　　　1 2 3
　A. 有固定而可靠工资收入的工作
　B. 介于 A、C 之间
　C. 工资高低应随我的工作表现而随时调整的工作

87. 我愿意阅读 　　　　　　　　　　　　　　　　　　1 2 3
　A. 军事与政治的时事记载
　B. 不一定
　C. 富有情感和幻想的作品

88. 我认为，有许多人之所以不敢犯罪，其主要原因是怕惩罚 1 2 3
　A. 是的　　　　　　B. 介于 A、C 之间　　　C. 不是的

89. 我的父母从来不严格要求我事事顺从 　　　　　　　1 2 3
　A. 是的　　　　　　B. 不一定　　　　　　　C. 不是的

90. "百折不挠、再接再厉"的精神，似乎被人们所忽视 　1 2 3
　A. 是的　　　　　　B. 不一定　　　　　　　C. 不是的

91. 当有人对我发火时，我总是 　　　　　　　　　　　1 2 3
　A. 设法使他镇静下来
　B. 不太确定
　C. 自己也会发起火来

92. 我希望 　　　　　　　　　　　　　　　　　　　　1 2 3
　A. 人们都要友好相处
　B. 不一定
　C. 进行斗争

93. 无论是在极高的屋顶上，还是在极深的隧道中，我很少感到胆怯不安 1 2 3
　A. 是的　　　　　　B. 介于 A、C 之间　　　C. 不是的

94. 只要没有过错，不管别人怎么说，我总能心安理得　　　　　1　2　3
   A. 是的　　　　　　B. 不一定　　　　　　C. 不是的
95. 我认为，凡是无法用理智来解决的问题，有时就不得不靠权力来处理　1　2　3
   A. 是的　　　　　　B. 介于A、C之间　　　C. 不是的
96. 我在年轻的时候　　　　　　　　　　　　　　　　　　　　　1　2　3
   A. 和异性朋友交往较别人多
   B. 介于A、C之间
   C. 和异性朋友交往较别人少
97. 我在社团活动中，是一个活跃分子　　　　　　　　　　　　　1　2　3
   A. 是的　　　　　　B. 介于A、C之间　　　C. 不是的
98. 在人声嘈杂中，我仍能不受干扰，专心工作　　　　　　　　　1　2　3
   A. 是的　　　　　　B. 介于A、C之间　　　C. 不是的
99. 在某些心境下，我常常因为困惑或陷入空想而将工作搁置下来　1　2　3
   A. 是的　　　　　　B. 介于A、C之间　　　C. 不是的
100. 我很少用难堪的语言去刺伤别人的感情　　　　　　　　　　1　2　3
   A. 是的　　　　　　B. 不太确定　　　　　　C. 不是的
101. 如果让我选择，我宁愿　　　　　　　　　　　　　　　　　1　2　3
   A. 选做列车员　　　B. 不确定　　　　　　　C. 选做描图员
102. "理不胜词"的意思是　　　　　　　　　　　　　　　　　　1　2　3
   A. 理不如词
   B. 理多而词少
   C. 词藻华丽而理不足
103. 以"铁锹"与"挖掘"搭配为例，我认为　　　　　　　　　　1　2　3
   A. "刀子"应与"琢磨"搭配
   B. "刀子"应与"切割"搭配
   C. "刀子"应与"铲除"搭配
104. 我在大街上，常常避开我所不愿意打招呼的人　　　　　　　1　2　3
   A. 极少如此　　　　B. 偶然如此　　　　　　C. 有时如此
105. 当我聚精会神地听音乐时，假使有人在旁边高谈阔论　　　　1　2　3
   A. 我仍能专心听音乐
   B. 介于A、C之间
   C. 我不能专心而感到恼怒
106. 在课堂上，如果我的意见与老师不同，我常常　　　　　　　1　2　3
   A. 保持沉默　　　　B. 不一定　　　　　　　C. 当场表明立场

107. 我单独跟异性谈话时，总显得不自然　　　　　　　　　　1　2　3
　A. 是的　　　　　　　　B. 介于 A、C 之间　　　　C. 不是的

108. 我在待人接物方面，的确不太成功　　　　　　　　　　　1　2　3
　A. 是的　　　　　　　　B. 不完全是这样　　　　　C. 不是的

109. 每当做一件困难工作时　　　　　　　　　　　　　　　　1　2　3
　A. 我总是预先做好准备
　B. 介于 A、C 之间
　C. 我相信到时候总会有办法解决的

110. 在我结交的朋友中，男女各占一半　　　　　　　　　　　1　2　3
　A. 是的　　　　　　　　B. 介于 A、C 之间　　　　C. 不是的

111. 我在结交朋友方面　　　　　　　　　　　　　　　　　　1　2　3
　A. 结识很多的人　　　　B. 不一定　　　　　　　　C. 维持几个深交的朋友

112. 我愿意做一个社会科学家而不愿做一个机械工程师　　　　1　2　3
　A. 是的　　　　　　　　B. 不确定　　　　　　　　C. 不是的

113. 如果我发现了别人的缺点，我会不计一切地提出指责　　　1　2　3
　A. 是的　　　　　　　　B. 介于 A、C 之间　　　　C. 不是的

114. 我善于设法影响和我一起工作的同志，使他们能协助我实现我所计划的目标
　　　　　　　　　　　　　　　　　　　　　　　　　　　　1　2　3
　A. 是的　　　　　　　　B. 介于 A、C 之间　　　　C. 不是的

115. 我喜欢做戏剧、音乐、歌舞、新闻采访等工作　　　　　　1　2　3
　A. 是的　　　　　　　　B. 不一定　　　　　　　　C. 不是的

116. 当人们表扬我的时候，我总觉得羞愧窘促　　　　　　　　1　2　3
　A. 是的　　　　　　　　B. 介于 A、C 之间　　　　C. 不是的

117. 我认为一个国家最需要解决的问题　　　　　　　　　　　1　2　3
　A. 是政治问题　　　　　B. 不太确定　　　　　　　C. 是道德问题

118. 有时我会无故地产生一种面临大祸的恐惧　　　　　　　　1　2　3
　A. 是的　　　　　　　　B. 有时如此　　　　　　　C. 不是的

119. 在我童年时　　　　　　　　　　　　　　　　　　　　　1　2　3
　A. 害怕黑暗的次数极多
　B. 害怕黑暗的次数不太多
　C. 害怕黑暗的次数几乎没有

120. 在闲暇的时候，我喜欢　　　　　　　　　　　　　　　　1　2　3
　A. 看一部历史性的探险电影
　B. 不一定
　C. 读一本科学性的幻想小说

121. 当人们批评我古怪不正常时　　　　　　　　　　　　　　　1 2 3
A. 我非常气恼　　　　B. 我有些动气　　　　C. 我无所谓

122. 到一个新城市里去找地址　　　　　　　　　　　　　　　1 2 3
A. 就向人问路　　　　B. 介于A、C之间　　　C. 参考市区地图

123. 当朋友声明他要在家休息时，我总是设法怂恿他同我一起到外面去游览
　　　　　　　　　　　　　　　　　　　　　　　　　　　　　1 2 3
A. 是的　　　　　　　B. 不一定　　　　　　C. 不是的

124. 在就寝时　　　　　　　　　　　　　　　　　　　　　　1 2 3
A. 我常常不易入睡　　B. 介于A、C之间　　　C. 我常常极易入睡

125. 有人烦扰我时　　　　　　　　　　　　　　　　　　　　1 2 3
A. 我能不露声色
B. 介于A、C之间
C. 我总要说给别人听，以泄气忿

126. 如果待遇相同　　　　　　　　　　　　　　　　　　　　1 2 3
A. 我愿做一个律师
B. 不确定
C. 我愿做一个航海员

127. "时间变成了永恒"这是比喻　　　　　　　　　　　　　　1 2 3
A. 时间过得很慢　　　B. 忘了时间　　　　　C. 光阴一去不复返

128. 下面列的三项中，哪一项应接在"×○○○○××○○○×××"的后面
　　　　　　　　　　　　　　　　　　　　　　　　　　　　　1 2 3
A. ×○×　　　　　　B. ○○×　　　　　　C. ○××

129. 我无论到什么地方，都能清楚地辨别方向　　　　　　　　1 2 3
A. 是的　　　　　　　B. 介于A、C之间　　　C. 不是的

130. 我热爱我所学的专业和所从事的工作　　　　　　　　　　1 2 3
A. 是的　　　　　　　B. 不一定　　　　　　C. 不是的

131. 如果我急于借朋友的东西，而朋友又不在家时，我认为不告而取也没有关系　　　　　　　　　　　　　　　　　　　　　　　　　　　1 2 3
A. 是的　　　　　　　B. 介于A、C之间　　　C. 不是的

132. 我喜欢向朋友讲述一些我个人有趣的经历　　　　　　　　1 2 3
A. 是的　　　　　　　B. 介于A、C之间　　　C. 不是的

133. 我宁愿做一个　　　　　　　　　　　　　　　　　　　　1 2 3
A. 演员　　　　　　　B. 不确定　　　　　　C. 建筑师

134. 业余时间，我总是做好安排，不使时间浪费　　　　　　　1 2 3

A. 是的 　　　　　　　B. 介于 A、C 之间 　　　　C. 不是的

135. 在和别人交往中，我常常会无缘无故地产生一种自卑感　　　1 2 3

A. 是的 　　　　　　　B. 介于 A、C 之间 　　　　C. 不是的

136. 和不熟识的人交谈　　　1 2 3

A. 对我来讲毫不困难　　B. 介于 A、C 之间 　　　　C. 对我来讲是一件难事

137. 我所喜欢的音乐　　　1 2 3

A. 多是轻松活泼的

B. 介于 A、C 之间

C. 多是富有感情的

138. 我爱想入非非　　　1 2 3

A. 是的 　　　　　　　B. 不一定 　　　　　　　　C. 不是的

139. 我认为未来二十年的世界局势，定将好转　　　1 2 3

A. 是的 　　　　　　　B. 不一定 　　　　　　　　C. 不是的

140. 在童年　　　1 2 3

A. 我喜欢阅读神话幻想故事

B. 不确定

C. 我喜欢阅读战争故事

141. 我向来都对汽车、机械等发生兴趣　　　1 2 3

A. 是的 　　　　　　　B. 介于 A、C 之间 　　　　C. 不是的

142. 即使让我做一个缓刑的罪犯的管理人，我也会把工作搞得较好　　　1 2 3

A. 是的 　　　　　　　B. 介于 A、C 之间 　　　　C. 不是的

143. 我仅仅被认为是一个能够苦干而稍有成就的人而已　　　1 2 3

A. 是的 　　　　　　　B. 介于 A、C 之间 　　　　C. 不是的

144. 就是在不顺利的情况下，我仍能保持精神振奋　　　1 2 3

A. 是的 　　　　　　　B. 介于 A、C 之间 　　　　C. 不是的

145. 我认为，节制生育是解决经济与和平问题的重要条件　　　1 2 3

A. 是的 　　　　　　　B. 不太确定 　　　　　　　C. 不是的

146. 在工作中，我喜欢独自筹划，不愿受别人干涉　　　1 2 3

A. 是的 　　　　　　　B. 介于 A、C 之间 　　　　C. 不是的

147. 尽管有的同志和我意见不和，但我仍能跟他团结　　　1 2 3

A. 是的 　　　　　　　B. 不一定 　　　　　　　　C. 不是的

148. 我在工作和学习上，总是设法使自己不粗心大意、忽略细节　　　1 2 3

A. 是的 　　　　　　　B. 介于 A、C 之间 　　　　C. 不是的

149. 在和人争辩或险遭事故后，我常常表现出震颤、精疲力尽，不能安心工作

　　　1 2 3

A. 是的　　　　　　　B. 介于 A、C 之间　　　C. 不是的

150. 未经医生处方，我是不乱吃药的　　　　　　　　　　　　　1　2　3
A. 是的　　　　　　　B. 介于 A、C 之间　　　C. 不是的

151. 根据我个人的兴趣　　　　　　　　　　　　　　　　　　　1　2　3
A. 我愿参加摄影组活动
B. 不确定
C. 我愿参加文娱队活动

152. 以"星火"与"燎原"搭配为例，我认为　　　　　　　　　1　2　3
A. "姑息"应与"同情"搭配
B. "姑息"应与"养奸"搭配
C. "姑息"应与"纵容"搭配

153. "钟表"与"时间"的关系，犹如　　　　　　　　　　　　　1　2　3
A. "裁缝"与"服装"的关系
B. "裁缝"与"剪刀"的关系
C. "裁缝"与"布料"的关系

154. 生动的梦境，常常干扰我的睡眠　　　　　　　　　　　　　1　2　3
A. 经常如此　　　　　B. 偶然如此　　　　　　C. 从不如此

155. 我爱打抱不平　　　　　　　　　　　　　　　　　　　　　1　2　3
A. 是的　　　　　　　B. 介于 A、C 之间　　　C. 不是的

156. 如果我要到一个新城市　　　　　　　　　　　　　　　　　1　2　3
A. 我将要到处闲逛
B. 不确定
C. 我将要避免去不安全的地方

157. 我爱穿朴素的衣服，不愿穿华丽的服装　　　　　　　　　　1　2　3
A. 是的　　　　　　　B. 不太确定　　　　　　C. 不是的

158. 我认为，安静的娱乐远远胜过热闹的宴会　　　　　　　　　1　2　3
A. 是的　　　　　　　B. 不太确定　　　　　　C. 不是的

159. 我明知自己有缺点，但不愿接受别人的批评　　　　　　　　1　2　3
A. 偶然如此　　　　　B. 极少如此　　　　　　C. 从不如此

160. 我总是把"是、非、善、恶"作为处理问题的原则　　　　　1　2　3
A. 是的　　　　　　　B. 介于 A、C 之间　　　C. 不是的

161. 当我工作时，我不喜欢有许多人在参观　　　　　　　　　　1　2　3
A. 是的　　　　　　　B. 介于 A、C 之间　　　C. 不是的

162. 我认为，侮辱那些即使有错误的有文化教养的人，如医生、教师等，也是不应该的　　　　　　　　　　　　　　　　　　　　　　　　　　　　　　　1　2　3

A. 是的 B. 介于 A、C 之间 C. 不是的

163. 在各种课程中 1 2 3

A. 我喜欢语文 B. 不确定 C. 我喜欢数学

164. 那些自以为是、道貌岸然的人，使我生气 1 2 3

A. 是的 B. 介于 A、C 之间 C. 不是的

165. 和循规蹈矩的人交谈 1 2 3

A. 很有兴趣，并有所得

B. 介于 A、C 之间

C. 他们的思想简单，使我厌烦

166. 我喜欢 1 2 3

A. 有几个有时对我很苛求，但富有感情的朋友

B. 介于 A、C 之间

C. 不受别人的干涉

167. 如果征求我的意见 1 2 3

A. 我赞同切实根绝有心理缺陷的人的生育

B. 不确定

D. 我赞同杀人犯判处死刑

168. 有时我会无缘无故地感到沮丧、痛苦 1 2 3

A. 是的 B. 介于 A、C 之间 C. 不是的

169. 当和立场相反的人辩论时 1 2 3

A. 我主张尽量找出基本概念的差异

B. 不一定

C. 我主张彼此让步

170. 我一向是重感情而不重理智，因而我的观点常常动摇不定 1 2 3

A. 是的 B. 大致如此 C. 不是的

171. 我的学习 1 2 3

A. 多赖于自己阅读书刊

B. 介于 A、C 之间

C. 多赖于参加集体讨论

172. 我宁愿选择一个工资较高的工作，不在乎是否有保障，而不愿做工资较低的固定工作 1 2 3

A. 是的 B. 不太确定 C. 不是的

173. 在参加讨论时，我总是能把握住自己的立场 1 2 3

A. 经常如此 B. 一般如此 C. 必要时才能如此

174. 我常常被一些无所谓的小事所烦扰   1 2 3
A. 是的   B. 介于 A、C 之间   C. 不是的

175. 我宁愿住在嘈杂的闹市区，而不愿住在僻静的郊区   1 2 3
A. 是的   B. 不太确定   C. 不是的

176. 下列工作如果任我挑选的话，我愿做   1 2 3
A. 少先队辅导员   B. 不太确定   C. 修表工作

177. 在"一人（ ）事，众人受累"这一填空句中，我认为应填   1 2 3
A. 偾   B. 愤   C. 喷

178. 在"望子成龙的家长往往（ ）苗助长"这一填空句中，我认为应填   1 2 3
A. 揠   B. 堰   C. 偃

179. 气候的变化并不影响我的情绪   1 2 3
A. 是的   B. 介于 A、C 之间   C. 不是的

180. 因为我对一切问题都有一些见解，所以大家都认为我是一个有头脑的人
    1 2 3
A. 是的   B. 介于 A、C 之间   C. 不是的

181. 我讲话的声音   1 2 3
A. 洪亮   B. 介于 A、C 之间   D. 低沉

182. 一般人都认为我是一个活跃热情的人   1 2 3
A. 是的   B. 介于 A、C 之间   C. 不是的

183. 我喜欢做出差机会较多的工作   1 2 3
A. 是的   B. 介于 A、C 之间   C. 不是的

184. 我做事严格，力求把事情办得尽善尽美   1 2 3
A. 是的   B. 介于 A、C 之间   C. 不是的

185. 在取回或归还借的东西时，我总是仔细检查，看是否保持原样   1 2 3
A. 是的   B. 介于 A、C 之间   C. 不是的

186. 通常总是精力充沛，忙碌多事   1 2 3
A. 是的   B. 不一定   C. 不是的

187. 我相信我没有遗漏或不经心回答上面的任何问题   1 2 3
A. 是的   B. 不确定   C. 不是的

附录 4

艾森克个性测验(成人)

以下一些问题要求你按自己的实际情况回答,不要去猜测怎样才是正确的回答,因为这里不存在正确或错误的问题,也没有捉弄人的问题,将问题的意思看懂了就快点回答,不要花很多时间去想。现在开始吧!(1—是;2—否)

	1	2
1. 你是否有许多不同的业余爱好?		
2. 你是否在做任何事情以前都要停下来仔细思考?		
3. 你的心境是否常有起伏?		
4. 你曾有过明知是别人的功劳而你去接受奖励的事吗?		
5. 你是否健谈?		
6. 欠债会使你不安吗?		
7. 你曾无缘无故觉得"真是难受"吗?		
8. 你曾经贪图过分外之物吗?		
9. 你是否在晚上小心翼翼地关好门窗?		
10. 你是否比较活跃?		
11. 你在见到一小孩或一动物受折磨时是否会感到非常难过?		
12. 你是否常常为自己不该做而做了的事、不该说而说了的话而紧张?		
13. 你喜欢跳降落伞吗?		
14. 通常你能在热闹联欢会中尽情地玩吗?		
15. 你容易激动吗?		
16. 你曾经将自己的过错推给别人吗?		
17. 你喜欢会见陌生人吗?		
18. 你是否相信保险制度是一种好办法?		
19. 你是一个容易伤感情的人吗?		

续表

20. 你所有的习惯都是好的吗?		
21. 在社交场合你是否总不愿露头角?		
22. 你会服用有奇异或危险作用的药物吗?		
23. 你常有"厌倦"之感吗?		
24. 你曾拿过别人的东西(哪怕是一针一线)吗?		
25. 你是否常爱外出?		
26. 你是否因伤害你所宠爱的人而感到乐趣?		
27. 你常为有罪恶之感而苦恼吗?		
28. 你在谈论中是否有时不懂装懂?		
29. 你是否宁愿去看些书而不愿去多见人?		
30. 你有要伤害你的仇人吗?		
31. 你觉得自己是一个神经过敏的人吗?		
32. 对人有所失礼时你是否经常要表示歉意?		
33. 你有许多朋友吗?		
34. 你是否喜爱讲些有时确能伤害人的笑话?		
35. 你是一个多忧多虑的人吗?		
36. 你在童年是否按照吩咐让做什么便做什么,毫无怨言?		
37. 你认为你是一个乐天派吗?		
38. 你很讲究礼貌和整洁吗?		
39. 你是否总在担心会发生可怕的事情?		
40. 你曾损坏或遗失过别人的东西吗?		
41. 交新朋友时一般是你采取主动吗?		
42. 当别人向你诉苦时,你是否容易理解他们的苦衷?		
43. 你认为自己很紧张,如同"拉紧的弦"一样吗?		
44. 在没有废纸篓时,你是否将废纸扔在地板上?		
45. 当你与别人在一起时,你是否言语很少?		
46. 你是否认为结婚制度是过时了,应该废止?		
47. 你是否有时感到自己可怜?		

续表

48. 你是否有时有点自夸？		
49. 你是否很容易将一个沉寂的集会搞得活跃起来？		
50. 你是否讨厌那种小心翼翼地开车的人？		
51. 你为你的健康担忧吗？		
52. 你曾讲过什么人的坏话吗？		
53. 你是否喜欢对朋友讲笑话和有趣的故事？		
54. 你小时候曾对父母粗暴无礼吗？		
55. 你是否喜欢与人混在一起？		
56. 知道自己工作有错误，这会使你感到难过吗？		
57. 你患失眠吗？		
58. 你吃饭前必定洗手吗？		
59. 你常无缘无故感到无精打采和倦怠吗？		
60. 和别人玩游戏时，你有过欺骗行为吗？		
61. 你是否喜欢从事一些动作迅速的工作？		
62. 你的母亲是一位善良的妇人吗？		
63. 你是否常常觉得人生非常无味？		
64. 你曾利用过某人为自己取得好处吗？		
65. 你是否常常参加许多活动，超过你的时间所允许？		
66. 是否有几个人总在躲避你？		
67. 你是否为你的容貌而非常烦恼？		
68. 你是否觉得人们为了未来有保障而办理储蓄和保险所花的时间太多？		
69. 你曾有过不如死了为好的愿望吗？		
70. 如果有把握永远不会被人发现，你会逃税吗？		
71. 你能使一个集会顺利进行吗？		
72. 你能克制自己不对人无礼吗？		
73. 遇到一次难堪的经历以后，你是否在一段长时间内还感到难受？		
74. 你患有"神经过敏"吗？		
75. 你曾经故意说些什么来伤害别人的感情吗？		

续表

76. 你与别人的友谊是否容易破裂，虽然不是你的过错？		
77. 你常感到孤单吗？		
78. 当人家寻你的差错，找你工作中的缺点时，你是否容易在精神上受挫伤？		
79. 你赴约会或上班曾迟到过吗？		
80. 你喜欢忙忙碌碌和热热闹闹过日子吗？		
81. 你愿意别人怕你吗？		
82. 你是否觉得有时浑身是劲，而有时又是懒洋洋的？		
83. 你有时把今天应做的事拖到明天去做吗？		
84. 别人认为你是生气勃勃的吗？		
85. 别人是否对你说了许多谎话？		
86. 你是否对某些事物容易冒火？		
87. 当你犯了错误时，你是否常常愿意承认它？		
88. 你会为一动物落入圈套被捉拿而感到很难过吗？		

附录 5
简易应对方式问卷

请仔细阅读每一项，在右边选择回答，"不采取"为 0 分，"偶尔采取"为 1 分，"有时采取"为 2 分，"经常采取"为 3 分，请在最适合您情况处打"√"，谢谢您的配合！

测试项目	不采取	偶尔采取	有时采取	经常采取
1. 通过工作学习或一些其他活动解脱				
2. 与人交谈，倾诉内心烦恼				
3. 尽量看到事物好的一面				
4. 改变自己想法，重新发现生活中什么重要				
5. 不把问题看得太严重				
6. 坚持自己的立场，为自己想得到的斗争				
7. 找出几种不同的解决问题的方法				
8. 向亲戚朋友或同学寻求建议				
9. 改变原来的一些做法或自己的一些问题				
10. 借鉴他人处理类似困难情景的办法				
11. 寻求业余爱好，积极参加文体活动				
12. 尽量克制自己的失望、悔恨、悲伤和愤怒				
13. 试图休息或休假，暂时把问题（烦恼）抛开				
14. 通过吸烟、喝酒、服药和吃东西来解除烦恼				
15. 认为时间会改变现状，唯一要做的便是等待				
16. 试图忘记整个事情				
17. 依靠别人解决问题				
18. 接受现实，因为没有其他办法				
19. 幻想可能会发生某种奇迹，改变现状				
20. 自己安慰自己				

附录6

思维风格量表(TSI)

测试前请务必阅读以下信息:

1. 本量表共有104个条目,预计完成时间18分钟。

2. 每个条目内容都以陈述式表达,候选条目与您实际情况的符合程度从低到高分为完全不符合、相当不符合、比较不符合、说不清、比较符合、相当符合、完全符合7个等级,请您根据实际情况,在最符合您意愿的答案处画"√"。

3. 测试的目的是了解真实的自己,而不是满足别人的期待,所以在回答问卷时不要考虑哪样更好,而是哪样更符合你自己。尽量在一种不假思索的状态下答题,无须过分思考"这道题是测什么的"。遇到一些觉得很纠结、无法取舍的问题是正常的,尽可能选择你在放松时最可能的倾向。

如果你准备好了,请开始答题。

序号	测试项目	完全不符合	相当不符合	比较不符合	说不清	比较符合	相当符合	完全符合
1	在讨论或报告中,我喜欢将自己的想法与他人的想法结合在一起表述	①	②	③	④	⑤	⑥	⑦
2	在谈论或书面表达各种想法时,我喜欢将各项要点按照重要性程度排列好	①	②	③	④	⑤	⑥	⑦
3	在谈论或书面表达各种想法时,我喜欢陈述我的各种想法的来龙去脉和适用范围	①	②	③	④	⑤	⑥	⑦
4	在开始做事情之前,我喜欢将要做的事情先列成一个清单,并根据事情的重要性程度将它们排序	①	②	③	④	⑤	⑥	⑦
5	在开始一项工作之前,我喜欢先了解必须要做哪些事情及完成它们的先后顺序	①	②	③	④	⑤	⑥	⑦
6	在开始一项工作前,我总是选择好将要采用的方法或程序	①	②	③	④	⑤	⑥	⑦
7	在开始一项工作前,我喜欢先弄明白自己将怎样开展这项工作	①	②	③	④	⑤	⑥	⑦

续表

序号	测试项目	完全不符合	相当不符合	比较不符合	说不清	比较符合	相当符合	完全符合
8	在解决问题之前,我喜欢先弄清楚如何按照确定的规则去做	①	②	③	④	⑤	⑥	⑦
9	在解决问题或完成一项任务时,我喜欢按照明确的规定或说明去做	①	②	③	④	⑤	⑥	⑦
10	在解决任何问题时,我都谨慎地选用适当的方法	①	②	③	④	⑤	⑥	⑦
11	在处理一堆难题时,我能很好地判断出每个难题的重要程度,以及处理这些难题的先后顺序	①	②	③	④	⑤	⑥	⑦
12	我严格遵守做事的规范	①	②	③	④	⑤	⑥	⑦
13	我喜欢做那些具有明确的目标和计划的工作	①	②	③	④	⑤	⑥	⑦
14	我喜欢做那些不需要考虑细节的工作	①	②	③	④	⑤	⑥	⑦
15	我喜欢自己控制一项工作的全过程,而无须向他人请教	①	②	③	④	⑤	⑥	⑦
16	我喜欢在开始工作之前,先确定各种工作的轻重缓急	①	②	③	④	⑤	⑥	⑦
17	我喜欢寻找解决问题的新方法	①	②	③	④	⑤	⑥	⑦
18	我喜欢需要注意细节的问题	①	②	③	④	⑤	⑥	⑦
19	我喜欢为我从事的工作搜集具体的、细节的信息	①	②	③	④	⑤	⑥	⑦
20	我喜欢挑战陈旧的工作观念和工作方法,并且寻求更好的工作观念和方法	①	②	③	④	⑤	⑥	⑦
21	我喜欢那种具有明确的角色分工或参与方式的场合	①	②	③	④	⑤	⑥	⑦
22	我喜欢那些自己能担当传统角色的工作场合	①	②	③	④	⑤	⑥	⑦
23	我喜欢那些只要按固定规则去做就可以完成的工作	①	②	③	④	⑤	⑥	⑦
24	我喜欢那些完全能够独立完成的工作	①	②	③	④	⑤	⑥	⑦
25	我喜欢那些能允许自己从新的角度来看待问题的工作	①	②	③	④	⑤	⑥	⑦
26	我喜欢那些能用自己的方式和方法做事情的工作场合	①	②	③	④	⑤	⑥	⑦

续表

序号	测试项目	完全不符合	相当不符合	比较不符合	说不清	比较符合	相当符合	完全符合
27	我喜欢那些可以自己尝试用新方法做事的工作场合	①	②	③	④	⑤	⑥	⑦
28	我喜欢那些可以与他人合作来完成的工作	①	②	③	④	⑤	⑥	⑦
29	我喜欢那些可以与他人沟通、交流并且大家能合作的工作场合	①	②	③	④	⑤	⑥	⑦
30	我喜欢那些可以对各种工作方式进行比较和评价的工作场合	①	②	③	④	⑤	⑥	⑦
31	我喜欢那些可以尝试用自己的方法去解决的问题	①	②	③	④	⑤	⑥	⑦
32	我喜欢那些可以按照常规做事的工作场合	①	②	③	④	⑤	⑥	⑦
33	我喜欢每次都集中精神完成一件工作	①	②	③	④	⑤	⑥	⑦
34	我喜欢解决特殊性问题,而不喜欢解决一般性问题	①	②	③	④	⑤	⑥	⑦
35	我喜欢记忆那些没有任何特别意义的事实和信息	①	②	③	④	⑤	⑥	⑦
36	我喜欢独自一个人工作	①	②	③	④	⑤	⑥	⑦
37	我喜欢打破常规,以便改进工作方法	①	②	③	④	⑤	⑥	⑦
38	我喜欢从事那些只需要处理总体问题,而不需要顾及复杂细节问题的工作	①	②	③	④	⑤	⑥	⑦
39	我喜欢从事那些能允许自己尝试新方法的工作	①	②	③	④	⑤	⑥	⑦
40	我喜欢从事那些可以研究和评价不同观点和想法的工作	①	②	③	④	⑤	⑥	⑦
41	我喜欢从事那些可以分析、评价或比较各种事物的工作	①	②	③	④	⑤	⑥	⑦
42	我喜欢从事可以按照说明去做的工作	①	②	③	④	⑤	⑥	⑦
43	我喜欢处理具体的、单一的工作,而不喜欢处理抽象的或多个问题的工作	①	②	③	④	⑤	⑥	⑦
44	我喜欢处理核心问题,而不喜欢处理细枝末节的东西	①	②	③	④	⑤	⑥	⑦
45	我喜欢处理各种各样的问题,即使表面上看来是无关紧要的问题	①	②	③	④	⑤	⑥	⑦

续表

序号	测试项目	完全不符合	相当不符合	比较不符合	说不清	比较符合	相当符合	完全符合
46	我喜欢尝试自己的各种想法,并且试图了解这些想法的可行性	①	②	③	④	⑤	⑥	⑦
47	我喜欢参加那些可以作为集体中的一员与他人相互交流、相互协作的工作	①	②	③	④	⑤	⑥	⑦
48	我喜欢采用过去一直使用的方法做事情	①	②	③	④	⑤	⑥	⑦
49	我喜欢采用过去未被他人使用的方法做事情	①	②	③	④	⑤	⑥	⑦
50	我喜欢比较和评价各种相互对立的观点或相互冲突的想法	①	②	③	④	⑤	⑥	⑦
51	我喜欢把要做的几件事情都起个头,这样我就可以将这几件事情轮着做	①	②	③	④	⑤	⑥	⑦
52	我通常知道需要做哪些事情,但有时很难决定先做哪一件,后做哪一件	①	②	③	④	⑤	⑥	⑦
53	我通常同时做几件事情	①	②	③	④	⑤	⑥	⑦
54	我倾向于强调问题的总体方面或工作的总体要求	①	②	③	④	⑤	⑥	⑦
55	我倾向于将一个问题分解为许多可以解决的小问题,从而无须从整体角度看待问题	①	②	③	④	⑤	⑥	⑦
56	我倾向于忽略细节问题	①	②	③	④	⑤	⑥	⑦
57	我可以轻而易举地把注意力从一件工作上转移到另一件工作上去,因为所有的工作对我来说都是同等重要的	①	②	③	④	⑤	⑥	⑦
58	我发现在解决一个问题的时候通常会导致其他许多问题,而且这些问题也是同等重要	①	②	③	④	⑤	⑥	⑦
59	我比较喜欢通过阅读有关的资料得到自己所需的信息,而不喜欢请教他人	①	②	③	④	⑤	⑥	⑦
60	我比较喜欢那些只需关注总体方面的工作场合,而不喜欢需要注意细节问题的工作场合	①	②	③	④	⑤	⑥	⑦
61	我比较喜欢可以实施自己的想法而无须依赖他人的工作场合	①	②	③	④	⑤	⑥	⑦
62	我比较喜欢从事那些给他人的设计方案或方法进行打分的工作	①	②	③	④	⑤	⑥	⑦

续表

序号	测试项目	完全不符合	相当不符合	比较不符合	说不清	比较符合	相当符合	完全符合
63	我比较关注一项工作的各个组成部分，而不太注意该工作的总体要求或总体意义	①	②	③	④	⑤	⑥	⑦
64	我比较关心我必须完成的工作的总体要求，而不大关心该项工作的细节	①	②	③	④	⑤	⑥	⑦
65	为了表达自己的目标，我不惜任何手段	①	②	③	④	⑤	⑥	⑦
66	如果有许多重要工作需要去做，无论有多少时间我都会尽可能多做几件	①	②	③	④	⑤	⑥	⑦
67	如果有几件重要的事情同时要做，我只做对我来说最重要的一件	①	②	③	④	⑤	⑥	⑦
68	如果需要更多的信息，我比较喜欢与他人一起讨论，而不喜欢独自阅读有关的材料	①	②	③	④	⑤	⑥	⑦
69	如果工作中有几个同等重要的事情需要处理，我会尽力设法同时处理它们	①	②	③	④	⑤	⑥	⑦
70	每次在开始做一项新工作之前，我都要求自己必须把手头的工作先做完	①	②	③	④	⑤	⑥	⑦
71	对于一项工作，如果我能自己决定做什么和怎样去做，我就觉得很高兴	①	②	③	④	⑤	⑥	⑦
72	对于需要做的多件事情，我有时很难确定轻重缓急	①	②	③	④	⑤	⑥	⑦
73	当做一项工作时，我喜欢先试着按照自己的想法去完成	①	②	③	④	⑤	⑥	⑦
74	当正在完成一项任务时，我知道各部分工作与该项任务的总目标是如何联系在一起的	①	②	③	④	⑤	⑥	⑦
75	当遇到问题时，我喜欢一个人解决	①	②	③	④	⑤	⑥	⑦
76	当遇到问题时，我喜欢按照传统的方式方法去解决	①	②	③	④	⑤	⑥	⑦
77	当遇到问题时，我采用自己的想法和策略去解决它	①	②	③	④	⑤	⑥	⑦
78	当遇到问题时，我比较喜欢尝试新的解决问题的策略和方法	①	②	③	④	⑤	⑥	⑦
79	当有许多事情要做时，我先想起哪件就先做哪件	①	②	③	④	⑤	⑥	⑦

续表

序号	测试项目	完全不符合	相当不符合	比较不符合	说不清	比较符合	相当符合	完全符合
80	当有许多事情要做时,我能明确地判断出先做什么后做什么	①	②	③	④	⑤	⑥	⑦
81	当有许多事情需要做时,我通常会把我的时间和注意力平均分配到这些事情上去	①	②	③	④	⑤	⑥	⑦
82	当用通常或习惯的方式做事时,我讨厌在这个过程中所出现的一些新问题	①	②	③	④	⑤	⑥	⑦
83	当要做出一项决策时,我会尽力考虑他人的意见	①	②	③	④	⑤	⑥	⑦
84	当需要做决策时,我喜欢对那些相互对立的观点进行比较	①	②	③	④	⑤	⑥	⑦
85	当需要做决策时,我倾向于按照自己的想法和方式去办	①	②	③	④	⑤	⑥	⑦
86	当我负责某项工作时,我喜欢遵循过去曾经用过的方法和观念	①	②	③	④	⑤	⑥	⑦
87	当谈论或书面表达各种想法时,我总是遵循着规范的语言表达规则	①	②	③	④	⑤	⑥	⑦
88	当谈论或书面表达各种想法时,我只喜欢采用自己的想法	①	②	③	④	⑤	⑥	⑦
89	当谈论或书面表达各种想法时,我着重强调其中的主要想法及主要想法与其他想法是如何联系在一起的	①	②	③	④	⑤	⑥	⑦
90	当谈论或书面表达各种想法时,我先想起什么就先说什么	①	②	③	④	⑤	⑥	⑦
91	当谈论或书面表达各种想法时,我喜欢批评他人的做事或方法	①	②	③	④	⑤	⑥	⑦
92	当谈论或书面表达各种想法时,我始终坚持一种主要的想法	①	②	③	④	⑤	⑥	⑦
93	当试图做出一个决策时,我依赖于自己对当前情形的判断	①	②	③	④	⑤	⑥	⑦
94	当试图做出一个决策时,我倾向于只考虑一种主要的因素	①	②	③	④	⑤	⑥	⑦
95	当试图做出一个决策时,我会尽力将所有的观点都考虑在内	①	②	③	④	⑤	⑥	⑦

续表

序号	测试项目	完全不符合	相当不符合	比较不符合	说不清	比较符合	相当符合	完全符合
96	当努力完成一项工作时，我倾向于忽略其中的新问题	①	②	③	④	⑤	⑥	⑦
97	当面对各种相互对立的想法时，我喜欢确定哪一种是做某件事情的正确方式或方法	①	②	③	④	⑤	⑥	⑦
98	当开展一项工作时，我喜欢想出所有可能的工作方式和方法，甚至包括最为荒谬的工作方式和方法	①	②	③	④	⑤	⑥	⑦
99	当开展一项工作时，我通常倾向于把这项工作的每个方面都看得同等重要	①	②	③	④	⑤	⑥	⑦
100	当开始进行一项工作时，我喜欢与朋友或同伴们一起出主意、想办法	①	②	③	④	⑤	⑥	⑦
101	当就某个话题进行谈论或书面表达时，我认为细节和事实要比整体印象更为重要	①	②	③	④	⑤	⑥	⑦
102	当进行一项工作时，我喜欢与他人共享自己的想法并了解他人的想法	①	②	③	④	⑤	⑥	⑦
103	当进行一项工作时，我喜欢考虑一下我所做的事情将如何满足该项工作的总体要求	①	②	③	④	⑤	⑥	⑦
104	当从事某项工作时，我通常随机地将要做的几件事情中的任何一件事情作为工作的开头	①	②	③	④	⑤	⑥	⑦

量表填写完毕，感谢您的配合，接下来由工作人员根据您的测试结果进行评分统计。

统计数据：请将每8道题的得分取平均数并填在下表中。

立法型风格	1～8		全局型风格	57～64	
执法型风格	9～16		局部型风格	65～72	
审判型风格	17～24		内倾型风格	73～80	
专制型风格	25～32		外倾型风格	81～88	
等级型风格	33～40		激进型风格	89～96	
平等竞争型风格	41～48		保守型风格	97～104	
无政府主义型风格	49～56				

附录 7
康奈尔医学指数（CMI）

姓名_____ 性别_____ 年龄_____

以下有一些有关您健康的情况描述，请您根据自己的实际情况选择"是"或"否"，以帮助我们对您的健康做进一步的分析，现在开始吧！

1. 你读报时需要戴眼镜吗？
2. 你看远处时需要戴眼镜吗？
3. 你是否经常有一时性的眼前发黑（视力下降或看不见东西）的现象？
4. 你是否有频繁的眨眼和流泪？
5. 你的眼睛是否经常很疼（或出现看物模糊的现象）？
6. 你的眼睛是否经常发红或发炎？
7. 你是否耳背（听力差）？
8. 你是否有过中耳炎、耳朵流脓？
9. 你是否经常耳鸣（耳中自觉有各种声响，以致影响听觉）？
10. 你常常不得不为清嗓子而轻咳吗？
11. 你经常有嗓子发堵的感觉（感觉喉咙里有东西）吗？
12. 你经常连续打喷嚏吗？
13. 你是否觉得鼻子老是堵？
14. 你经常流鼻涕吗？
15. 你是否有时鼻子出血很厉害？
16. 你是否经常得重感冒（或嗓子痛、扁桃体肿大）？
17. 你是否经常有严重的慢性支气管炎（在感冒时咳嗽、吐痰拖很长时间）？
18. 你在得感冒时总是必须要卧床（或经常吐痰）吗？
19. 是否经常感冒使你一冬天都很难受？
20. 你是否有过敏性哮喘（以某些过敏因素，如花粉等为诱因的哮喘）？

续表

21. 你是否有哮喘（反复发作的、暂时性的、伴有喘音的呼吸困难）？
22. 你是否经常因咳嗽而感到烦恼？
23. 你是否有过咳血？
24. 你是否有较重的盗汗（睡时出汗、醒时终止）？
25. 你除结核外是否患过慢性呼吸道疾病[或有低烧（热），即37～38℃]？
26. 你是否得过结核病？
27. 你与得结核病的人在一起住过吗？
28. 医生说过你血压很高吗？
29. 医生说过你血压很低吗？
30. 你有胸部或心区疼痛吗？
31. 你是否经常心动过速（心跳过快）？
32. 你是否经常心悸（平静时有心脏跳动的感觉）或感到脉搏有停跳？
33. 你是否经常感到呼吸困难？
34. 你是否比别人更容易发生气短（喘不上气）？
35. 你即使在坐着的情况下有时也会感到气短吗？
36. 你是否经常有严重的下肢浮肿？
37. 你即使在热天也因手脚发凉而烦恼吗？
38. 你是否经常腿抽筋？
39. 医生说过你心脏有问题吗？
40. 你的家属中是否有心脏病患者？
41. 你是否已脱落了一半以上的牙齿？
42. 你是否因牙龈（牙床）出血而烦恼？
43. 你是否有经常的牙痛？
44. 是否你的舌苔常常很厚？
45. 你是否总是食欲不好（不想吃东西）？
46. 你是否经常吃零食？
47. 你是否吃东西时总是狼吞虎咽？
48. 你是否经常胃部不舒服（或有时恶心呕吐）？
49. 你饭后是否经常有胀满（腹部膨胀）的感觉？
50. 你饭后是否经常打饱嗝（或烧心吐酸水）？

续表

51. 你是否经常犯胃病？
52. 你是否有消化不良？
53. 是否严重胃痛使你常常不得不弯着身子？
54. 你是否感到胃部持续不舒服？
55. 你的家属中有患胃病的人吗？
56. 医生说过你有胃病或十二指肠溃疡（或饭后、空腹时常感到胃痛）吗？
57. 你是否经常腹泻（拉肚子）？
58. 你腹泻时是否有严重血便或黏液（粪便发黑、有血液或黏稠物质）？
59. 你是否因曾有过肠道寄生虫而感到烦恼？
60. 你是否常有严重便秘（大便干燥）？
61. 你是否有痔疮（大便时肛门疼痛不适，大便表面带血或便后滴血）？
62. 你是否曾患过黄疸（眼、皮肤、尿发黄）？
63. 你是否得过严重肝胆疾病？
64. 你是否经常有关节肿痛？
65. 你的肌肉和关节经常感到发僵或僵硬吗？
66. 你的胳膊或腿是否经常感到严重疼痛？
67. 严重的风湿病使你丧失活动能力（或有肩、脖子肌肉发紧的现象）？
68. 你的家属中是否有人患风湿病？
69. 脚发软、疼痛使你的生活严重不便（或经常感到腿、脚发酸）？
70. 腰背痛是否达到使你不能持续工作的程度？
71. 你是否因身体有严重的功能丧失或畸形（形态异常）而感到烦恼？
72. 你的皮肤对温度、疼痛十分敏感，有压痛（或有皮下小出血点）？
73. 你皮肤上的切口通常不易愈合（长好）吗？
74. 你是否经常脸很红？
75. 即使在冷天你也大量出汗吗？
76. 是否严重的皮肤搔痒（发痒）使你感到烦恼？
77. 你是否经常出皮疹（风疙瘩或疹子）或有时脸部浮肿？
78. 你是否经常因生疖肿（肿包）而感到烦恼？
79. 你是否经常由于严重头痛而感到十分难受？

续表

80. 你是否经常由于头痛、头发沉而感到生活痛苦？	
81. 你的家属中头痛常见吗？	
82. 你是否有一阵发热、一阵发冷的现象？	
83. 你经常有一阵阵严重头晕的感觉吗？	
84. 你是否经常晕倒？	
85. 你是否晕倒过两次以上？	
86. 你身体某部分是否有经常麻木或震颤的感觉？	
87. 你身体某部分曾经瘫痪（感觉和运动能力完全或部分丧失）过吗？	
88. 你是否有被撞击后失去知觉（什么都不知道了）的现象？	
89. 你头、面、肩部是否有时有抽搐（突然而迅速地肌肉抽动）的感觉？	
90. 你是否抽过疯（癫痫发作，也叫抽羊角疯）？	
91. 你的家属中有无癫痫患者？	
92. 你是否有严重的咬指甲的习惯？	
93. 你是否因说话结巴或口吃而烦恼（或因舌头不灵活而导致说话困难）？	
94. 你是否有梦游症（睡眠时走来走去，事后不能回忆所做的事情）？	
95. 你是否尿床？	
96. 在 8～14 岁（小学和中学）阶段你是否尿床？	
97. 你是否经常痛经（月经期间及前后小肚子疼）？	
98. 你是否在月经期经常得病或感到虚弱？	
99. 你是否经常有月经期卧床（或经期外，有阴道流血）？	
100. 你是否经常有持续严重的脸部潮红和出汗？	
101. 你在月经期是否经常有焦躁情绪？	
102. 你是否经常因白带（阴道白色黏液）异常而烦恼？	
103. 你是否每天夜里因小便起床？	
104. 你是否经常白天小便次数频繁？	
105. 你是否小便时经常有烧灼感（火烧样的疼痛）？	
106. 你是否有时有尿失控（不能由意识来控制排尿）？	
107. 是否医生说过你的肾、膀胱有病？	
108. 你是否经常感到一阵一阵很疲劳？	

续表

109. 是否工作使你感到筋疲力竭？
110. 你是否经常早晨起床后即感到疲倦和筋疲力尽？
111. 你是否稍做一点工作就感到累？
112. 你是否经常因累而吃不下饭？
113. 你是否有严重的神经衰弱？
114. 你的家属中是否有患神经衰弱的人？
115. 你是否经常患病？
116. 你是否经常由于患病而卧床？
117. 你是否总是健康不良？
118. 是否别人认为你体弱多病？
119. 你的家属中是否有患病的人？
120. 你是否曾经因严重的疼痛而不能工作？
121. 你是否总是因为担心自己的健康而受不了？
122. 你是否总是有病而且不愉快？
123. 你是否经常由于健康不好而感到不幸？
124. 你得过猩红热吗？
125. 你小时候是否得过风湿热、四肢疼痛？
126. 你曾患过疟疾吗？
127. 你由于严重贫血而接受过治疗吗？
128. 你接受过性病治疗吗？
129. 你是否有糖尿病？
130. 是否医生曾说过你有甲状腺肿（粗脖子病）？
131. 你是否接受过肿瘤或癌的治疗？
132. 你是否有什么慢性病（或曾接受过原子辐射）？
133. 你是否过瘦（体重减轻）？
134. 你是否过胖（体重增加）？
135. 是否有医生说过你有腿部静脉曲张（腿部青筋暴露）？
136. 你是否住院做过手术？
137. 你曾有过严重的外伤吗？

续表

138. 你是否经常发生小的事故或外伤？
139. 你是否有入睡很困难或睡眠不深易醒（或经常做梦）的现象？
140. 你是否不能做到每天有规律地放松一下（休息）？
141. 你是否不容易做到每天有规律地锻炼？
142. 你是否每天吸 20 支以上的纸烟？
143. 你是否喝茶或喝咖啡比一般的人要多？
144. 你是否每天喝两次以上的白酒？
145. 当你考试或被提问时是否出汗很多或颤抖得很厉害？
146. 接近你的主管上级时是否紧张和发抖？
147. 当你的上级看着你工作时，你是否不知所措？
148. 当必须快速做事情时，你是否有头脑完全混乱的现象？
149. 为了避免出错，你做事必须很慢吗？
150. 你经常把指令或意图体会（理解）错吗？
151. 是否生疏的人或场所使你感到害怕？
152. 身边没有熟人时你是否因孤单而恐慌？
153. 你是否总是难以下决心（犹豫不决）？
154. 你是否总是希望有人在你身边给你出主意？
155. 别人认为你是一个很笨的人吗？
156. 除了在你自己家以外，在其他任何地方吃东西都感到烦扰吗？
157. 你在聚会中也感到孤独和悲伤吗？
158. 你是否经常感到不愉快和情绪抑郁（情绪低落）？
159. 你是否经常哭？
160. 你是否总是感到凄惨与沮丧（灰心失望）？
161. 是否你对生活感到完全绝望？
162. 你是否经常想死（一死了事）？
163. 你是否经常烦恼（愁眉不展）？
164. 你的家属中是否有愁眉不展的人？
165. 是否稍遇任何一件小事都使你紧张和疲惫？
166. 是否别人认为你是一个神经质（紧张不安、易激动）的人？

续表

167. 你的家属中是否有神经质的人？	
168. 你曾患过精神崩溃吗？	
169. 你的家属中曾有过精神崩溃的人吗？	
170. 你在精神病院看过病吗（因为你精神方面的问题）？	
171. 你的家属中是否有人到精神病院看过病（因为精神方面的问题）？	
172. 你是否经常害羞和神经过敏？	
173. 你的家属中是否有害羞和神经过敏的人？	
174. 是否你的感情容易受到伤害？	
175. 是否你在受到批评时总是心烦意乱？	
176. 别人认为你是爱挑剔的人吗？	
177. 你是否经常被人误解？	
178. 你即使对朋友也必须存戒心吗（不放松警惕）？	
179. 你是否总是凭一时冲动做事情？	
180. 你是否容易烦恼和激怒？	
181. 你若不持续克制自己精神就垮了吗？	
182. 是否一点不快就使你紧张和发脾气？	
183. 在别人支使你时是否易生气？	
184. 别人常使你不快和激怒你吗？	
185. 当你不能马上得到你所需要的东西时就发脾气吗？	
186. 你是否经常大发脾气？	
187. 你是否经常发抖和战栗？	
188. 你是否经常紧张焦急？	
189. 你是否会被突然的声音吓一大跳（跳起或发抖得厉害）？	
190. 是否不管何时，当别人大声对你时，你都被吓得发抖和发软？	
191. 你对夜间突然的动静是否感到恐惧（害怕）？	
192. 你是否经常因噩梦而惊醒？	
193. 你是否头脑中经常反复出现某种恐怖（可怕的）想法？	
194. 你是否常常毫无理由地突然感到畏惧（害怕）？	
195. 你是否经常有突然出冷汗的情况？

附录 8

症状自评量表（SCL-90）

以下表格中列出了有些人可能会有的问题，请仔细地阅读每一条，然后根据最近一星期内下述情况影响你的实际感觉，在五个答案里选择一个最适合你的答案，现在开始吧！（1.无；2.轻度；3.中度；4.偏重；5.严重）

	1	2	3	4	5
1. 头痛					
2. 神经过敏，心中不踏实					
3. 头脑中有不必要的想法或字句盘旋					
4. 头昏或昏倒					
5. 对异性的兴趣减退					
6. 对旁人求全责备					
7. 感到别人能控制你的思想					
8. 责怪别人制造麻烦					
9. 忘记性大					
10. 担心自己的衣饰整齐及仪态的端正					
11. 容易烦恼和激动					
12. 胸痛					
13. 害怕空旷的场所或街道					
14. 感到自己的精力下降，活动减慢					
15. 想结束自己的生命					
16. 听到旁人听不到的声音					
17. 发抖					
18. 感到大多数人都不可信任					
19. 胃口不好					
20. 容易哭泣					

续表

21. 同异性相处时感到害羞不自在				
22. 感到受骗，中了圈套或有人想抓您				
23. 无缘无故地突然感到害怕				
24. 自己不能控制地大发脾气				
25. 怕单独出门				
26. 经常责怪自己				
27. 腰痛				
28. 感到难以完成任务				
29. 感到孤独				
30. 感到苦闷				
31. 过分担忧				
32. 对事物不感兴趣				
33. 感到害怕				
34. 我的感情容易受到伤害				
35. 旁人能知道您的私下想法				
36. 感到别人不理解您不同情您				
37. 感到人们对你不友好，不喜欢你				
38. 做事必须做得很慢以保证做得正确				
39. 心跳得很厉害				
40. 恶心或胃部不舒服				
41. 感到比不上他人				
42. 肌肉酸痛				
43. 感到有人在监视您谈论您				
44. 难以入睡				
45. 做事必须反复检查				
46. 难以作出决定				
47. 怕乘电车、公共汽车、地铁或火车				
48. 呼吸有困难				
49. 一阵阵发冷或发热				

附录 8　症状自评量表（SCL-90）

续表

50. 因为感到害怕而避开某些东西、场合或活动				
51. 脑子变空了				
52. 身体发麻或刺痛				
53. 喉咙有梗塞感				
54. 感到对前途没有希望				
55. 不能集中注意力				
56. 感到身体的某一部分软弱无力				
57. 感到紧张或容易紧张				
58. 感到手或脚发沉				
59. 想到有关死亡的事				
60. 吃得太多				
61. 当别人看着您或谈论您时感到不自在				
62. 有一些不属于您自己的想法				
63. 有想打人或伤害他人的冲动				
64. 醒得太早				
65. 必须反复洗手、点数目或触摸某些东西				
66. 睡得不稳不深				
67. 有想摔坏或破坏东西的冲动				
68. 有一些别人没有的想法或念头				
69. 感到对别人神经过敏				
70. 在商店或电影院等人多的地方感到不自在				
71. 感到任何事情都很难做				
72. 一阵阵恐惧或惊恐				
73. 感到在公共场合吃东西很不舒服				
74. 经常与人争论				
75. 单独一人时神经很紧张				
76. 别人对您的成绩没有作出恰当的评价				
77. 即使和别人在一起也感到孤单				
78. 感到坐立不安、心神不宁				

续表

79. 感到自己没有什么价值				
80. 感到熟悉的东西变得陌生或不像是真的				
81. 大叫或摔东西				
82. 害怕会在公共场合昏倒				
83. 感到别人想占您的便宜				
84. 为一些有关"性"的想法而很苦恼				
85. 认为应该因为自己的过错而受到惩罚				
86. 感到要赶快把事情做完				
87. 感到自己的身体有严重问题				
88. 从未感到和其他人很亲近				
89. 感到自己有罪				
90. 感到自己的脑子有问题				

贝克抑郁量表（BDI）

姓名_____ 性别_____ 年龄_____

这个问卷由许多组项目组成，请仔细看每组项目，然后在每组内选择最适合你现在情况（最近一周，包括今天）的一项描述。

一、

1. 我不感到忧郁
2. 我感到忧郁或沮丧
3. 我整天忧郁，无法摆脱
4. 我十分忧郁，已经忍受不住

二、

1. 我对未来并不悲观失望
2. 我感到前途不太乐观
3. 我感到我对前途不抱希望
4. 我感到今后毫无希望，不可能有所好转

三、

1. 我并无失败的感觉
2. 我觉得和大多数人相比我是失败的
3. 回顾我的一生，我觉得那是一连串的失败
4. 我觉得我是个彻底失败的人

四、

1. 我并不觉得有什么不满意

2. 我觉得我不能像平时那样享受生活
3. 任何事情都不能使我感到满意一些
4. 我对所有的事情都不满意

五、

1. 我没有特殊的内疚感
2. 我有时感到内疚或觉得自己没价值
3. 我感到非常内疚
4. 我觉得自己非常坏，一钱不值

六、

1. 我没有对自己感到失望
2. 我对自己感到失望
3. 我讨厌自己
4. 我憎恨自己

七、

1. 我没有要伤害自己的想法
2. 我感到还是死掉的好
3. 我考虑过自杀
4. 如果有机会，我还会杀了自己

八、

1. 我没失去和他人交往的兴趣
2. 和平时相比，我和他人交往的兴趣有所减退
3. 我已失去大部分和他人交往的兴趣，我对他们没有感情
4. 我对他人全无兴趣，也完全不理睬别人

九、

1. 我能像平时一样做出决断
2. 我尝试避免做决断

3. 对我而言，做出决断十分困难
4. 我无法做出任何决断

十、

1. 我觉得我的形象一点也不比过去糟
2. 我担心我看起来老了，不吸引人了
3. 我觉得我的外表肯定变了，变得不具吸引力
4. 我感到我的形象丑陋且讨人厌

十一、

1. 我能像平时那样工作
2. 我做事时，要花额外的努力才能开始
3. 我必须努力强迫自己，方能做事
4. 我完全不能做事情

十二、

1. 和以往相比，我并不容易疲倦
2. 我比过去容易觉得疲乏
3. 我做任何事都感到疲乏
4. 我太易疲乏了，不能干任何事

十三、

1. 我的胃口不比过去差
2. 我的胃口没有过去那样好
3. 现在我的胃口比过去差多了
4. 我一点食欲都没有

附录 10

汉密尔顿抑郁量表（HAMD；HRSD）

姓名_____ 性别_____ 年龄_____ 文化程度_____

选择最适合你的情况的答案。

一、抑郁情绪

1. 无
2. 只在问到时才诉述
3. 在访谈中自发地表达
4. 不用言语也可以从表情、姿势、声音或欲哭中流露出这种情绪
5. 自发言语和非语言（表情、动作）表达几乎完全表现为这种情绪

二、有罪感

1. 无
2. 责备自己，感到自己已连累他人
3. 认为自己犯了罪，或反复思考以往的过失和错误
4. 认为目前的疾病，是对自己错误的惩罚，或有罪恶妄想
5. 罪恶妄想伴有指责或威胁性幻觉

三、自杀

1. 无
2. 觉得活着没有意义
3. 希望自己已经死去，或常想到与死有关的事
4. 消极观念（自杀念头）
5. 极度想自杀

四、入睡困难（初段失眠）

1. 无
2. 主诉有入睡困难，上床半小时后仍不能入睡
3. 主诉每晚均有入睡困难

五、睡眠不深（中段失眠）

1. 无
2. 睡眠浅，多恶梦
3. 半夜（晚 12 点钟以前）曾醒来（不包括上厕所）

六、早醒（末段失眠）

1. 无
2. 有早醒，比平时早醒 1 小时，但能重新入睡（应排除平时的习惯）
3. 早醒后无法重新入睡

七、工作和兴趣

1. 无
2. 提问时才诉述
3. 自发地直接或间接表达对活动、工作或学习失去兴趣，感到无精打采
4. 活动时间减少或成效下降，住院患者参加劳动或娱乐不满 3 小时 / 天
5. 因目前的疾病而停止工作，住院患者不参加任何活动或需要他人帮助

八、阻滞（指思维和言语缓慢，注意力难以集中，主动性减退）

1. 无
2. 精神检查中发现轻度阻滞
3. 精神检查中发现明显阻滞
4. 精神检查进行困难
5. 完全不能回答问题

九、激越

1. 无

2. 检查时有些心神不定
3. 明显心神不定或小动作多
4. 不能静坐，检查中曾起立
5. 搓手、咬手指、扯头发、咬嘴唇

十、精神性焦虑

1. 无
2. 问及时诉述
3. 自发地表达
4. 表情和言谈流露出明显忧虑
5. 明显惊恐

十一、躯体性焦虑（指焦虑的生理症状，包括：口干、腹胀、心悸、头痛等）

1. 无
2. 轻度
3. 中度，有肯定的上述症状
4. 重度，上述症状严重影响生活或需要处理
5. 严重影响生活和活动

十二、胃肠道症状

1. 无
2. 食欲减退，但不需他人鼓励便自行进食
3. 进食需要他人催促或请求和需要应用泻药或助消化药

十三、全身症状

1. 无
2. 四肢、背部或颈部沉重感，背痛、头痛、肌肉疼痛，全身乏力或疲倦
3. 症状明显

十四、性症状（指性欲减退、月经紊乱等）

1. 无

2. 轻度
3. 重度

十五、疑病

1. 无
2. 对身体过分关注
3. 反复考虑健康问题
4. 有疑病妄想
5. 伴幻觉的疑病妄想

十六、体重减轻（按病史评定或按体重记录评定）

1. 无
2. 可能有体重减轻或一周内体重减轻超过 0.5 公斤
3. 肯定有体重减轻或一周内体重减轻超过 1 公斤

十七、自知力

1. 知道自己有病，表现为忧郁
2. 知道自己有病，但归咎于伙食太差、环境问题、工作过忙、病毒感染或需要休息
3. 完全否认有病

十八、日夜变化（症状分早晨或傍晚加重）

1. 无
2. 轻度变化
3. 重度变化

十九、人格解体或现实解体（指非真实感或虚无妄想）

1. 无
2. 问及时才诉述
3. 自然诉述
4. 有虚无妄想
5. 伴幻觉的虚无妄想

二十、偏执症状

1. 无
2. 有猜疑
3. 有牵连观念
4. 有关系妄想或被害妄想
5. 伴有幻觉的关系妄想或被害妄想

二十一、强迫症状（指强迫思维和强迫行为）

1. 无
2. 问及时才诉述
3. 自发诉述

二十二、能力减退感

1. 无
2. 仅于提问时方引出主观体验
3. 患者主动表示有能力减退感
4. 需鼓励、指导和安慰才能完成病室日常事务或个人卫生
5. 穿衣、梳洗、进食、铺床或个人卫生均需他人协助

二十三、绝望感

1. 无
2. 有时怀疑"情况是否会好转"但解释后能接受
3. 持续感到"没有希望"但解释后能接受
4. 对未来感到灰心、悲观和失望，解释后不能解除
5. 自动地反复诉述"我的病好不了"诸如此类的情况

二十四、自卑感

1. 无
2. 仅在询问时，诉述有自卑感（我不如他人）
3. 自发诉述有自卑感
4. 患者主动诉述"我一无是处"或"低人一等"
5. 自卑感达妄想的程度，例如"我是废物"或类似情况

抑郁自评量表（SDS）

姓名_____ 性别_____ 年龄_____

请仔细阅读每一条，把意思弄明白，然后根据您最近一星期的实际情况，选择最适合您的答案（1. 没有或很少时间；2. 小部分时间；3. 相当多时间；4. 绝大部分或全部时间）

1. 我觉得闷闷不乐，情绪低沉	1	2	3	4
2. 我觉得一天之中早晨最好	1	2	3	4
3. 我一阵阵哭出来或觉得想哭	1	2	3	4
4. 我晚上睡眠不好	1	2	3	4
5. 我吃得跟平常一样多	1	2	3	4
6. 我与异性密切接触时和以往一样感到愉快	1	2	3	4
7. 我发觉我的体重在下降	1	2	3	4
8. 我有便秘的苦恼	1	2	3	4
9. 我心跳比平时快	1	2	3	4
10. 我无缘无故地感到疲乏	1	2	3	4
11. 我的头脑跟平常一样清楚	1	2	3	4
12. 我觉得经常做的事情并没有困难	1	2	3	4
13. 我觉得不安而平静不下来	1	2	3	4
14. 我对将来抱有希望	1	2	3	4
15. 我比平常容易生气激动	1	2	3	4
16. 我觉得做决定是容易的	1	2	3	4
17. 我觉得自己是个有用的人，有人需要我	1	2	3	4
18. 我的生活过得很有意思	1	2	3	4
19. 我认为如果我死了，别人会生活得好些	1	2	3	4
20. 我平常感兴趣的事我仍然感兴趣	1	2	3	4

附录12

9项患者健康问卷（PHQ-9）

姓名_____　　性别_____　　年龄_____

根据过去两周的状况，请回答是否存在下列描述的状况及频率。

1. 做事时提不起劲或没有兴趣
　A. 完全不会　　B. 好几天　　C. 一半以上　　D. 几乎每天

2. 感到心情低落、沮丧或绝望
　A. 完全不会　　B. 好几天　　C. 一半以上　　D. 几乎每天

3. 入睡困难、睡不安稳或睡眠过多
　A. 完全不会　　B. 好几天　　C. 一半以上　　D. 几乎每天

4. 感觉疲倦或没有活力
　A. 完全不会　　B. 好几天　　C. 一半以上　　D. 几乎每天

5. 食欲不振或吃太多
　A. 完全不会　　B. 好几天　　C. 一半以上　　D. 几乎每天

6. 觉得自己很糟，或觉得自己很失败，或让自己或家人很失望
　A. 完全不会　　B. 好几天　　C. 一半以上　　D. 几乎每天

7. 对事物专注有困难，例如阅读报纸或看电视时
　A. 完全不会　　B. 好几天　　C. 一半以上　　D. 几乎每天

8. 动作或说话速度缓慢到别人已经觉察？或正好相反——烦躁或坐立不安、动来动去的情况更胜于平常
　A. 完全不会　　B. 好几天　　C. 一半以上　　D. 几乎每天

9. 有不如死掉或用某种方式伤害自己的念头
　A. 完全不会　　B. 好几天　　C. 一半以上　　D. 几乎每天

10. 功能总评_____。

附录 13

贝克焦虑量表（BAI）

姓名_____ 性别_____ 年龄_____

指导语：这是一份关于焦虑一般症状的测试题目，请您仔细阅读下列各项，根据您最近一周内（包括当天）被各种症状烦扰的程度，作出相应的选择。①无；②轻度（无多大烦扰）；③中度（感到不适但尚能忍受）；④重度（只能勉强忍受）。

1. 麻木或刺痛	①	②	③	④
2. 感到发热	①	②	③	④
3. 腿部颤抖	①	②	③	④
4. 不能放松	①	②	③	④
5. 害怕发生不好的事情	①	②	③	④
6. 头晕	①	②	③	④
7. 心悸或心率加快	①	②	③	④
8. 心神不定	①	②	③	④
9. 惊吓	①	②	③	④
10. 紧张	①	②	③	④
11. 窒息感	①	②	③	④
12. 手发抖	①	②	③	④
13. 摇晃	①	②	③	④
14. 害怕失控	①	②	③	④
15. 呼吸困难	①	②	③	④
16. 害怕快要死去	①	②	③	④
17. 恐慌	①	②	③	④
18. 消化不良或腹部不适	①	②	③	④
19. 昏厥	①	②	③	④
20. 脸发红	①	②	③	④
21. 出汗（不是因为暑热冒汗）	①	②	③	④

附录14

汉密尔顿焦虑量表（HAMA）

姓名_____ 性别_____ 年龄_____

请选择最适合患者情况的答案（1.无症状；2.轻；3.中等；4.重；5.极重）

1. 焦虑心境：担心、担忧，感到有最坏的事情将要发生，容易激惹	1	2	3	4	5
2. 紧张：紧张感，易疲劳，不能放松，情绪反应，易哭、颤抖、感到不安	1	2	3	4	5
3. 害怕：害怕黑暗、陌生人、一人独处、动物、乘车或旅行及人多的场合	1	2	3	4	5
4. 失眠：难以入睡、易醒、多梦、梦魇、夜惊、醒后感疲倦	1	2	3	4	5
5. 认知功能：或称记忆、注意障碍，注意力不能集中，记忆力差	1	2	3	4	5
6. 抑郁心境：丧失兴趣，对以往爱好缺乏快感，忧郁、早醒、昼重夜轻	1	2	3	4	5
7. 肌肉系统症状：肌肉酸痛、抽动、不灵活、牙齿打颤，声音发抖	1	2	3	4	5
8. 感觉系统症状：视觉模糊，发冷发热，软弱无力感，浑身刺痛	1	2	3	4	5
9. 心血管系统症状：心动过速，心悸，胸痛，血管跳动感，昏倒感，心搏脱漏	1	2	3	4	5
10. 呼吸系统症状：胸闷，窒息感，叹息，呼吸困难	1	2	3	4	5
11. 胃肠道症状：吞咽困难，消化不良，肠动感，腹泻，体重感轻，便秘	1	2	3	4	5
12. 生殖泌尿系统症状：尿意频繁，尿急、停经、性冷淡、阳萎	1	2	3	4	5
13. 自主神经系统症状：口干、潮红、苍白、易出汗、起"鸡皮疙瘩"等	1	2	3	4	5
14. 会谈时行为表现 （1）一般表现，紧张、面肌抽动、不停顿足、手发抖、皱眉、肌张力高、叹息样呼吸、面色苍白；	1	2	3	4	5
（2）生理表现，吞咽、打呃、安静时心率快、呼吸快（20次/分以上）、腱反射亢进、震颤、瞳孔放大、眼睑跳动、易出汗、眼球突出	1	2	3	4	5

附录 15

焦虑自评量表（SAS）

姓名_____ 性别_____ 年龄_____

请仔细阅读每一条，把意思弄明白，然后根据您最近一星期的实际感觉，选择最适合您的答案（1. 没有或很少时间；2. 小部分时间；3. 相当多时间；4. 绝大部分或全部时间）

1. 我觉得比平常容易紧张和着急	1	2	3	4
2. 我无缘无故地感到害怕	1	2	3	4
3. 我容易心里烦乱或觉得惊恐	1	2	3	4
4. 我觉得我可能将要发疯	1	2	3	4
5. 我觉得一切都好，也不会发生什么不幸	1	2	3	4
6. 我手脚发抖打颤	1	2	3	4
7. 我因为头痛、颈痛和背痛而苦恼	1	2	3	4
8. 我感觉容易衰弱和疲乏	1	2	3	4
9. 我觉得心平气和，并且容易安静坐着	1	2	3	4
10. 我觉得心跳得很快	1	2	3	4
11. 我因为一阵阵头晕而苦恼	1	2	3	4
12. 我有晕倒发作，或觉得要晕倒似的	1	2	3	4
13. 我吸气呼气都感到很容易	1	2	3	4
14. 我的手脚麻木和刺痛	1	2	3	4
15. 我因为胃痛和消化不良而苦恼	1	2	3	4
16. 我常常要小便	1	2	3	4
17. 我的手脚常常是干燥温暖的	1	2	3	4
18. 我脸红发热	1	2	3	4
19. 我容易入睡并且一夜睡得很好	1	2	3	4
20. 我做噩梦	1	2	3	4

附录 16

比奈智力量表

国际标准测试

指导语：本测验共有 60 个题目，你应在 45 分钟内做完，不要超时。

1. 五个答案中哪一个是最好的类比？

工工人人人工人 对于 2211121 相当于 工工人人工人人工 对于 _____

① 22122112

② 22112122

③ 22112112

④ 11221221

⑤ 21221121

2. 找出与众不同的一个：

①铝　②锡　③钢　④铁　⑤铜

3. 五个答案中哪一个是最好的类比？

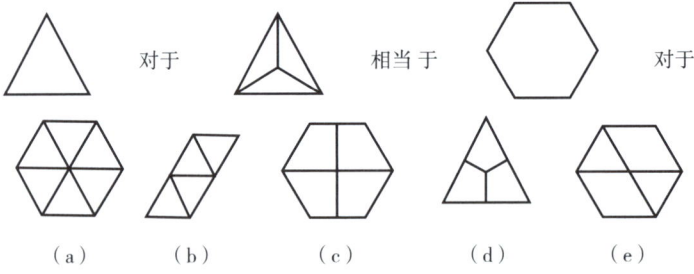

4. 找出与众不同的一个：

5. 全班学生排成一行，从左数和从右数沃斯都是第 15 名，问全班共有学生多少人？
① 15　　② 25　　③ 29　　④ 30　　⑤ 31

6. 一个立方体的六面，分别写着 A、B、C、D、E、F 六个字母，根据以下四张图，推测 B 的对面是什么字母？

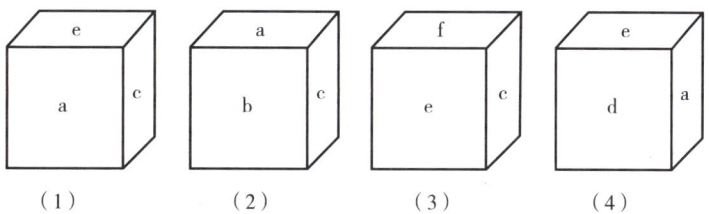

7. 找出与"确信"意思相同或意义最相近的词：
①正确　　②明确　　③信心　　④肯定　　⑤真实

8. 五个答案中哪一个是最好的类比？
　　脚对于手相当于腿对于_____
①肘　　②膝　　③臂　　④手指　　⑤脚趾

9. 五个答案中哪一个是最好的类比？

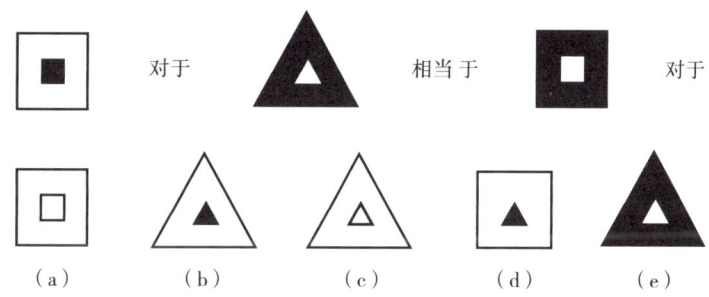

10. 如果所有的甲是乙，没有一个乙是丙，那么，一定没有一个丙是甲。这句话是：
①对的　　②错的　　③既不对也不错

11. 找出下列数字中特殊的一个：
1　3　5　7　11　13　15　17

12. 找出与众不同的一个：

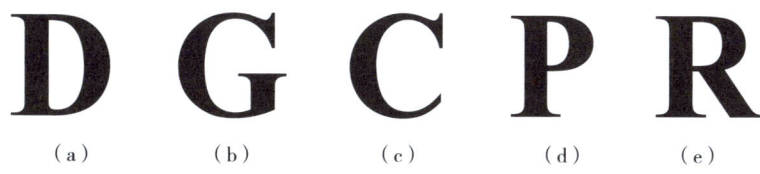

13. 沃斯比乔丹大，麦瑞比沃斯小。下列陈述中哪一句是正确的？
①麦瑞比乔丹大
②麦瑞比乔丹小
③麦瑞与乔丹一样大
④无法确定麦瑞与乔丹谁大

14. 找出与众不同的一个：

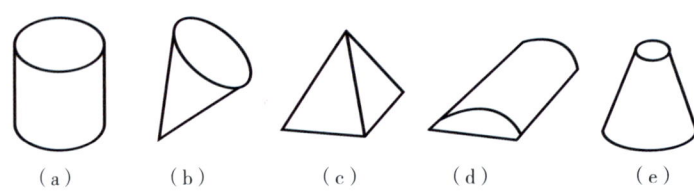

15. 五个答案中哪个是最好的类比？
"预杉"对于"须抒"相当于8326对于_____
① 2368　　② 6238　　③ 2683　　④ 6328　　⑤ 3628

16. 沃斯有12枚硬币，共3角6分钱。其中有5枚硬币是一样的，那么这5枚一定是：
① 1分的　　② 2分的　　③ 5分的

17. 找出与众不同的一个：
①公里　　②英寸　　③亩　　④丈　　⑤米

18. 经过破译敌人密码，已经知道了"香蕉苹果大鸭梨"的意思是"星期三秘密进攻"；"苹果甘蔗水蜜桃"的意思是"执行秘密计划"；"广柑香蕉西红柿"的意思是"星期三的胜利属于我们"；那么，"大鸭梨"的意思是：
①秘密　　②星期三　　③进攻　　④执行　　⑤计划

19. 五个答案中哪个是最好的类比？
爱对于恨相当于英勇对于_____
①士气　　②安全　　③怯懦　　④愤怒　　⑤恐怖

20. 一本书的价格低了50%。现在，如果按原价出售，提高了百分之几？
① 25%　　② 50%　　③ 75%　　④ 100%　　⑤ 200%

21. 五个答案中哪一个是最好的类比?

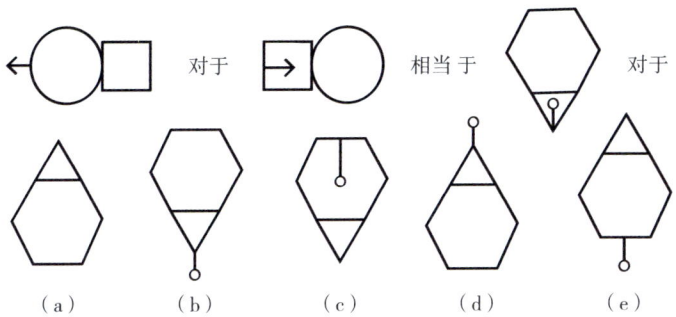

22. 找出与众不同的一个:
①南瓜　②葡萄　③黄瓜　④玉米　⑤豌豆

23. 从五个答案中找出最好的类比:
　　水对于龙头相当于电对于_____
①光线　②开关　③电话　④危险　⑤电线

24. 打满水缸要 11 桶水。王林一次只能提两桶水,要打满水缸他需要走几趟?
① 5　② 11/2　③ 6　④ 13/2　⑤ 7

25. 五个答案中哪个是最好的类比?

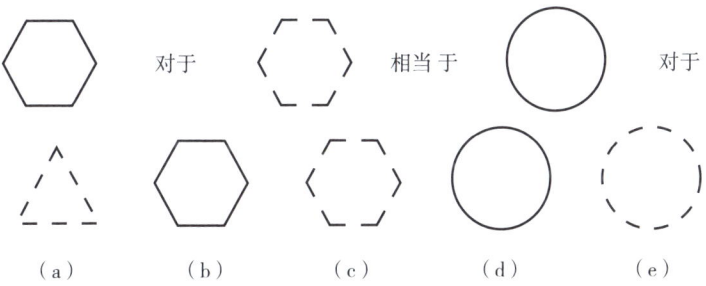

26. 如果所有的甲都是乙,所有的乙都是丙,那么一定所有的甲都是丙。这句话是
①对的　②错的　③既不对也不错

27. 下边哪一个盒子是用左边这张硬纸折成的?

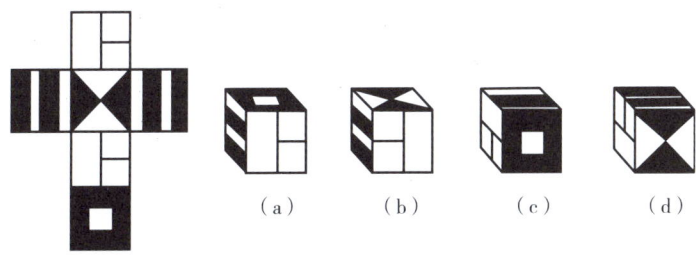

28. 汉斯、赛斯、麦克、约翰逊购买苹果 144 个。汉斯买的苹果比赛斯多 10 个，比麦克多 26 个，比约翰逊多 32 个。汉斯买了多少个苹果？
① 73　② 63　③ 53　④ 43　⑤ 27

29. 找出与众不同的一个：
①触　②视　③听　④吃　⑤嗅

30. 五个答案中哪个是最好的类比？
　　女儿对于父亲相当于侄女对于_____
①侄子　②表兄　③叔叔　④母亲　⑤哥哥

31. 找出下列数字中多余的一个：
4　5　8　10　11　16　19　32　36

32. 找出与众不同的一个：

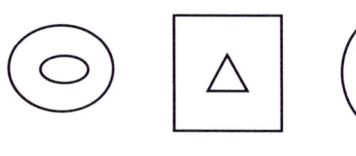
(a)　　(b)　　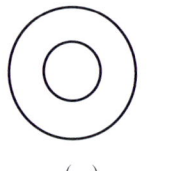(c)　　(d)　　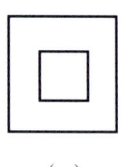(e)

33. 五个答案中哪个是最好的类比？
　　皮对于树相当于鳞对于_____
①鳃　②大海　③渔夫　④鱼　⑤鳍

34. 找出与众不同的一个：
①鸡　②鸽　③鸭　④鹤　⑤鹅

35. 樱桃对于红相当于牛奶对于_____
①湿　②冷　③白　④甜　⑤熟

36. 火车守车（车尾）长 6.4 米。机车的长度等于守车的长加上半节车厢的长。车厢长度等于守车长加上机车长。火车的机车、车厢、守车共长多少米？
① 25.6 米　② 36 米　③ 51.2 米　④ 64.4 米　⑤ 76.2 米

37. 找出与众不同的一个：

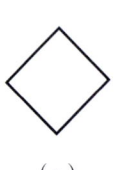　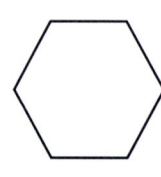　　　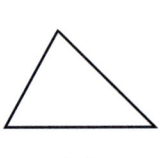
(a)　　(b)　　(c)　　(d)　　(e)

38. 在括号中填一字，使这个字与括号外面的字分别组成两个字：
古（　）巴

39. 哥哥今年15岁，他的年龄是妹妹年龄的3倍。当哥哥的年龄是妹妹年龄2倍时，哥哥几岁？
①18岁　　②20岁　　③24岁　　④26岁　　⑤30岁

40. 五个答案中哪个是最好的类比？

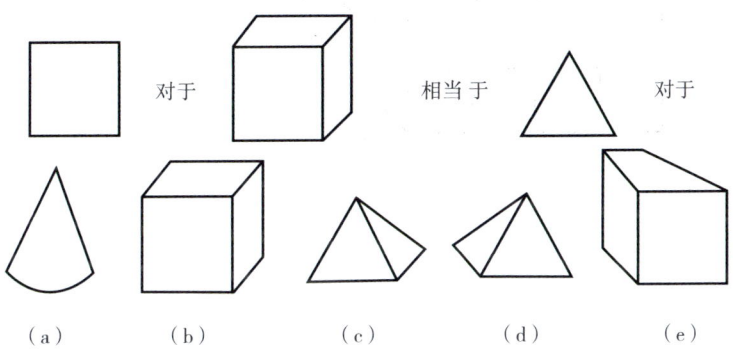

41. 角对于元相当于小时对于_____
①分　　②秒　　③月　　④日　　⑤钟

42. 五个答案中哪个是最好的类比？

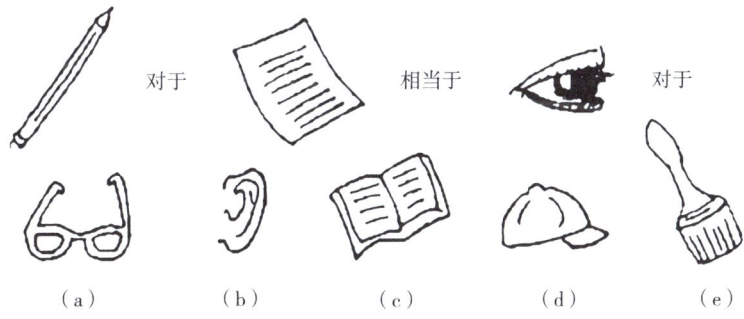

43. 如果把这个大立方体的六个面全部涂上黑色，然后按图中虚线把它切成36个小方块，两面有黑色的小方块有多少个？

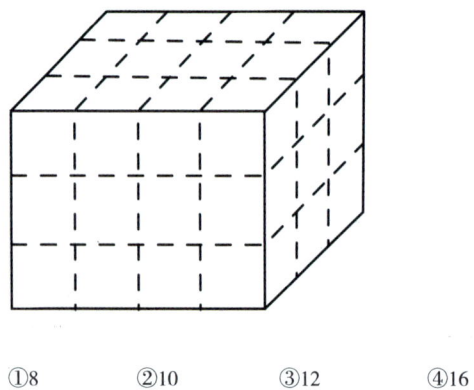

①8　　②10　　③12　　④16　　⑤20

44. 从（a）（b）（c）（d）中选出一个最合适的图案填在下边的问号处。

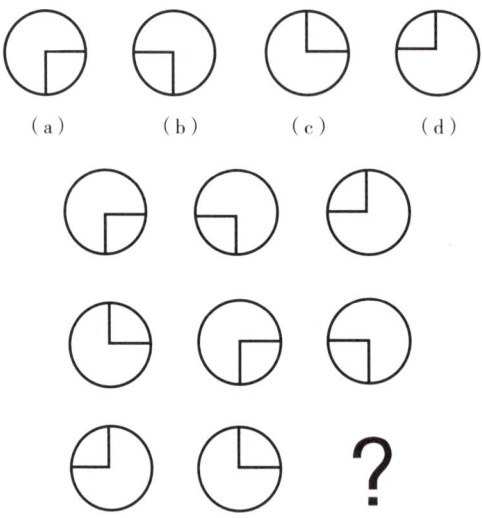

45. 汽油对汽车相当于食物对于＿＿＿＿
①嘴　②胃　③吃　④人　⑤牙

46. 找出与众不同的一个：
①南昌　②西安　③郑州　④哈尔滨　⑤昆明

47. 找出与众不同的一个：

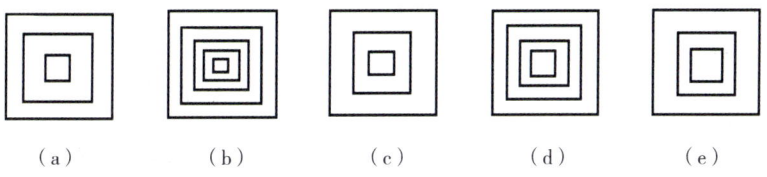

48. 如果有些甲是乙，所有的丙都是乙，那么，一定有些甲是丙。这句话是
①对的　　②错的　　③既不对也不错

49. 图中阴影部分占总面积的百分之几？

① 20%　　② 25%　　③ 30%　　④ 35%　　⑤ 40%

50. 找出与众不同的一个：

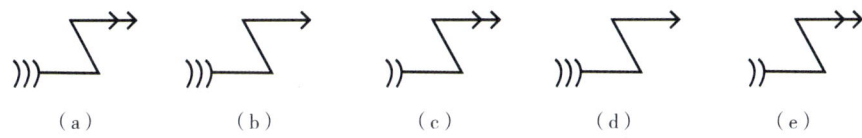

51. 数数有多少个三角形？

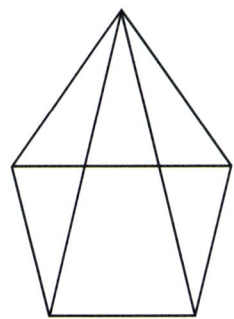

① 5　　② 7　　③ 9　　④ 11　　⑤ 13

52. 五个答案中哪个是最好的类比?

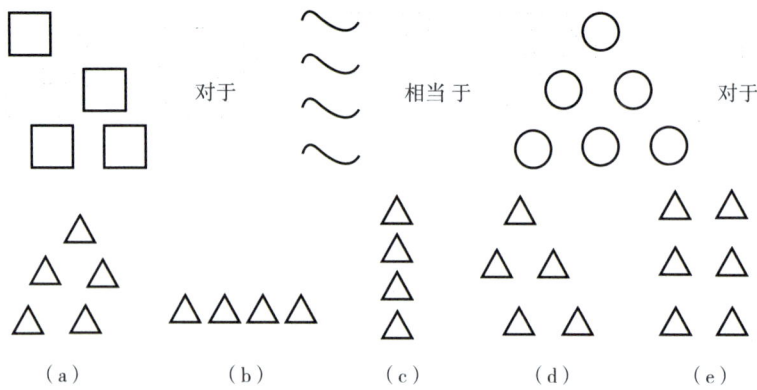

53. 找出与众不同的一个:

54. 找出与众不同的一个:

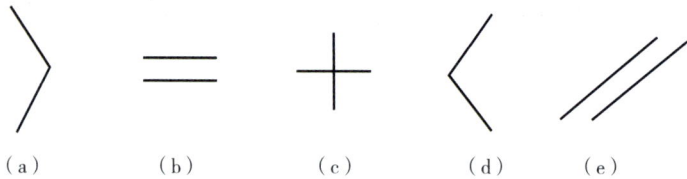

55. 车站对于火车相当于港口对于_____
①起重机　②船坞　③领航员　④轮船　⑤旅行

56. 如果所有的甲都是乙, 有些乙是丙, 那么, 一定有些甲是丙。这一陈述是:
①对的　②错的　③既不对也不错

57. 找出与众不同的一个:
①画家　②排球运动员　③播音员　④舞蹈演员　⑤化妆师

58. 哪个图形与众不同?

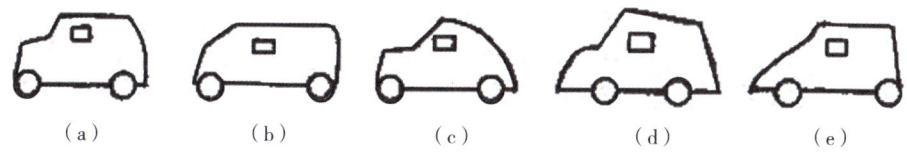

59. 找出与众不同的一个:
①水 ②太阳 ③汽油 ④风 ⑤水泥

60.（a）（b）（c）（d）（e）（f）哪个放在下面的问号处最合适?

军人心理应激自评问卷(PSET)

一、量表简介

军人心理应激自评问卷(psychological stress self-eraluation test,PSET)反映个体生理、心理和行为的诸多方面,可用于筛查心理应激反应强烈的个体,特别对战场环境下及时、快速地发现战场应激障碍军人具有重要价值。

二、量表内容

指导语:人在环境改变或遇到不顺心的事情时,情绪、行为和生理功能上会有所反应,这是正常的。这份问卷用来了解你近半个月来的心情变化情况,请如实回答。

1. 我睡眠不好。
①从无 ②有时 ③经常

2. 我感觉紧张、烦躁和不安。
①从无 ②有时 ③经常

3. 很小的声音也会使我惊跳。
①从无 ②有时 ③经常

4. 我对危险的事情保持警觉。
①从无 ②有时 ③经常

5. 我不愿与人交往。
①从无 ②有时 ③经常

6. 工作不再引起我的兴趣,我觉得无精打采。
①从无 ②有时 ③经常

7. 我感到心身疲倦。
①从无 ②有时 ③经常

8. 我容易被激惹、想发火。
①从无 ②有时 ③经常

9. 我感觉过度兴奋,我做事冲动而且甘冒风险。
①从无 ②有时 ③经常

10. 在我的脑海里、梦里常浮现某种灾难性事件的场景。
①从无　②有时　③经常

三、评分方法

各条目之和为原始分,再转换为 T 分。
$T=50+10(X-x)/s$。
X 为原始分,x 为平均分,s 为标准差。

附录 18

军人职业倦怠问卷

一、量表简介

军人职业倦怠问卷反映军人在成就感、躯体化、自我评价、人际关系和消极怠工 5 个方面的情况，用于评估军人群体的职业压力和倦怠程度。

二、量表内容

指导语：人在环境改变或遇到不顺心的事情时，情绪、行为和生理功能上会有所反应，这是正常的。这份问卷用来了解你近半个月来的心情变化情况，请如实回答。

	从不 0	偶尔 1	经常 2	总是 3
1. 缺少必要的工作技能……	□	□	□	□
2. 借助抽烟、喝酒来缓解工作压力……	□	□	□	□
3. 工作负担重时我会头痛……	□	□	□	□
4. 工作迟到……	□	□	□	□
5. 工作中我与领导意见不一致……	□	□	□	□
6. 我对工作充满自信……	□	□	□	□
7. 我感到付出多回报少……	□	□	□	□
8. 工作使我很开心……	□	□	□	□
9. 感觉身体虚弱……	□	□	□	□
10. 对工作没有兴趣……	□	□	□	□
11. 我渴望早点下班……	□	□	□	□
12. 刻意避免与同事接触……	□	□	□	□
13. 工作中我的才能得不到发挥……	□	□	□	□
14. 我拿过单位的东西（哪怕是一张纸）	□	□	□	□

续表

15. 天天上班让我很痛苦……	□	□	□	□
16. 高兴不起来……	□	□	□	□
17. 我努力工作……	□	□	□	□
18. 工作中没有成就感……	□	□	□	□
19. 我也说过别人的闲话……	□	□	□	□
20. 让同事认可我是件困难的事……	□	□	□	□
21. 工作使我紧张焦虑……	□	□	□	□
22. 难以融入同事的小圈子……	□	□	□	□
23. 将今天的事拖到明天去做……	□	□	□	□
24. 在谈论时不懂装懂……	□	□	□	□
25. 对目前的工作很满意……	□	□	□	□
26. 与同事相处不愉快……	□	□	□	□
27. 食欲不好……	□	□	□	□
28. 觉得工作很有意义……	□	□	□	□
29. 我的工作表现得不到领导的认可……	□	□	□	□
30. 反应迟缓……	□	□	□	□
31. 能有效处理工作中的问题……	□	□	□	□
32. 我的所有习惯都是好的……	□	□	□	□
33. 对同事没有好感……	□	□	□	□
34. 工作时我感到胸闷……	□	□	□	□
35. 觉得不会成功……	□	□	□	□

三、评分标准

1. 计分标准：本量表采用四级计分："从不"记为 0 分、"偶尔"记为 1 分、"经常"记为 2 分、"总是"记为 3 分，得分越高说明职业倦怠程度越严重。问卷的所有条目均按照随机方式排列。

2. 项目及内容：共由 35 个条目组成，依据因子分析结果，将各条目归属于 5 个因子和一个掩饰量表，掩饰量表不计入量表总分。

F1：成就感；F2：躯体化；F3：自我评价；F4：人际关系；F5：消极怠工；L量表。

成就感 = 倦怠 1 + 倦怠 5 + 倦怠 7 + 倦怠 13 + 倦怠 18 + 倦怠 29 + 倦怠 35。

躯体化 = 倦怠 3 + 倦怠 9 + 倦怠 16 + 倦怠 21 + 倦怠 27 + 倦怠 30 + 倦怠 34。

自我评价 = 倦怠 18 −（倦怠 6 + 倦怠 8 + 倦怠 17 + 倦怠 25 + 倦怠 28 + 倦怠 31）。

人际关系 = 倦怠 12 + 倦怠 20 + 倦怠 22 + 倦怠 26 + 倦怠 33。

消极怠工 = 倦怠 2 + 倦怠 10 + 倦怠 11 + 倦怠 15 + 倦怠 23。

L 量表 = 倦怠 12 −（倦怠 4 + 倦怠 14 + 倦怠 19 + 倦怠 24）+ 倦怠 32。